ANGELIKA COTTMANN

Rechtstheoretische Grundlagen der Regelungen über die Vergütung von Arbeitsleistungen

Schriften zum Sozial- und Arbeitsrecht

Band 64

Rechtstheoretische Grundlagen der Regelungen über die Vergütung von Arbeitsleistungen

Ein Beitrag zum Problem der Struktur des Arbeitsverhältnisses

Von

Dr. Angelika Cottmann

DUNCKER & HUMBLOT / BERLIN

Gedruckt 1982 bei Buchdruckerei Bruno Luck, Berlin 65
Printed in Germany
ISBN 3 428 05216 1

Vorwort

Die vorliegende Arbeit hat der Fakultät der Abteilung für Rechtswissenschaft der Ruhr-Universität Bochum im Sommersemester 1981 als Dissertation vorgelegen. Die Anregung dazu erhielt ich von meinem verehrten Lehrer, Herrn Professor Dr. Fritz Fabricius, der die Arbeit auch als Erstgutachter betreut hat. Seine Unterstützung und seine stets weiterführende Kritik haben mir bei der Bewältigung der gestellten Aufgabe und der damit verbundenen Schwierigkeiten sehr geholfen. Für seine Mühe danke ich ihm an dieser Stelle ganz herzlich. Mein besonderer Dank gilt ferner Herrn Professor Dr. Peter-Hubert Naendrup, der bei dieser Dissertation das Amt des Zweitberichterstatters übernommen hat. Der Herausgeber der „Schriften zum Sozial- und Arbeitsrecht", Herr Professor Dr. J. Broermann, hat mir freundlicherweise die Möglichkeit gegeben, die Arbeit im Rahmen seiner Schriftenreihe zu veröffentlichen. Auch ihm möchte ich hier danken.

Bochum, im Mai 1982

Angelika Cottmann

Inhaltsverzeichnis

Vorbemerkung 17

I. Teil

Aufgabenstellung und Untersuchungsgrundlagen

1. Kapitel

Das Ziel der Untersuchung 20

2. Kapitel

Der Rahmen der Vergütung für Arbeitsleistungen nach den Vorschriften des BGB 25

I. Die Vergütungsregelungen des Dienstvertragsrechts, §§ 611 ff. BGB 25

1. Überblick über den Inhalt der Vergütungsregelungen der §§ 611 ff. BGB 25
2. Vorhandene Regelungslücken als Ansatzpunkte für die Frage nach den Wesensmerkmalen der Vorschriften 26

II. Die Zuordnung des Arbeitsergebnisses 28

1. Der Ausschluß des Arbeitnehmers vom Eigentum am Arbeitsprodukt und seine Bedeutung für die Arbeitsvergütung und den Wert der Arbeitsleistung 28

a) Der Theorienstreit um die Rechtsnatur sog. „freiwilliger Sozialleistungen“ 28

aa) Die auf die arbeitsvertragliche Fürsorgepflicht zurückgreifende überwiegende Meinung 29

bb) Die Entgelttheorie Schwerdtners 30

b) Die Diskussion um die Vermögensbildung in Arbeitnehmerhand 31

aa) Zielsetzung und Beteiligungsmodelle 31

bb) Kritischer Überblick über die Ansätze zur Rechtfertigung der breiten Vermögensstreuung 32

c) Zwischenergebnis zur Bewertung des Produktionsfaktors Arbeit angesichts der zuvor erörterten Vergütungs- und Verteilungsprobleme ... 33

d) „Schaltstellen" für die Festlegung der Rangordnung innerhalb der Produktionsfaktoren und für die gegenwärtige Verteilungsstruktur ... 34

aa) Die Schlüsselstellung der Grundsätze über die Zuordnung des Produktionseigentums ... 34

bb) Möglichkeiten einer Aufwertung der Arbeitsleistung durch arbeitsvertragliche Vereinbarungen? ... 36

cc) Beurteilung der Aussichten für eine künftige Anhebung des Stellenwerts der Arbeitsleistung ... 37

α) Die Zielsetzung der Gewerkschaften ... 37

β) Das Recht auf ein „gerechtes Arbeitsentgelt" nach Art. 4 Nr. 1 der Europäischen Sozialcharta ... 38

e) Zusammenfassende Beurteilung der Bedeutung der Zuordnungsgrundsätze für den Rahmen der Arbeitsvergütung ... 38

2. Die sog. „fremdwirkende Spezifikation" als positiv-rechtliche Grundlage für die Zuordnung des Produktionseigentums ... 40

III. Zwischenergebnis und Ausblick auf die nachfolgenden Untersuchungsabschnitte ... 42

II. Teil

Die tatsächliche und rechtliche Entwicklung der für das Verhältnis von Arbeitsleistung und Arbeitsvergütung maßgeblichen Regelungen

1. Kapitel

Die Gestaltung der Regelungen und die ihnen zugrundeliegende rechtliche Bewertung der Arbeitsleistung ... 44

I. Die Vorschriften des Dienstvertragsrechts, §§ 611 ff. BGB ... 44

1. Die besonderen Merkmale der Regelungen ... 44

a) Die Konzeption des Dienstvertragsrechts im ersten Entwurf des BGB ... 45

b) Der BGB-Entwurf in seiner weiteren Entwicklung ... 46

c) Auswirkungen der Überarbeitung auf die Grundkonzeption des Dienstvertragsrechts ... 47

aa) Die zusätzlich aufgenommenen Beschränkungen der Vertragsfreiheit und ihre Bedeutung ... 47

bb) Die vermehrte Rücksichtnahme auf die Eigenart des Dienstvertrags und ihr Stellenwert 48

cc) Zusammenfassende Beurteilung 51

2. Die Bedeutung des dem Dienstvertragsrecht zugrundegelegten Vertragsmodells für ein vorläufiges Urteil über die rechtliche Einordnung der Arbeitsleistung 51

II. Der für Arbeitsverhältnisse überwiegend anerkannte Grundsatz der fremdwirkenden Verarbeitung 52

1. Die rechtliche Gestaltung des fremdwirkenden Verarbeitungserwerbs im Arbeitsverhältnis 53

a) Überblick über die in Wissenschaft und Praxis entwickelten Lösungen zur Begründung der Fremdwirkung 53

b) Der Beitrag des historischen Gesetzgebers zur Regelung des fremdwirkenden Verarbeitungserwerbs 56

aa) Die Behandlung des Eigentumserwerbs durch Verarbeitung im Verlauf des Gesetzgebungsverfahrens 56

bb) Art und Umfang der Einbeziehung der Fremdwirkungsproblematik durch § 950 BGB 57

c) Beurteilung der theoretischen Lösungen zum Fremderwerbsproblem angesichts der vom historischen Gesetzgeber abgesteckten Leitlinie 59

2. Auswertung der bisher gewonnenen Erkenntnisse über die rechtlichen Grundlagen des fremdwirkenden Verarbeitungserwerbs .. 61

a) Der rechtliche „Standort" der Fremdwirkungsproblematik 62

b) Die Bewertung der Arbeitsleistung innerhalb des Arbeitsverhältnisses — Erweiterung der bisherigen Erkenntnisse 62

c) Zusätzliche Anhaltspunkte für die Erforderlichkeit der Betrachtung von Ursprung und Entwicklung der Vergütungsregelungen 63

III. Ansatzpunkte der nachfolgenden rechtshistorischen Betrachtungen und Anmerkungen zur Arbeitsweise 65

2. Kapitel

Die Bedeutung historischer Rechtsinstitute für die Gestaltung der Vergütungsregelungen im BGB — eine kritische Auswertung der bis zur Gegenwart entwickelten rechtshistorischen Erkenntnisse 67

I. Die Herkunft der Vorschriften der §§ 611 ff. BGB 67

1. Die Theorie von der personenrechtlichen Prägung des Dienstvertragsrechts mit deutschrechtlichem Ursprung 68

a) Anhaltspunkte für die Ablösung römischer Regelungen nach Otto v. Gierke 69

b) Konzeption und Entwicklung der römischen Dienstmiete bis zur Gesetzgebung Justinians 70

aa) Der Begriff der „locatio conductio operarum" 70
bb) Die locatio conductio und ihre Erscheinungsformen 71
cc) Die Regelungsmerkmale der römischen Dienstmiete 72
α) Auswirkungen der Unterstellung unter die locatio conductio 72
β) Sonderregelungen für Dienstmietsachverhalte 74
dd) Nachklassische Entwicklungen bei der Dienstmiete 75
ee) Zusammenfassende Kennzeichnung der römisch-rechtlichen Dienstmiete 76
c) Die Einflußnahmemöglichkeiten der Dienstmieteregelungen des Corpus iuris bei der Schaffung des BGB 76
aa) Zielsetzung und Arbeitsmethode der Reichsgesetzgeber .. 76
bb) Die Merkmale der bei der Schaffung des Bürgerlichen Gesetzbuchs vorhandenen arbeitsrechtlichen Bestimmungen und Lehren 77
cc) Zwischenergebnis 81
d) Vergleichende Betrachtung der Konzeptionen der römischen Dienstmiete und des bürgerlich-rechtlichen Dienstvertrags .. 82
aa) Übereinstimmungen 82
bb) Regelungsunterschiede und ihre Bedeutung 84
α) Die Änderung der Vertragsbezeichnung 84
β) Die Einbeziehung „höherer" Dienste 86
γ) Die Regelung der Vergütungsart 89
δ) Der Umfang der Einbeziehung mietrechtlicher Regelungen 90
ε) Die Aufnahme von „personenrechtlichen Elementen", insbesondere bei den Vergütungsregelungen 90
e) Abschließende Stellungnahme zu der Auffassung Otto v. Gierkes 92
2. Die Auffassung von der römisch-rechtlichen Prägung des Dienstvertragsrechts 93
3. Der Einfluß des römischen Rechts auf die Vergütungsregelungen der §§ 611 ff. BGB 94
4. Anschlußüberlegungen zu den Auswirkungen der angenommenen Einflußnahme 95
II. Entwicklungsgeschichtliche Ursachen für die Anerkennung des fremdwirkenden Verarbeitungserwerbs? 96
1. Der Ursprung der Verarbeitungsbestimmungen des BGB und seine Bedeutung für den Grundsatz des fremdwirkenden Verarbeitungserwerbs 96
a) Die römischen Verarbeitungslehren als Vorbild für § 950 BGB? 96

b) Die Berücksichtigung der Verarbeitungsproblematik bei Arbeitsverhältnissen innerhalb der römischen Spezifikationstheorien 98

aa) Die prokulianische Lehre als Grundlage für einen Produktionserwerb des Arbeitnehmers? 98

bb) Die Bedeutung des suo-nomine-Vorbehalts in den Spezifikationslehren 102

cc) Weitere Anhaltspunkte für die Anerkennung der Fremdwirkung von Verarbeitungshandlungen 103

c) Die Einflußnahme der römisch-rechtlichen Fremdwirkungsgrundsätze auf die Gestaltung von § 950 BGB 107

d) Zwischenergebnis 108

2. Die Bedeutung des Einflusses der römischen Dienstmiete auf das Dienstvertragsrecht für die Anerkennung des Fremdwirkungsgrundsatzes 109

a) Die Zuordnung des Produktionseigentums innerhalb der römischen Dienstmiete 109

aa) Die Wertschätzung der Arbeit als Anhaltspunkt für die Konfliktlösung 110

bb) Weitere Anhaltspunkte und zusammenfassende Bewertung 114

b) Anhaltspunkte für das Fortwirken römischer Produktionserwerbsgrundsätze im Dienstvertragsrecht des BGB 115

3. Anmerkungen zu den bisher gezogenen Schlußfolgerungen und den nachfolgenden Betrachtungen 119

III. Rechtsgrundlagen des fremdwirkenden Verarbeitungserwerbs bei der römischen Dienstmiete 120

1. Problematik 120

2. Auswirkungen des Arbeitsverhältnisses auf die Rechtsstellung des Arbeitenden 125

a) Die These von der statusverändernden Wirkung der locatio conductio des klassischen römischen Rechts 125

b) Personenrechtliche Elemente innerhalb römischer Arbeitsverhältnisse und ihre möglichen Ursachen 127

3. Überlegungen zur rechtlichen Gestaltung frührömischer Arbeitsverhältnisse und zu ihrer Bedeutung für die Rechtsgrundlagen des fremdwirkenden Verarbeitungserwerbs bei der Dienstmiete nachfolgender Epochen 129

a) Die Theorien zum rechtlichen Ursprung der römischen Dienstmiete 129

b) Anhaltspunkte für eine Prägung der Dienstmiete durch altrömische Rechtsinstitute mit personenrechtlichen Wirkungen .. 132

aa) Das Klientelverhältnis als einer der möglichen Vorgänger der Dienstmiete 132

bb) Weitere für die Erbringung von Arbeitsleistungen bedeutsame Beziehungen mit personenrechtlicher Prägung 132

cc) Überlegungen zur rechtlichen Gestaltung von Selbstverdingungsverhältnissen in der Frühzeit 134

dd) Zwischenergebnis 136

c) Überlegungen zur rechtlichen Entwicklung der Fremdwirkung von Erwerbshandlungen in Selbstverdingungsverhältnissen .. 137

aa) Der Ausschluß des Eigenerwerbs des Arbeiters in frührömischer Zeit und seine Gründe 137

bb) Die Chancenlosigkeit einer Verbesserung der Rechtsstellung des Arbeitnehmers im Hinblick auf Erwerbsregelungen 140

cc) Die Vereinbarkeit des Fremdwirkungsgrundsatzes mit der gewandelten Vorstellung von der Unantastbarkeit der persönlichen Freiheit 143

4. Zusammenfassung der bisherigen Überlegungen 144

IV. Ursprung und Wesensmerkmale der Vergütungsregelungen des Dienstvertragsrechts des BGB — Versuch einer Konkretisierung anhand des festgestellten bzw. angenommenen Entwicklungsverlaufs .. 146

III. Teil

Stellung des Arbeitnehmers und Struktur des Arbeitsverhältnisses — zusammenfassende Zustandsanalyse und kritischer Ausblick

1. Kapitel

Merkmale der Arbeitnehmerstellung als Folgewirkungen der rechtlichen Behandlung der Arbeit 150

I. Rechtliche Einordnung und Bewertung der Arbeitskraft im Arbeitsverhältnis 150

1. Wertmaßstäbe der §§ 611 ff. BGB 151

2. Bewertungstendenzen des Fremdwirkungsgrundsatzes 153

3. Ergebnis 153

II. Die Bedeutung der rechtlichen Bewertung der Arbeit für die Arbeitnehmerstellung 154

1. Grundlage der Analyse 154

2. Kennzeichen der Arbeitnehmerstellung 154

3. Kritische Würdigung der gegenwärtigen Verhältnisse 155

2. Kapitel

Neue Aspekte hinsichtlich der Struktur des Arbeitsverhältnisses 158

I. Qualifizierung des Arbeitsverhältnisses als personenrechtliche Rechtsbeziehung — ein dogmatischer Fortschritt? 158

II. Die dogmatische Ausgestaltung des Arbeitsverhältnisses seit der Schaffung des BGB — eine befriedigende Leistung? 160

3. Kapitel

Orientierungsrahmen für eine Neuregelung 163

Literaturverzeichnis 165

Abkürzungsverzeichnis

AcP	=	Archiv für die civilistische Praxis
AP	=	Hueck / Nipperdey / Dietz: Nachschlagewerk des Bundesarbeitsgerichts — Arbeitsrechtliche Praxis —
ArbPlatzSchG	=	Gesetz über den Schutz des Arbeitsplatzes bei Einberufung zum Wehrdienst vom 30. März 1957 (BGBl. I S. 203) in der Fassung vom 21. Mai 1968 (BGBl. I S. 551)
ArchbürgRecht	=	Archiv für Bürgerliches Recht
ARS	=	Arbeitsrechtssammlung (früher: Bensheimer Sammlung)
AuR	=	Arbeit und Recht (Zeitschrift)
BAG	=	Bundesarbeitsgericht
BetrVG	=	Betriebsverfassungsgesetz vom 15. Januar 1972 (BGBl. I S. 13)
BHGZ	=	Entscheidungen des Bundesgerichtshofs in Zivilsachen
BlStSozArbR	=	Blätter für Steuerrecht, Sozialversicherung und Arbeitsrecht
Bruns	=	Bruns / Gradenwitz: Fontes iuris Romani antiqui I: Leges et negotia; 7. Auflage 1909
C.	=	Codex Iustinianus (Corpus iuris civilis, vol. II, edd. Paul Krüger, 14. Auflage 1967)
D.	=	Digesta (Corpus iuris civilis, vol. I, edd. Th. Mommsen / Paul Krüger, 19. Auflage Dublin/Zürich 1966)
DB	=	Der Betrieb (Zeitschrift)
Denkschrift	=	Denkschrift zum Entwurf eines Bürgerlichen Gesetzbuchs
EignungsübungsG	=	Gesetz über den Einfluß von Eignungsübungen der Streitkräfte auf Vertragsverhältnisse der Arbeitnehmer und Handelsvertreter sowie auf Beamtenverhältnisse vom 20. Januar 1956 (BGBl. I S. 13)
Entwurf I, II	=	1. bzw. 2. Entwurf eines Bürgerlichen Gesetzbuchs für das Deutsche Reich
FIRA II	=	Fontes iuris Romani anteiustiniani, 2. Auflage, II (Auctores, edd. I. Baviera et I. Furlani, 1940, Neudruck 1964)
GG	=	Grundgesetz für die Bundesrepublik Deutschland vom 23. Mai 1945 (BGBl. 1)
Gai.	=	Gai Institutiones; ed. M. David, 2. Auflage, Leiden 1964
I.	=	Institutiones (Corpus iuris civilis, vol. I, ed. Paul Krüger, 19. Auflage, Dublin/Zürich 1966)
IherJahrb.	=	Iherings Jahrbücher für die Dogmatik des bürgerlichen Rechts
Iura	=	Rivista internazionale di diritto romano e antico (Neapel)

JArbSchG	=	Gesetz zum Schutze der arbeitenden Jugend vom 12. April 1976 (BGBl. I S. 965)
JurAn	=	Juristische Analysen (Zeitschrift)
JuS	=	Juristische Schulung (Zeitschrift)
JW	=	Juristische Wochenschrift
JZ	=	Juristenzeitung
Kommissions-bericht	=	Bericht der XII. Kommission des Reichstages vom 12. Juni 1896
LAG	=	Landesarbeitsgericht
MitbestErgG	=	Gesetz zur Ergänzung des Gesetzes über die Mitbestimmung der Arbeitnehmer in den Aufsichtsräten und Vorständen der Unternehmen der Eisen und Stahl erzeugenden Industrie vom 7. August 1956 (BGBl. I S. 707)
MitbestG	=	Gesetz über die Mitbestimmung der Arbeitnehmer vom 4. Mai 1976 (BGBl. I S. 1153)
Montan-MitbestG	=	Gesetz über die Mitbestimmung der Arbeitnehmer in den Aufsichtsräten und Vorständen der Unternehmen des Bergbaus und der Eisen und Stahl erzeugenden Industrie vom 21. Mai 1951 (BGBl. I S. 347)
NJW	=	Neue Juristische Wochenschrift
OLGE	=	Sammlung der Rechtsprechung der Oberlandesgerichte
PS	=	Pauli sententiae (FIRA II, 317 ff.)
RAG	=	Reichsarbeitsgericht
RdA	=	Recht der Arbeit (Zeitschrift)
RGRK	=	Das Bürgerliche Gesetzbuch, erläutert von Reichsgerichtsräten und Bundesrichtern
RGSt	=	Entscheidungen des Reichsgerichts in Strafsachen
RGZ	=	Entscheidungen des Reichsgerichts in Zivilsachen
RH	=	Revue historique de droit français et étranger (Paris)
RISG	=	Rivista italiana per le scienze giuridiche
SchwbG	=	Gesetz zur Sicherung der Eingliederung Schwerbehinderter in Arbeit, Beruf und Gesellschaft in der Fassung vom 29. April 1974 (BGBl. I S. 1006)
SDHI	=	Studia et documenta historiae et iuris (Rom)
SeemannsG	=	Seemannsgesetz vom 26. Juli 1957 (BGBl. II S. 713)
SeuffA	=	Seufferts Archiv für Entscheidungen der obersten Gerichte in den deutschen Staaten
Symb. Taubenschlag	=	Symbolae Raphaeli Taubenschlag dedicatae, in: Eos, Commentarii Societatis Philologae Polonorum, vol. 48, Breslau-Warschau 1957, 3 Bände
SZ	=	Zeitschrift der Savigny-Stiftung für Rechtsgeschichte, romanistische Abteilung
Tab.	=	Tabula
ZDG	=	Gesetz über den Zivildienst der Kriegsdienstverweigerer in der Fassung vom 9. August 1973 (BGBl. I S. 1015)
ZfA	=	Zeitschrift für Arbeitsrecht
ZGR	=	Zeitschrift für Unternehmens- und Gesellschaftsrecht
ZRP	=	Zeitschrift für Rechtspolitik
ZStW	=	Zeitschrift für die gesamte Staatswissenschaft

Vorbemerkung

Die nachfolgende Abhandlung beschäftigt sich mit einer — soweit ersichtlich — bislang wenig erörterten Problemstellung aus dem Bereich des Individualarbeitsrechts. Es geht um die Frage nach der Struktur derjenigen Regelungen, die für die Gestaltung des Verhältnisses von Arbeitsleistung und Arbeitsvergütung verantwortlich sind, d. h. um das Sichtbarmachen der wesentlichen Strukturelemente und ihre kritische Bewertung im Hinblick auf ihre Bedeutung für die rechtliche Stellung des Arbeitnehmers im Arbeitsverhältnis.

Obwohl Berührungspunkte zur Frage nach dem gerechten Lohn bestehen mögen, ist diese komplexe Problematik, deren Aufarbeitung eine eigene Untersuchung erfordern würde, nicht Gegenstand der nachfolgenden Erörterungen. Allerdings mag es sein, daß die in dieser Arbeit getroffenen Feststellungen für die Diskussion über die Lohngerechtigkeit einige Argumentationsaspekte beizusteuern vermögen.

Bei den Vorbereitungsarbeiten für diese Untersuchung ergab sich, daß die gestellte Aufgabe ohne ein Eingehen auf die Entstehungsgeschichte des Arbeitsvertrages nicht lösbar sein würde. Gleichzeitig deutete sich an, daß insoweit lediglich die Einbeziehung der jüngeren Entwicklung dieses Rechtsinstituts nicht ausreichen würde, um den gesuchten Antworten näher zu kommen. Dieses Ziel würde vielmehr nur erreicht werden können, wenn man die Entwicklungsgeschichte entgeltlicher Arbeit in fremden Diensten bis weit in die Vergangenheit zurückverfolgte. Angesichts dieser Perspektive ergab sich für die Gestaltung der Untersuchung in zweifacher Hinsicht ein Problem. Einmal würde eine umfassende entwicklungsgeschichtliche Analyse des Arbeitsvertragsrechts den Schwerpunkt dieser Arbeit aus dem Bereich des geltenden Arbeitsrechts, dem er von der ursprünglichen Konzeption her angehören sollte, herausdrängen und in das Gebiet der Rechtsgeschichte hineinverlagern. Andererseits würde die bei einer derartigen entwicklungsgeschichtlichen Betrachtung erforderliche Grundlagenarbeit angesichts der zu bewältigenden Materialfülle über die Möglichkeiten, die im Rahmen einer Untersuchung der vorliegenden Art gegeben sind, hinausgehen. Um das Vorhaben angesichts der Attraktivität der Fragestellung dennoch nicht aufgeben zu müssen, mußte daher hinsichtlich Materialauswahl und Arbeitsmethode ein Weg gefunden werden, der die schwerpunktmäßige Ansiedlung der Untersuchung möglichst nicht veränderte und gleichzeitig die Aufgabe vom Umfang her lösbar machte, ohne dabei den Bestand der zu ziehenden Schlußfolgerungen nachhaltig zu gefährden. Die Lösung dieses Konflikts ist in der Weise versucht worden, daß die eigene Grundlagenarbeit auf die jüngere Entwicklung der zu betrachtenden Regelungen beschränkt worden ist. Im übrigen begnügt sich die Abhandlung in ihren entwicklungsgeschichtlichen Abschnitten damit, vorhandene rechtshistorische Erkenntnisse darzustellen und sie im Hinblick auf ihren Aussagegehalt für die Thematik dieser Untersuchung auszuwerten. Die Entscheidung für diesen Weg wurde dadurch erleichtert, daß die verschiedenen Entwicklungsphasen, die im Rahmen der Arbeit zu berücksichtigen waren, rechtshistorisch inzwischen vielfach aufgearbeitet worden sind. Gerade deshalb war aber hier eine Auswahl erforderlich. Entsprechend der schwerpunktmäßigen Ansiedlung der Untersuchung im gegenwärtigen Arbeitsrecht sollen die hier getroffenen Feststellungen für den rechtshistorisch interessierten Arbeitsrechtler nachvollziehbar bzw. überprüfbar sein. Dementsprechend bauen die Erörterungen vorrangig auf der deutschsprachigen Literatur auf, die über die Bibliotheken der juristischen Abteilungen bzw. die Universitätsbibliotheken allgemein zugänglich ist. Von der fremdsprachigen Literatur sind die Werke berücksichtigt worden, in denen aufgrund entsprechender Hinweise richtungweisende Erkenntnisse für die Zentralprobleme dieser Untersuchung erwartet werden konnten.

Trotz der vorgenommenen Beschränkungen bei der Einbeziehung historischer Entwicklungen ließ es sich nicht vermeiden, daß der entwicklungsgeschichtliche Rückblick dennoch einen recht breiten Raum innerhalb der Arbeit für sich in Anspruch nimmt. Ein Grund dafür ist, daß eine Vielzahl von Entwicklungsphasen in die Betrachtungen einzubeziehen war. Außerdem zwang die ungünstige rechtshistorische Erkenntnislage zu den tatsächlichen und rechtlichen Anfängen entgeltlicher Arbeit in fremden Diensten dazu, verschiedene Erscheinungsformen abhängiger Arbeit in die Erörterungen einzubeziehen, um auf diese Weise die Wahrscheinlichkeit der gezogenen Schlußfolgerungen auf eine möglichst breite und tragfähige Basis zu stellen. Dennoch versteht sich diese Abhandlung nicht als rechtshistorische Untersuchung. Wäre die Aufgabenstellung in diese Richtung gegangen, hätte bei der Ergebnisfindung ein anderer methodischer Ansatz gewählt werden müssen. Das vorrangige Ziel dieser Arbeit ist es jedoch, einen Beitrag zur Beantwortung einer aktuellen arbeitsrechtlichen Fragestellung zu liefern. Die Einbeziehung historischer Entwicklungen war lediglich ein unverzichtbarer Arbeitsabschnitt auf dem Weg zu diesem Ziel, da dort ein entscheidender Beitrag zu den Problemlösungen vermutet werden mußte. Angesichts dieser lediglich unterstützenden Funktion der historischen Erörterungen für die Aufgabenstellung dieser Untersuchung erschien es praktisch geboten und methodisch vertretbar, die entwicklungsgeschichtlichen Betrachtungen in der bereits beschriebenen Weise vorzunehmen. Es wird daher in den nachfolgenden Untersuchungsabschnitten darum gehen, aus den vorhandenen rechtshistorischen Erkenntnissen Lösungen für die in dieser Arbeit gestellten Fragen abzuleiten, die sich ihrerseits inhaltlich widerspruchsfrei in das vorhandene rechtshistorische Erkenntnisspektrum einfügen, ohne dabei allerdings für sich die Anerkennung als rechtshistorische Ergebnisse in Anspruch nehmen zu wollen.

Ohne Zweifel muß bei der hier gewählten Arbeitsweise damit gerechnet werden, daß eine künftige Fortentwicklung des rechtshistorischen Erkenntnisstandes auf den für diese Untersuchung maßgeblichen Gebieten den Bestand der hier gezogenen Schlußfolgerungen beeinträchtigen kann. Für die nachfolgend behandelten Regelungen dürfte insoweit jedoch allenfalls ein geringes Risiko bestehen. Die Möglichkeit, gerade hier zu einer wesentlichen Erweiterung oder Modifizierung der bisherigen Forschungsergebnisse zu gelangen, ist wenig wahrscheinlich. Diese Einschätzung beruht auf der bei der Vorbereitung dieser Untersuchung vorgenommenen eigenen Auseinandersetzung mit dem Quellenmaterial. Sie deckt sich im übrigen mit entsprechenden Hinweisen in der rechtshistorischen Literatur.

Aber selbst wenn der Fall eintreten sollte, daß insoweit neue Einsichten gewonnen werden können, würde das die Zielsetzung dieser Arbeit nicht völlig leerlaufen lassen. Ihr geht es nicht nur um den eigenen Versuch, vorhandene rechtshistorische Erkenntnisse für die Beantwortung einer aktuellen arbeitsrechtlichen Frage nutzbar zu machen. Ihr würde es genügen, zu ähnlichen Vorhaben angeregt zu haben[1].

---

[1] Für die Einbeziehung des geltenden Rechts im Rahmen rechts- und strukturvergleichender Betrachtungen in rechtshistorischen Abhandlungen hat sich in jüngster Zeit *Kupisch* in seiner Rezension der 12. Auflage des Studienbuches von Max Kaser: Römisches Privatrecht, München 1981, ausgesprochen; vgl. NJW 1982, 154.

Erster Teil

Aufgabenstellung und Untersuchungsgrundlagen

Erstes Kapitel

Das Ziel der Untersuchung

Die nachfolgende Untersuchung möchte einen Beitrag zu den Erkenntnissen über die Struktur des Arbeitsverhältnisses leisten. Sie bemüht sich darum, die Rechtsstellung des Arbeitnehmers innerhalb des Arbeitsverhältnisses weiter aufzuhellen.

Ohne Zweifel sind Probleme des Arbeitsverhältnisses ein Thema, das schon häufig und unter den verschiedensten Gesichtspunkten Gegenstand rechtswissenschaftlicher Erörterungen gewesen ist. So wurde beispielsweise in der Rechtswissenschaft jahrzehntelang eine Auseinandersetzung über die Begründung des Arbeitsverhältnisses geführt. Während die Vertreter der sog. Vertragstheorie[1] für die Begründung einen Arbeitsvertrag verlangten, hielten die Vertreter der sog. Eingliederungstheorie[2] die tatsächliche Eingliederung des Arbeitnehmers in den Betrieb für entscheidend. Die Vertragstheorie hat sich inzwischen weitgehend durchsetzen können, so daß diese Streitfrage nunmehr entschärft ist[3]. Ob sie sich allerdings erledigt hat, wie teilweise behauptet wird[4], ist zweifelhaft. Die Annahme, ein Arbeitnehmer sei generell verpflichtet, Überstunden zu leisten[5], die Verneinung einer generellen Beschäftigungspflicht des Arbeitgebers[6] oder die Bejahung eines dem

---

[1] Hauptvertreter *Hueck*, vgl. z. B. DtArbR 1938, S. 71.

[2] Hauptvertreter *Nikisch*, zuletzt ArbR Bd. I, 2. Aufl. 1955, § 19 II, S. 137 ff.; *Molitor*, Arbeitsrecht, S. 35 und 59.

[3] Vgl. die neueren Ansichten der beiden Hauptvertreter: *Hueck / Nipperdey*, ArbR Bd. I, § 21 V, S. 127 und *Nikisch*, Bd. I, Vorwort S. VII, § 1 II 2 und 3, S. 7 f. und § 19 IV, S. 172 ff.

[4] *Schaub*, § 29 II 4, S. 104; ähnlich *Söllner*, § 28 III 1, S. 209 und *Wiedemann*, S. 4.

[5] *Nikisch*, Bd. I, § 27 III 4, S. 292 ff., der sich zur Begründung auf das Direktionsrecht beruft, welches sich aus dem Wesen des Arbeitsvertrages ergebe, § 25 IV 1, S. 255.

[6] Zur Entwicklung des Gedankens einer allgemeinen Beschäftigungspflicht vgl. *Fabricius*, ZfA 1972, 37 ff.; grundlegend für die Anerkennung durch die Rechtsprechung BAG, AP Nr. 2 zu § 611 BGB Beschäftigungspflicht.

Arbeitsverhältnis immanenten Direktionsrechts[7] sind als Nachwirkungen der Eingliederungstheorie anzusehen[8].

Immer noch in der Diskussion ist die Frage, ob das Arbeitsverhältnis ein reines Schuldverhältnis oder ein sogenanntes personenrechtliches Gemeinschaftsverhältnis ist[9].

Gleiches gilt für das Problem, inwieweit es gerechtfertigt ist, angesichts der betrieblichen Mitwirkungsbefugnisse[10], die mit dem Eintritt des Arbeitnehmers in die Organisation eines Betriebes verbunden sind, von einer wesentlichen Um- oder Neugestaltung der Rechtsstellung des Arbeitnehmers im Betrieb oder Unternehmen auszugehen und ihn beispielsweise als Mitglied einer „Unternehmenskorporation" zu qualifizieren[11].

Neben den genannten wissenschaftlichen Auseinandersetzungen gibt es Bemühungen, die darauf ausgerichtet sind, das Arbeitsverhältnis mit einem gegenüber jedermann wirkenden Recht des Arbeitnehmers an seinem Arbeitsplatz auszustatten[12], welches ähnlich dem Recht des Unternehmers am eingerichteten und ausgeübten Gewerbebetrieb den Schutz des § 823 Abs. 1 BGB genießen soll.

Will man die Struktur des Arbeitsverhältnisses näher untersuchen, so bietet sich ein weiterer Ansatzpunkt an, der sich von den soeben skizzierten Gesichtspunkten, unter denen üblicherweise Betrachtungen über das Arbeitsverhältnis angestellt werden, unterscheidet. Er ergibt sich aus der Interessenlage, von der die Arbeitnehmerseite innerhalb des Arbeitsverhältnisses geprägt wird:

---

[7] Vgl. dazu neuerdings *Gast*, Arbeitsvertrag und Direktion, Berlin 1978.

[8] Vgl. *Fabricius*, Festschrift für Fechner, S. 205; zur Eingliederung des Arbeitnehmers als Rechtfertigung für Sozialplanansprüche nach § 112 BetrVG vgl. *Dorndorf*, S. 12 ff.

[9] Zu dieser Problematik vgl. z. B. *Ballerstedt*, RdA 1976, 5 ff., 9; *Jobs*, ZfA 1972, 305, insbes. 331 ff.; *Ramm*, Die Anfechtung des Arbeitsvertrages, insbes. S. 16 ff.; *Raiser*, ZRP 1973, 16 f.; vgl. ferner die Abhandlungen von *Schwerdtner*, Fürsorgetheorie und Entgelttheorie im Recht der Arbeitsbedingungen; *ders.*, ZRP 1970, 62; *Wiedemann*, Das Arbeitsverhältnis als Austausch- und Gemeinschaftsverhältnis, insbes. S. 35 f.; *Wolf*, Das Arbeitsverhältnis: Personenrechtliches Gemeinschaftsverhältnis oder Schuldverhältnis?

[10] Beispielsweise aufgrund der Vorschriften des Betriebsverfassungsgesetzes (§§ 74 ff. BetrVG) oder der Mitbestimmungsgesetze (MitbestG, Montan-MitbestG und MitbestErgG).

[11] So insbes. *Raiser*, Das Unternehmen, S. 154 ff.; vgl. auch *Soergel / Siebert / Wlotzke / Volze*, Vorbem. 14 vor § 611 BGB; kritisch dazu *Zöllner*, § 11 II 9, S. 106 f.; *ders.*, BAG-Festschrift, S. 752 ff.

[12] BAG, AP Nr. 2 zu § 70 BAT mit zust. Anm. von *Gaul; Fabricius*, AcP 160, 305 ff.; *Hueck / Nipperdey*, Grundriß, § 70 III, S. 298 m. w. N.; *Migsch*, Die absolut geschützte Rechtsstellung des Arbeitsnehmers, insbes. S. 224 ff.; ablehnend *Söllner*, § 28 III 4, S. 210; *Zöllner*, § 14 I, S. 121; *ders.*, BAG-Festschrift, S. 747 ff.

Der Arbeitnehmer geht ein Arbeitsverhältnis regelmäßig deshalb ein, weil er mit dem Arbeitsentgelt die für seinen Lebensunterhalt erforderlichen finanziellen Mittel erlangt. Gleichzeitig bewirkt das Eingehen eines Arbeitsverhältnisses, daß der Arbeitnehmer nun hinsichtlich der „Verwertung" seiner Arbeitskraft gebunden ist. Das bedeutet für ihn, daß seine Existenzsicherung maßgeblich von den Einkünften abhängt, die er aus dem eingegangenen Arbeitsverhältnis erzielen kann. Angesichts dieser von der Existenzsicherung geprägten Interessenlage auf der Arbeitnehmerseite sind Vorschriften, welche die Einkünfte aus dem Arbeitsverhältnis betreffen, einmal von erheblicher praktischer Bedeutung für den Arbeitnehmer. Ihr Gehalt geht jedoch noch darüber hinaus. Wenn man bedenkt, daß die Arbeitsvergütung als Entgelt für erbrachte Arbeitsleistungen gezahlt wird (§ 611 Abs. 1 BGB), dann muß es grundsätzlich möglich sein, anhand der Vergütungsregelungen und ihrer Gestaltung Aufschluß über den Stellenwert zu erhalten, den die Rechtsordnung der Arbeitsleistung beimißt. Berücksichtigt man ferner, daß die Arbeitsleistung nicht von der Person des jeweiligen Arbeitnehmers losgelöst werden kann, da die Leistungserbringung seine Person zwangsläufig einbezieht[13], dann erscheint es möglich und zulässig, aufgrund von Erkenntnissen über die rechtliche Bewertung der Arbeitsleistung Rückschlüsse auf die Rechtsstellung des Arbeitnehmers innerhalb des Arbeitsverhältnisses zu ziehen.

Diese Überlegungen sind der Ausgangspunkt für die nachfolgende Untersuchung. Ihre Aufgabe soll es sein festzustellen, in welcher Weise die Rechtsordnung das Verhältnis von Arbeitsleistung und Arbeitsvergütung gestaltet hat, welche Vorstellungen vom Arbeitsverhältnis den vom Gesetzgeber getroffenen Entscheidungen zugrunde liegen und welches Arbeitnehmerbild sie widerspiegeln.

Grundlage der Erörterungen, bei denen es um die für alle Arbeitsverhältnisse geltenden allgemeinen Regelungen gehen soll, werden die Vorschriften des Bürgerlichen Gesetzbuchs sein. Die Merkmale der Bestimmungen, die eine Bewertung der Arbeitsleistung enthalten, sollen dargestellt und die für die Gestaltung der Regelungen verantwortlichen tatsächlichen und rechtlichen Entwicklungen sollen nachgezeichnet werden.

Die gewählte Aufgabenstellung wird es aller Voraussicht nach unerläßlich machen, die Merkmale historischer Ordnungen für abhängige Arbeit in die Betrachtungen einzubeziehen. Immerhin gibt es verschiedentlich Ansätze, die von einer fortwährenden Bedeutung jener Ordnungen für die Gegenwart ausgehen[14], ohne daß dieser Annahme aller-

---

[13] *Migsch*, S. 235; *Molitor*, Arbeitsvertrag, S. 12 f., 84; *Schwerdtner*, S. 86 m. w. N.; *Söllner*, § 28 III 2, S. 209; vgl. auch § 613 S. 1 BGB.

[14] Mit dem Ursprung des geltenden Dienstvertragsrechts und seiner Be-

dings — soweit ersichtlich — für einzelne Regelungen genauer nachgegangen worden wäre. Nicht zuletzt deshalb ist der Gegenstandpunkt noch immer weit verbreitet, daß den Arbeitsordnungen früherer Geschichtsepochen allenfalls eine Randbedeutung für das heutige Arbeitsrecht zukomme[15]. Die Gründe für diese Haltung sind unterschiedlich. Sie beruht beispielsweise darauf, daß man das heutige Arbeitsrecht von seiner Funktion her als soziales Arbeitnehmerschutzrecht begreift und historischen Arbeitsordnungen eine derartige Zielsetzung angesichts anderer Wirtschafts- und Gesellschaftsordnungen in früherer Zeit abspricht[16]. Von anderer Seite wird auf die freiwillige Begründung des heutigen Arbeitsverhältnisses abgestellt; für die geringe Bedeutung alter Arbeitsordnungen wird angeführt, daß in früheren Geschichtsepochen das aufgrund personenrechtlicher Abhängigkeit bestehende Arbeitsverhältnis Vorrang gehabt habe. Deshalb sei für die tatsächliche und rechtliche Entwicklung freiwilliger Arbeitsverhältnisse wenig Raum gewesen[17].

Eine Untersuchung, die sich um die Strukturen des gegenwärtigen Arbeitsverhältnisses bemüht, wird den aus dem geschilderten Meinungsgegensatz resultierenden Denkanstoß aufgreifen müssen, wenn die gestellte Aufgabe umfassend gelöst werden soll. Ein abschließendes Urteil über die Notwendigkeit entwicklungsgeschichtlicher Betrachtungen wird jedoch erst im Verlauf der nachfolgenden Erörterungen möglich sein. Sollte dieses Urteil positiv ausfallen, ist damit jedoch keineswegs eine Verschlechterung der Erkenntnismöglichkeiten vorgezeichnet[18], denn inzwischen liegen einige aufschlußreiche Untersuchungen über die Wesensmerkmale historischer Arbeitsordnungen vor[19], die gegebenenfalls für die in dieser Arbeit aufgegriffenen Fragen ausgewertet werden können. Sie haben die hergebrachten, oft verallgemeinern-

---

deutung für Erscheinungsformen des gegenwärtigen Arbeitsrechts haben sich insbes. beschäftigt *Fabricius*, Leistungsstörungen, S. 17 Anm. 35, S. 64 und S. 88; *ders.*, Mitbestimmung in der Wirtschaft, S. 14; *ders.*, Arbeitgeberbegriff, S. 51 Anm. 40; *ders.*, ZfA 1972, 37; *ders.*, Festschrift für Fechner, S. 187 f.; *ders.*, Naturrecht, S. 93; *ders.*, Gedächtnisschrift für Klein, S. 141; *ders.*, Marktwirtschaft und Mitbestimmung, Rz 16, 238—244; *ders.*, Festschrift für Gleitze, S. 489; vgl. ferner *v. Gierke*, Festschrift für Brunner, S. 37 ff.; kritisch dazu *Ebel*, ZStW 1936, 319 ff. und *Wolf*, S. 62; vgl. ferner *Sinzheimer*, Grundzüge, S. 23 f.

15 Vgl. *Hueck / Nipperdey*, ArbR Bd. I, § 2 I, S. 7; *Nikisch*, Bd. I, § 2 I 1, S. 13 f.; *Söllner*, § 2 I, S. 18 f.; *Tomandl*, S. 24 f.; vgl. auch *Zöllner*, § 3 I 1, S. 24.

16 Vgl. *Zöllner*, § 1, S. 1 und § 3 I 1, S. 24.

17 *Ogris*, RdA 1967, 286 f., insbes. Anm. 4; ähnlich *Nikisch*, vgl. Fn. 15.

18 Ähnlich die Einschätzung von *Mayer-Maly*, RdA 1967, 281 und RdA 1975, 59.

19 Hervorzuheben sind insbes. *Beck*, Festschrift für Lewald, S. 3 ff.; *De Robertis*, I rapporti di lavoro nel diritto romano; *ders.*, Lavoro e lavoratori nel mondo romano; *Kaufmann*, Die altrömische Miete; *Mayer-Maly*, Locatio conductio; *ders.*, RdA 1967, 281 ff.; *Nörr*, SZ 82 (1965) 67 ff.

den Vorstellungen über jene Ordnungen, auf denen u. a. auch ihre geringe Beachtung in der Gegenwart beruht, zu präzisieren versucht. So bemühen sich zum Beispiel die Arbeiten von De Robertis[20] und Nörr[21] darum darzulegen, daß es eine unzutreffende Vereinfachung darstellt, die Haltung des römischen Volkes gegenüber der menschlichen Arbeit durchweg als Geringschätzung zu kennzeichnen. Ferner muß inzwischen offenbar zugegeben werden, daß es ungenau ist, dem römischen Recht vorzuwerfen, es habe die menschliche Arbeitsleistung zur Ware herabgestuft[22]. Auch die überkommenen Ansichten über die tatsächlichen und rechtlichen Entwicklungen im Bereich des römischen Arbeitsrechts[23] müssen — insbesondere nach den Ergebnissen der Untersuchung Kaufmanns[24] — wohl neu überdacht werden. Angesichts der vorhandenen neueren Erkenntnisse über historische Arbeitsordnungen sind die Voraussetzungen für eine Einbeziehung geschichtlicher Zusammenhänge im Rahmen dieser Untersuchung nicht ungünstig.

Es verbleibt die Frage nach dem Wert einer Untersuchung über die Strukturen der Vergütungsregelungen. Bedenken, die in dieser Richtung geäußert werden könnten, ist entgegenzuhalten, daß die Aufbereitung der Grundlagen des modernen Arbeitsrechts einmal dazu beitragen kann, Erscheinungsformen der heutigen Arbeitsrechtsordnung besser zu verstehen[25]. Hinzu kommt, daß es bisher an einer umfassenden Kodifikation des Arbeitsrechts fehlt und daß deshalb die beabsichtigte Nachzeichnung der Wesensmerkmale der Regelungen, die für den Rahmen der Arbeitsvergütung bestimmend sind, Grundlagenarbeit für die noch ausstehende gesetzgeberische Aufgabe sein kann. Wenn die rechtsdogmatischen und rechtspolitischen Grundlagen der gegenwärtig anerkannten Regelungen offengelegt sind, kann entschieden werden, ob ein Aufbauen auf dem bisherigen Regelungsgefüge ratsam ist oder ob im Interesse von arbeitsrechtlichen Regelungen, die den Grundsätzen unserer Wirtschafts- und Gesellschaftsordnung gerecht werden und die sich auch gegenüber künftigen Entwicklungen als tragfähig erweisen, eine Neuorientierung geboten ist[26].

Es soll das Anliegen der nachfolgenden Untersuchung sein, sich um Erkenntnisse zu bemühen, die in dem dargestellten Sinn für das heutige Arbeitsrecht verwertbar sind.

---

[20] Vgl. Fn. 19.

[21] Vgl. Fn. 19.

[22] *Mayer-Maly*, RdA 1967, 282 f.; vgl. auch *Kaufmann*, S. 203 f.

[23] Einen Überblick über die Entstehungstheorien gibt *Mayer-Maly*, RdA 1967, 283.

[24] Vgl. Fn. 19.

[25] Vgl. *Fabricius*, Festschrift für Fechner, S. 175; ähnlich *Kupisch*, NJW 1982, 154.

[26] In ähnlichem Sinne *Schnorr-v. Carolsfeld*, S. 54.

Zweites Kapitel

Der Rahmen der Vergütung für Arbeitsleistungen nach den Vorschriften des BGB

I. Die Vergütungsregelungen des Dienstvertragsrechts, §§ 611 ff. BGB

Will man aufgrund von Vorschriften, die die Arbeitsvergütung betreffen, Aufschluß über die Bewertung der Arbeitsleistung innerhalb des BGB erhalten, so hat man verschiedene Regelungskomplexe zu betrachten. Es sind dies zunächst die Bestimmungen des Dienstvertragsrechts in den §§ 611 ff. BGB. Der Arbeitsvertrag ist ein Unterfall des Dienstvertrags, denn dieser Vertragstyp erfaßt grundsätzlich sowohl selbständige als auch unselbständige Arbeitsleistungen[1]. In Ermangelung vertragsbedingter Eigenarten sind die Vergütungsvorschriften der §§ 611 ff. BGB auch auf Verträge über unselbständige Arbeitsleistungen anwendbar. Dies gilt uneingeschränkt für die Bestimmungen der §§ 611, 612, 614 und 615 BGB. Eine gewisse Sonderstellung nimmt lediglich § 616 BGB in seiner jetzt geltenden Fassung[2] ein. Nach Absatz 3 ist die Anwendung dieser Vorschrift auf Arbeitnehmer beschränkt, die nicht Arbeiter im Sinne des Lohnfortzahlungsgesetzes sind und die daher nicht unter die dort vorgesehenen Sonderregelungen fallen.

1. Überblick über den Inhalt der Vergütungsregelungen der §§ 611 ff. BGB

Die §§ 611 ff. BGB regeln den Vergütungsanspruch des Arbeitnehmers unter verschiedenen Gesichtspunkten:

Zunächst wird bestimmt, daß es sich beim Arbeitsvertrag um einen entgeltlichen Vertrag handelt, bei dem sich die Pflicht des Arbeitnehmers zur Arbeitsleistung und die Pflicht des Arbeitgebers zur Zahlung der Vergütung als Hauptpflichten gegenüberstehen, §§ 611 Abs. 1, 612 BGB. Die Fälligkeit der Vergütung ist in § 614 BGB geregelt; da-

---

[1] Vgl. BGB-Motive, *Mugdan*, Bd. 2, S. 254.

[2] Eingefügt durch das Gesetz über die Fortzahlung des Arbeitsentgelts im Krankheitsfalle — Lohnfortzahlungsgesetz — vom 27. Juli 1969 (BGBl I, S. 946).

nach ist der Arbeitnehmer vorleistungspflichtig[3]. Die nachfolgenden Vorschriften der §§ 615, 616 BGB betreffen zwei Fälle, in denen auch ohne Arbeitsleistung eine Lohnzahlungspflicht des Arbeitgebers besteht.

2. Vorhandene Regelungslücken als Ansatzpunkte für die Frage nach den Wesensmerkmalen der Vorschriften

Nach dem soeben gegebenen kurzen Abriß des Regelungsinhaltes der §§ 611 ff. BGB mag es zunächst nicht offensichtlich sein, weshalb diese Vorschriften einen Anreiz dafür bieten sollen, nach den Wesensmerkmalen der Regelungen zu fragen und dort Hinweise auf die Gestaltung der Arbeitnehmerstellung zu vermuten. Eine genauere Betrachtung macht jedoch ihre Eignung für den Einstieg in diesen Fragenkomplex deutlich, denn gerade bei den Vergütungsvorschriften ist eine Schwäche des Dienstvertragsrechts sichtbar geworden, die zu einer Untersuchung der Ursachen herausfordert.

Besonders geeignet, diese von Anfang an vorhandene Schwäche darzutun, ist die Vorschrift des § 615 BGB, die den Vergütungsanspruch im Falle des Annahmeverzugs des Dienstberechtigten regelt. Diese Vorschrift ist seit ihrer Aufnahme in das BGB mit Anwendungsschwierigkeiten behaftet[4], deren Ursache in der gesetzgeberischen Konzeption des Arbeitsverhältnisses zu liegen scheint. Gemeint ist die sog. Betriebsrisikoproblematik, die sich im Zusammenhang mit § 615 BGB aufgetan hat. Gegenstand dieser Problematik ist das Schicksal des Vergütungsanspruchs des Arbeitnehmers in den Fällen, in denen die Arbeitsleistung durch eine Betriebsstörung verhindert wird, die keine der beiden am Arbeitsvertrag beteiligten Parteien zu vertreten hat. Derartige Störungen können verschiedene Ursachen haben, z. B. Naturkatastrophen, Maschinenstörungen, Auftrags-, Rohstoff- oder Energiemangel, aber auch Zulieferschwierigkeiten, bedingt durch Streiks in anderen Betrieben oder in Betriebsteilen[5].

Die Anwendung von § 615 BGB ist hier problematisch, da diese Vorschrift den Fortbestand des Vergütungsanspruchs vom Annahmeverzug des Dienstberechtigten und damit vom Leistungsvermögen des Dienstverpflichteten abhängig macht. Gerade dieses ist bei einer Betriebs-

---

[3] Prot. I, *Jakobs / Schubert*, S. 761; BGB-Motive zu § 560 Entw. I, *Mugdan*, Bd. 2, S. 256 f.; vgl. auch *Söllner*, AcP 167 (1967), 134, der sich angesichts der Entstehungsgeschichte zu Recht gegen die verbreitete Auffassung wendet, nach der in § 614 BGB der Grundsatz „Ohne Arbeit kein Lohn" niedergelegt sei.

[4] Vgl. BGB-Protokolle zu §§ 561 und 562 Entw. I, *Mugdan*, Bd. 2, S. 899 f.

[5] *Hueck / Nipperdey*, ArbR I, § 44 IV, S. 348; *Schaub*, § 101 I, S. 540; *Zöllner*, § 18 V 1, S. 158 ff., der allerdings den Arbeitskampf als praktisch bedeutsamen Gegenstand der Betriebsrisikolehre ansieht, S. 160.

störung, die der Leistungserbringung des arbeitswilligen Arbeitnehmers entgegensteht, jedoch nicht gegeben. Würde man in einem solchen Fall auf die allgemeine Regel des § 323 BGB zurückgreifen[6], so bedeutete dies für den lohnabhängigen Arbeitnehmer eine unangemessene Härte. Diese Vorschrift sieht bei gegenseitigen Verträgen in den Fällen beiderseitig unverschuldeter Leistungsverhinderung einer Vertragspartei den Wegfall des Gegenleistungsanspruchs vor. Der Arbeitnehmer würde also seinen Vergütungsanspruch verlieren. Um in den Betriebsstörungsfällen zu sachgerechten Ergebnissen zu kommen, die insbesondere auch die Lohnabhängigkeit des Arbeitnehmers hinreichend berücksichtigen, sind daher schon bald nach dem Inkrafttreten des BGB Lösungen entwickelt worden, die die Bestimmungen des Dienstvertragsrechts unberücksichtigt lassen und über den Vergütungsanspruch nach Risikosphären entscheiden[7].

Das Problem des Betriebsrisikos ist nur ein Beispiel für die eingangs erwähnte Schwäche des Dienstvertragsrechts, die sich darin zeigt, daß die im industriellen Arbeitsverhältnis auftauchenden Konflikte mit Hilfe der Bestimmungen des BGB nicht immer befriedigend geregelt werden können. Es gibt daneben weitere Bereiche, für die das Dienstvertragsrecht keine Lösungen bereithält. Gemeint sind insbesondere Regelungen, die dem Umstand Rechnung tragen, daß das Arbeitsverhältnis nicht nur die Arbeitsleistung des Arbeitnehmers erfaßt, sondern — weil untrennbar damit verbunden[8] — ihn selbst als Person einbezieht[9]. Hierher gehören beispielsweise das Problem der Anerkennung einer Beschäftigungspflicht des Arbeitgebers[10] oder die Einräumung von betrieblichen Mitwirkungsrechten für die Arbeitnehmer. Auch für diese Bereiche sind inzwischen eigenständige Lösungen entwickelt worden[11].

Angesichts der Notwendigkeit, arbeitsvertragliche Konflikte außerhalb der Regelungen des Dienstvertragsrechts lösen zu müssen, liegt die Vermutung nahe, daß diesen Regelungen ein Sozialmodell zugrundeliegt, welches dem Wesen des industriellen Arbeitsverhältnisses,

---

[6] So die ältere bürgerlich-rechtliche Dogmatik, z. B. *Lotmar*, Bd. II, S. 284; vgl. ferner die Literaturnachweise bei *Staudinger / Nipperdey / Mohnen*, § 615 Anm. 54; auch im Gesetzgebungsverfahren neigte man teilweise dieser Auffassung zu, vgl. BGB-Protokolle, *Mugdan*, Bd. 2, S. 900.

[7] Sog. „Sphärentheorie“; grundlegend für die Loslösung RGZ 106, 272 ff., 275; RAG, ARS 3, 116 ff., 120 ff. („Lückentheorie“) m. Anm. v. *Hueck;* zur Fortführung dieser Rechtsprechung, teilweise abgewandelt, BAG, AP Nr. 2 und 3 zu § 615 BGB Betriebsrisiko jew. m. zust. Anm. v. *Hueck*.

[8] Vgl. oben 1. Kapitel.

[9] Vgl. auch *Zöllner*, § 11 II 7b, S. 105.

[10] Vgl. 1. Kapitel, Fn. 6.

[11] Vgl. das BetrVG 1972, das Montan-MitbestG, das MitbestErgG und das MitbestG von 1976.

insbesondere dem gegenwärtigen Verständnis von der Rechtsstellung des Arbeitnehmers, nur unvollkommen gerecht wird. Ob diese Vermutung zutrifft und welches die Ursachen hierfür sind, soll durch die nachfolgenden Überlegungen geklärt werden.

Zuvor ist es jedoch erforderlich, einen weiteren Regelungsbereich zu betrachten, der für das Verhältnis von Arbeitsleistung und Arbeitsvergütung gleichfalls von Bedeutung ist.

II. Die Zuordnung des Arbeitsergebnisses

1. Der Ausschluß des Arbeitnehmers vom Eigentum am Arbeitsprodukt und seine Bedeutung für die Arbeitsvergütung und den Wert der Arbeitsleistung

Wenn man die gesetzgeberische Konzeption des Dienstvertragsrechts, insbesondere die darin enthaltene Bewertung der Arbeitsleistung, vollständig erfassen will, dann dürfen sich die Betrachtungen nicht auf Wesensmerkmale und Entstehung der §§ 611 ff. BGB beschränken. Es muß vielmehr eine weitere Regelung in die Erörterungen einbezogen werden. Sie betrifft die Zuordnung des Eigentums am Arbeitsergebnis, bei der nach derzeit geltendem Recht der Arbeitnehmer nicht berücksichtigt wird[12].

Zunächst mag es verwundern, daß die rechtlichen Regeln, nach denen sich diese Zuordnung vollzieht, für die Arbeitsvergütung und für die Frage nach der rechtlichen Qualifikation der Arbeitsleistung bedeutsam sein sollen, zumal der Arbeitnehmer vom Eigentum am Arbeitsergebnis ausgeschlossen bleibt. Problemkreise, die im Zusammenhang mit der Arbeitsvergütung erörtert werden, lassen jedoch eine Verbindung erkennen.

a) Der Theorienstreit um die Rechtsnatur sog. „freiwilliger Sozialleistungen"

Zu den angesprochenen Problemen gehört einmal der Streit über die Rechtsnatur von vermögenswerten Leistungen, die dem Arbeitnehmer vom Arbeitgeber neben der Arbeitsvergütung aufgrund des Arbeitsverhältnisses gewährt werden. Bei diesem Streit stehen die sog. Fürsorgetheorie und die sog. Entgelttheorie einander gegenüber.

---

[12] BGHZ 14, 114 ff., 117; *Baur*, § 53 b I 2, S. 488; *Hueck / Nipperdey*, ArbR Bd. I, § 53 I, S. 497; *Laufke*, Festschrift für Hueck, S. 69; *Nikisch*, Bd. I, § 28 I 1, S. 309; *Palandt / Bassenge*, § 950 Anm. 3; *Schaub*, § 114 II 2, S. 606; *Schnorr-v. Carolsfeld*, § 7 Anhang II, S. 285; *Staudinger / Neumann*, § 611 Anm. 114; *Söllner*, § 28 IV 2, S. 212; *Westermann*, § 53 III 2 b, S. 258; *Wolff / Raiser*, § 73 III, S. 273; *Zeuner*, JZ 1955, 195; *Zöllner*, § 14 II, S. 122.

aa) Die auf die arbeitsvertragliche Fürsorgepflicht zurückgreifende überwiegende Meinung

Von der überwiegenden Meinung wird eine einheitliche Beurteilung aller vermögenswerten Arbeitgeberleistungen abgelehnt. Es wird vielmehr unterschieden zwischen dem eigentlichen Arbeitslohn und sonstigen Leistungen, wie beispielsweise Gewährung von Urlaub oder Ruhegeld. Während beim Arbeitslohn der reine Entgeltcharakter der Leistung bejaht wird, soll dies für die genannten anderen Leistungen ganz[13] oder zumindest teilweise[14] nicht gelten. Sie enthielten auch Versorgungselemente und hätten ihre Rechtsgrundlage letztlich in der Fürsorgepflicht des Arbeitgebers. Der Urlaubsanspruch wird teilweise auch als Ausfluß des sozialrechtlichen Schutzprinzips[15] oder zusätzlich als gewohnheitsrechtlich anerkannter Grundsatz eingestuft[16]. Allerdings muß eingeräumt werden, daß seit dem Inkrafttreten des Bundesurlaubsgesetzes[17] der Fürsorgegedanke beim Urlaubsanspruch in den Hintergrund getreten ist, da nunmehr dieses Gesetz neben den in § 13 Absatz 1 BUrlG genannten kollektiv- und einzelvertraglichen Regelungen als Anspruchsgrundlage für den Urlaub angesehen wird[18]. Der Fürsorgegedanke lebt jedoch insoweit weiter, als das Bundesurlaubsgesetz als Konkretisierung der Fürsorgepflicht des Arbeitgebers bewertet[19] und diese Pflicht bei der Gesetzesauslegung herangezogen wird[20].

[13] So hinsichtlich des Ruhegeldanspruchs *Nikisch*, Bd. I, § 41 I 2, S. 572 ff.; *Hueck / Nipperdey*, ArbR Bd. I, § 52 III 1, S. 478; *Kaskel / Dersch*, § 25 IV 8, S. 160 f.; *Söllner*, AcP Bd. 167 (1967), 228, Fn. 103; LAG Dortmund ARS 30, 44 ff., 46; RAG ARS 37, 399 ff., 406; RAG ARS 43, 148 ff., 154; a. A. *Säcker*, JurAn 1970, 178 f., *Schnorr-v. Carolsfeld*, § 5 B II 4 b, S. 140; *Schwerdtner*, insbes. S. 168 ff.; *Söllner*, § 34 IV, S. 231, der insoweit seine frühere Ansicht, vgl. AcP Bd. 167 (1967), 137, offenbar geändert hat.

[14] Eine differenzierende Auffassung zum Ruhegeldanspruch vertritt das BAG, vgl. AP Nr. 3 zu § 242 BGB Ruhegehalt-Unterstützungskassen = DB 1975, 1274 ff., 1275; ähnlich *Hilger*, S. 20 ff., 29; *Hilger* in Weiß, Bd. 1, S. 23, 24; *Schaub*, § 81 I 2, S. 384; vgl. auch *Zöllner*, § 26 II 3, S. 212, der eine selbständige Kategorie „Versorgungsleistungen" anerkennen will.

[15] *Dersch*, RdA 1949, 325 und RdA 1954, 9.

[16] Vgl. BAG, AP Nr. 6, 18 zu § 611 BGB Urlaubsrecht; *Dersch / Neumann*, § 1 Rz 10—13. Das RAG hat bis zu seiner Entscheidung ARS 32, 316 die sog. Theorie vom Doppelanspruch vertreten, d. h. den Urlaubsanspruch als Freizeit- und Entgeltanspruch eingestuft, vgl. RAG ARS 6, 75 ff., 79; ARS 6, 368 ff., 369; ARS 31, 273 ff., 275. Mit der o. g. Entscheidung ARS 32, 316 ff., 319 f. schloß es sich dann der Fürsorgetheorie an. Den Entgeltcharakter des Urlaubsanspruchs bejahen *Bührig*, AuR 1954, 372 f.; *Güntner*, AuR 1963, 79; *Schwerdtner*, S. 155.

[17] Mindesturlaubsgesetz für Arbeitnehmer vom 8. Januar 1963 (BGBl I S. 2), zuletzt geändert durch Gesetz vom 29. Oktober 1974 (BGBl I, S. 2879); Sonderregelungen für bestimmte Arbeitnehmergruppen enthalten u. a. §§ 19, 22 JArbSchG; §§ 53 ff. SeemannsG; § 44 SchwbG; §§ 4, 10 ArbPlatzSchG; § 6 EignungsübungsG nebst VO zum EignungsübungsG; § 78 ZDG i. V. m. § 4 ArbPlatzSchG.

[18] Vgl. *Zöllner*, § 16 IV, S. 143.

[19] Vgl. *Schaub*, § 102 I 1, S. 543.

bb) Die Entgelttheorie Schwerdtners

Schwerdtner[21] hat sich mit der von der herrschenden Lehre und Rechtsprechung bejahten Differenzierung bei den vermögenswerten Arbeitgeberleistungen eingehend auseinandergesetzt. Er lehnt die Verbindung von geldwerten Arbeitgeberleistungen mit Treue- und Fürsorgeelementen ab und bejaht auch beim Urlaub und beim betrieblichen Ruhegeld den reinen Entgeltcharakter, da auch diese Leistungen als Gegenleistungen für erbrachte oder künftig zu erbringende Arbeitsleistungen gewährt würden[22].

Schwerdtner wendet sich zu Recht gegen die von der herrschenden Meinung vertretene Auffassung, denn die Rechtfertigung von vermögenswerten Leistungen wie Urlaub und Ruhegeld mit Hilfe der arbeitsvertraglichen Fürsorgepflicht rückt diese Leistungen in die Nähe von Almosen[23]. In einer von der Freiheit, Gleichheit und Menschenwürde ihrer Mitglieder ausgehenden Gesellschaftsordnung[24] befremdet die Vorstellung, im Arbeitnehmer einen Almosenempfänger zu sehen. Das Unbehagen verdichtet sich noch, wenn man bedenkt, daß sämtliche vermögenswerten Leistungen an die Arbeitnehmer aus dem Unternehmensertrag finanziert werden und daß für die Erwirtschaftung dieses Ertrages nicht nur Kapitaleinsatz und Management der Unternehmerseite sondern auch die Arbeitsleistung der Arbeitnehmer verantwortlich gewesen sind.

Der Meinung Schwerdtners ist daher im Ergebnis zuzustimmen, allerdings lassen die von ihm gegebenen Begründungen einige Fragen offen.

Schwerdtner führt für die von ihm vorgenommene rechtliche Qualifikation der sog. „freiwilligen Sozialleistungen" überwiegend soziologische und wirtschaftliche Wertungen an[25]. Eine tragfähige juristische Begründung, die gleichzeitig die Übernahme jener Wertungen rechtfertigte, sucht man, wie Fabricius zu Recht kritisiert hat[26], vergeblich. Es reicht in diesem Zusammenhang nicht aus, wenn Schwerdtner den

---

[20] Vgl. *Boldt / Röhsler*, § 1 Rz 3; *Dersch / Neumann*, § 1 Rz 10.

[21] S. 145 ff.

[22] *Schwerdtner*, S. 155.

[23] Vgl. *Schwerdtner*, S. 146, 154. Diese Tendenz verdeutlicht ein Urteil des BAG vom 18. 7. 1968, DB 1968, 1405; dort taucht im Zusammenhang mit Bezügen nach Beendigung des Arbeitsverhältnisses der Begriff „Gnadengehalt" auf. Der Gedanke der Armenpflege durchzieht auch die Anfänge staatlicher Bemühungen um die soziale Sicherung der Arbeitnehmer; dazu eingehend *Fabricius*, Marktwirtschaft und Mitbestimmung, Rz 366 ff.

[24] Vgl. den Grundrechtskatalog der Art. 2 ff. GG.

[25] Vgl. die Ausführungen *Schwerdtners* zur Methodik, S. 18 ff.; ferner S. 150 ff.

[26] Vgl. seine Ausführungen in Festschrift für Fechner, S. 204; im Ergebnis stimmt Fabricius der Auffassung Schwerdtners allerdings zu.

Arbeitsvertrag als modifizierten schuldrechtlichen Austauschvertrag darstellt[27] oder seinen Charakter als Dauerschuldverhältnis[28] hervorhebt[29].

Tatsächlich scheint es nicht unproblematisch zu sein, dem Arbeitnehmer auf der Grundlage des geltenden positiven Rechts als Gegenleistung für seine Arbeitsleistung mehr als den reinen Arbeitslohn zuzuerkennen. Bevor auf die Ursachen für die vorgenannten Schwierigkeiten, insbesondere auf die Bedeutung der Regeln über die Zuordnung des Produktionseigentums in diesem Zusammenhang, näher eingegangen wird, sei zunächst auf einen weiteren Erörterungskomplex hingewiesen, der diese Schwierigkeiten weiter verdeutlicht.

b) Die Diskussion um die Vermögensbildung in Arbeitnehmerhand

Ähnlich problematisch, wie die Rechtfertigung der sog. „freiwilligen Sozialleistungen" ist die Schaffung einer tragfähigen rechtlichen Grundlage für die Forderung nach Vermögensbildung in Arbeitnehmerhand.

aa) Zielsetzung und Beteiligungsmodelle

Ziel der Vermögensbildung der Arbeitnehmer ist es, eine breitere Streuung des erwirtschafteten Vermögens zu erreichen, insbesondere unter Einbeziehung derjenigen Bevölkerungskreise, die am Vermögenszuwachs bisher nur in ganz geringem Umfang oder überhaupt nicht beteiligt sind[30]. Der vorhandene Vermögensbestand soll unangetastet bleiben; im Hinblick auf künftig entstehendes Vermögen sollen die Verteilungsstrukturen jedoch geändert werden[31].

Einmal bereitet es Schwierigkeiten, geeignete Modelle zu entwickeln, die einerseits breite Bevölkerungsschichten in die Vermögensbildung einbeziehen, andererseits aber Wirtschaftswachstum, Investitionstätigkeit und Preisstabilität nicht beeinträchtigen. Es werden in diesem Zusammenhang verschiedene Lösungen diskutiert[32], so z. B. das Investivlohnsystem, ferner verschiedene Formen betrieblicher Ertragsbeteiligung oder das Fondssystem als Möglichkeit überbetrieblicher Ertragsbeteiligung[33]. Auf freiwilliger Basis sind in der Praxis bereits ver-

---

[27] S. 159.

[28] S. 160 ff.

[29] Ebenso *Fabricius*, vgl. Fn. 26.

[30] Vgl. *Andersen*, S. 106.

[31] *Lutter*, S. 17; darauf zielen auch die diskutierten und praktizierten Beteiligungsmodelle ab, vgl. die Darstellung bei *Pulte*, S. 53 ff.; *Froemer*, S. 41 ff.

[32] Eine Übersicht über mögliche Instrumente der Vermögenspolitik gibt *Andersen*, S. 117 ff.; vgl. ferner den Überblick über die in der Bundesrepublik praktizierten Beteiligungsmodelle bei *Horn*, ZGR 1974, 134—137 und 147 ff. mit zahlreichen Literaturangaben.

schiedene Vermögensbildungsmodelle erprobt worden[34]; eine umfassende gesetzliche Lösung steht bislang — abgesehen von einigen rechtstechnischen und steuerlichen Erleichterungen[35] — noch aus.

bb) Kritischer Überblick über die Ansätze zur Rechtfertigung der breiten Vermögensstreuung

Die Lösung der zuletzt genannten mehr technischen Probleme setzt die Bewältigung einer anderen Aufgabe voraus. Sie betrifft die Darlegung der rechtlichen Grundlagen, die eine Beteiligung der Arbeitnehmer am erwirtschafteten Vermögenszuwachs rechtfertigen. Nur wenn insoweit überzeugende Lösungen entwickelt werden, besteht die Aussicht, daß die zu erwartenden Widerstände derjenigen, die von einer Änderung der Verteilungsstrukturen nachteilig betroffen würden, überwunden werden können und daß sich stattdessen allmählich das Bewußtsein von der Erforderlichkeit und Angemessenheit einer Umverteilung durchsetzen wird. Zwar sind Bemühungen in dieser Richtung vorhanden, es gibt jedoch Gründe, daran zu zweifeln, daß sie der gestellten Aufgabe gerecht werden.

Das gilt insbesondere für die Argumentation, die von einer Analyse des Ist-Zustandes hinsichtlich der Vermögensverteilung im unternehmerischen Bereich seit dem Ende des zweiten Weltkrieges ausgeht. Angesichts der statistisch feststellbaren Zusammenballung von großen Vermögensmassen bei nur wenigen Vermögensträgern[36] wird eine breitere Streuung für die Zukunft gefordert[37]. Dies ist zwar ein aus Arbeitnehmersicht begrüßenswerter Standpunkt; die vorgenommene Zustandsanalyse reicht jedoch als Rechtsgrundlage für einen Anspruch der Arbeitnehmer auf Beteiligung am Vermögenszuwachs nicht aus.

---

[33] Ausführlich dazu *Decker*, S. 52—78.

[34] Vgl. insbes. den Überblick bei *Horn*, ZGR 1974, 143 ff.; ferner *Decker*, S. 68 ff. m. w. N.

[35] *Horn*, ZGR 1974, 176; vgl. auch 3. Vermögensbildungsgesetz vom 27. Juni 1970 (BGBl I S. 930); Sparförderungsgesetz i. d. F. vom 23. August 1972 (BGBl I S. 1539); ausführlich zu den bisherigen gesetzgeberischen Maßnahmen zur Vermögensbildung in Arbeitnehmerhand auch *Decker*, S. 36—52.

[36] In der vermögenspolitischen Diskussion hat das Zahlenmaterial von *Krelle / Schunck / Siebke*, Überbetriebliche Ertragsbeteiligung der Arbeitnehmer, eine herausragende Rolle gespielt; weitere Daten bei *Siebke*, Vermögenskonzentration, S. 65 f.; ferner *Lutter*, Wertpapier 1974, 261; neueres Zahlenmaterial bei *Mierheim / Wicke*, Vermögensverteilung in der Bundesrepublik Deutschland 1978. Mit dem Bild der Vermögensverteilung in der Bundesrepublik Deutschland beschäftigt sich eingehend auch *Andersen*, S. 43—69.

[37] Vgl. die Hinweise bei *Andersen*, S. 105; derartige Überlegungen für mitentscheidend hält offenbar auch *Lutter*, Vermögensbildung und Unternehmensrecht, S. 15 f.

Ein ähnlicher Mangel haftet denjenigen Begründungsversuchen an, die beim Vermögen als Machtfaktor ansetzen. Mit der Ansammlung von Vermögen wachse gleichzeitig die Macht des Vermögensträgers, und je größer die Machtfülle sei, desto größer sei auch die Gefahr des Machtmißbrauchs[38]. Wegen dieser Mißbrauchsgefahr sei jede Machtkonzentration gesellschaftspolitisch unerwünscht, es sei denn, sie ließe sich mit zwingenden Argumenten als notwendiges Übel rechtfertigen, wie dies beispielsweise beim Gewaltmonopol des Staates geschehen könne. Für die Machtfülle infolge der Konzentration von Privatvermögen fehle eine solche Legitimation, so daß aus diesem Grunde eine breitere Vermögensstreuung notwendig und gerechtfertigt sei[39].

Auch mit dieser Begründung wird kein Beteiligungsanspruch der Arbeitnehmer dargetan, der eine Änderung der derzeitigen Verteilungsstruktur rechtfertigen könnte.

Gleiches gilt für die Auffassung, die auf das Interesse am Erhalt des bestehenden wirtschaftlichen und politischen Systems abstellt, dessen Bestand durch eine breitere Vermögensstreuung gewährleistet werden könne[40]. Die systemstärkende Wirkung einer breiten Vermögensstreuung wird dabei von unterschiedlichen Ansatzpunkten her begründet. So stellen beispielsweise Häussler[41] und Föhl / Hennies[42] insbesondere die Abwehrfunktion gegenüber Wirtschafts- und Gesellschaftssystemen kommunistischer Prägung heraus, während von anderer Seite die Stärkung der Institution des Privateigentums in den Vordergrund gerückt wird[43].

c) Zwischenergebnis zur Bewertung des Produktionsfaktors Arbeit angesichts der zuvor erörterten Vergütungs- und Verteilungsprobleme

Angesichts des soeben umrissenen Diskussionsstandes zur Vermögensbildung stellt sich die Frage, weshalb die Überlegungen nicht dahin gehen, einen Anspruch des Arbeitnehmers auf Beteiligung an der Vermögensbildung auf seine Arbeitsleistung zu gründen[44]. Es ist wenig wahrscheinlich, daß hier lediglich ein Argumentationsaspekt übersehen

---

[38] *Andersen*, S. 74—77.

[39] Ebd., S. 74, 107, ferner S. 111 f.; dort werden allerdings auch Bedenken gegenüber der Effizienz einer Machtkontrolle durch isolierte vermögenspolitische Maßnahmen angemeldet.

[40] Vgl. z. B. *Lutter*, S. 14 ff.; *Mestmäcker*, S. 7 ff., 22 ff., insbes. 28 ff.

[41] S. 138 f.

[42] S. 7.

[43] Einen Überblick über die verschiedenen Ansatzpunkte gibt *Andersen*, S. 112—114.

[44] Darauf abzielend *Fabricius*, Marktwirtschaft und Mitbestimmung, Rz 440.

worden ist[45]. Vielmehr ist anzunehmen, daß das geltende Recht mit dem Stellenwert, den es dem Produktionsfaktor Arbeit beimißt, derartige Begründungsansätze nicht zuläßt. Diese Annahme beruht auf der Feststellung, daß insoweit bei der Vermögensbildung das gleiche Problem vorliegt, welches zuvor schon bei der Diskussion über die Rechtsnatur der sog. „freiwilligen Sozialleistungen" angetroffen worden ist. In beiden Fällen, beim Urlaub und bei den betrieblichen Ruhegeldern einerseits sowie bei der Vermögensbildung andererseits, geht es um Leistungen an die Arbeitnehmer, die über den reinen Arbeitslohn hinausgehen, und beide Male wird von der überwiegenden Meinung auf Grundlagen zurückgegriffen, die letztlich nicht bei den Ansprüchen der Arbeitnehmer aufgrund erbrachter Arbeitsleistungen ansetzen[46]. Die Übereinstimmungen in der Problematik und im Lösungsansatz berechtigen zu der Annahme, daß die Rechtsordnung der Arbeitsleistung innerhalb der Produktionsfaktoren eine Rangstelle zugewiesen hat, durch die ihre anspruchsbegründende Wirkung auf den reinen Arbeitslohn beschränkt wird und die sie als Rechtsgrundlage für weitergehende vermögenswerte Ansprüche, insbesondere für eine umfassende Beteiligung am Unternehmensertrag, ungeeignet macht.

d) „Schaltstellen" für die Festlegung der Rangordnung innerhalb der Produktionsfaktoren und für die gegenwärtige Verteilungsstruktur

Sucht man nach einer Bestätigung für die obige Annahme und fragt man nach einer Regelung, in der die Rangstelle der Arbeitsleistung innerhalb der Produktionsfaktoren festgeschrieben sein könnte, so stößt man auf die Grundsätze über die Zuordnung des Eigentums am Arbeitsergebnis. Ihre zentrale Bedeutung für den Stellenwert der einzelnen Produktionsfaktoren und für die gegenwärtige Struktur bei der Verteilung des erwirtschafteten Vermögens machen folgende Überlegungen deutlich:

aa) Die Schlüsselstellung der Grundsätze über die Zuordnung des Produktionseigentums

Wie zuvor bereits erwähnt, gilt im Rahmen von Arbeitsverhältnissen nach überwiegender Auffassung die Regel, daß das Arbeitsprodukt in das Eigentum des Unternehmers und nicht in das des tatsächlich produzierenden Arbeitnehmers fällt. Mit dieser Regel wird der Produktionsfaktor Kapital gegenüber dem Produktionsfaktor Arbeit bevorrechtigt, denn durch diese Eigentumszuordnung wird die Produktionsverwertung

---

45 Dazu schon oben 2. Kapitel, II., 1., a), bb).

46 Auf das „Begründungsdefizit" in der Vermögensbildungsdiskussion ebenfalls hinweisend *Decker*, S. 116.

einschließlich des dabei erzielbaren Erlöses einseitig derjenigen Seite zugeordnet, deren Beteiligung am Produktionsprozeß moderner Prägung typischerweise nicht im Einsatz der eigenen Arbeitskraft, sondern in der Einbringung des für die Produktion gleichfalls erforderlichen Kapitals[47] besteht. Folge dieser die Unternehmerseite begünstigenden Eigentumsregelung ist die gegenwärtig feststellbare Anhäufung des erwirtschafteten Vermögens bei — im Verhältnis zur Gesamtbevölkerung — wenigen Vermögensträgern[48] und die Beschränkung der Arbeitnehmer auf den reinen Lohnanspruch als Entgelt für erbrachte Arbeitsleistungen[49]. Ein anderes Bild würde sich dann ergeben, wenn man Kapital und Arbeitsleistung als zumindest gleichwertige Produktionsfaktoren anerkennen und ihren Einsatz gleichermaßen durch die Beteiligung am Produktionseigentum abgelten würde. In diesem Fall müßte sich der Arbeitnehmer nicht mehr mit einem Arbeitslohn begnügen, der bei Vertragsabschluß und auch bei späteren Anhebungen regelmäßig ohne eine Anbindung an die durch die Verwertung der Arbeitsprodukte am Markt erzielbaren Erträge festgelegt wird[50]. Vielmehr würde mit Hilfe der Eigentumsbeteiligung am Arbeitsprodukt für den Arbeitnehmer der Weg zu einer ertragsbezogenen Abgeltung seiner Arbeitsleistung eröffnet werden, denn als Produktionseigentümer stünden ihm das Recht der Verwertung des Produkts und — nach Abzug der auf der Produktion lastenden Verbindlichkeiten — die im Zuge der Verwertung erzielten Erträge zu. Allerdings müßte das Eigentumsrecht am Arbeitsprodukt wegen der arbeitsteiligen Produktionsweise und wegen der neben der Arbeitsleistung erforderlichen anderen Produktionsfaktoren wohl als gemeinschaftliches Eigentum aller ausgestaltet werden[51], die durch die Beisteuerung eines dieser Faktoren als Produktionsbeteiligte anzusehen sind. Gleichwohl würde es sich durch die Anerkennung eines Eigentumsrechts der Arbeitnehmer am Arbeitsprodukt erübrigen, zur Rechtfertigung von vermögenswerten Leistungen, die über den reinen Arbeitslohn hinausgehen, auf Rechtsgrundlagen, wie etwa die arbeitsvertragliche Fürsorgepflicht, auszuweichen.

Entgegen der hier vertretenen Ansicht hält es Westermann[52] für einen nicht gangbaren Weg, über die Eigentumsregelung am Arbeits-

---

[47] So auch *Zöllner*, § 2 III 3, S. 17.

[48] Vgl. Fn. 36.

[49] Ebenso *Decker*, S. 120.

[50] Ebd., S. 119.

[51] *Fabricius*, Marktwirtschaft und Mitbestimmung, Rz 411; *ders.*, Gedächtnisschrift für Klein, S. 143; *ders.*, Festschrift für Gleitze, S. 490 und *Decker*, S. 176, wollen dagegen nur Miteigentumsrechte der Arbeitnehmer anerkennen. Auf eine Vertiefung dieses komplexen Problems wird in dieser Arbeit verzichtet, da es hier nur von nachrangiger Bedeutung ist.

[52] § 53 I 2, S. 255; ähnlich *Baur*, § 53 b III 1, S. 492 und *Hueck / Nipperdey*, ArbR Bd. I, § 53 I, S. 497 Fn. 2.

produkt die soziale Frage der Beteiligung der Arbeitnehmer am gesamten Unternehmensertrag zu lösen. Sicherlich würde es einige Mühe kosten, ein Miteigentumsrecht der Arbeitnehmer praktisch brauchbar zu gestalten[53]. Als unlösbar wird man diese Aufgabe deshalb jedoch nicht einstufen können, und wenn man dem Arbeitnehmer grundsätzlich das Recht auf Ertragsbeteiligung zubilligt, wie es wohl auch Westermann beabsichtigt[54], dann darf die Eigentumsproblematik nicht ausgeklammert werden. Das Recht auf den Unternehmensertrag setzt ein Eigentumsrecht an den Gegenständen voraus, aus deren Verwertung der Ertrag resultiert. Solange die Verwertungsgegenstände eigentumsrechtlich ausschließlich der Arbeitgeberseite zugeordnet werden, ist für die Arbeitnehmer kein Rechtsgrund ersichtlich, der ihnen dennoch eine Beteiligung am Verwertungsergebnis sichern könnte, es sei denn, man begründete die Arbeitnehmerbeteiligung auch hier mit dem die Arbeitnehmerstellung abwertenden[55] Fürsorgegedanken oder ähnlichen, die Unternehmerposition ungetastet lassenden Grundsätzen. Will man dagegen den Konflikt in einer der Persönlichkeit des Arbeitnehmers und dem Wert seiner Arbeitsleistung gerecht werdenden Weise lösen, so wird es bei der Erarbeitung einer Rechtsgrundlage für eine Beteiligung am Unternehmensertrag unumgänglich sein, innerhalb der rechtlichen Zuordnung des Eigentums am Arbeitsprodukt eine Neuorientierung vorzunehmen.

bb) Möglichkeiten einer Aufwertung der Arbeitsleistung durch arbeitsvertragliche Vereinbarungen?

Man könnte daran denken, daß über die Parteivereinbarung[56] im Rahmen des Arbeitsvertrages ein Weg eröffnet sei, das Arbeitsprodukt bzw. dessen Wert bei der Vergütungsbemessung zu berücksichtigen und auf diese Weise die Arbeitsleistung als Produktionsfaktor aufzuwerten.

Will man eine angemessene Beteiligung aller am Produktionsprozeß durch Arbeit Beteiligten erreichen, so ist eine solche Möglichkeit in der Form einer kollektivrechtlichen Arbeitsentgeltbestimmung unter maßgeblicher Beteiligung der Gewerkschaften denkbar. Gleichwohl ist

---

[53] Dieser Schwierigkeiten ist sich auch *Fabricius* bewußt, vgl. Mitbestimmung in der Wirtschaft, S. 84 f.; Naturrecht und Mitbestimmung, S. 94 ff.; Gedächtnisschrift für Klein, S. 143 f.; vgl. auch *Zöllner,* BAG-Festschrift, S. 769.

[54] Vgl. Fn. 52.

[55] Die Heranziehung des Fürsorgegedankens kann an dieser Stelle keine andere Bewertung erfahren; es gilt insoweit das zu den freiwilligen Sozialleistungen Ausgeführte entsprechend, vgl. 2. Kapitel, II., 1., a), bb).

[56] Der freie Arbeitsvertrag war das Kernstück der liberalistischen Wirtschaftsauffassung; sie hat insbes. in § 105 GewO ihren Niederschlag gefunden; vgl. *Hueck / Nipperdey,* ArbR Bd. I, § 25 I, S. 145 f. und 165; ferner *Jobs,* ZfA 1972, 310; *Zöllner,* § 3 I 3, S. 25 f.

zweifelhaft, ob auf diesem Wege tatsächlich die für die Arbeitnehmer erstrebte Verbesserung der Vermögenssituation verwirklicht werden kann, wenn gleichzeitig die gegenwärtigen Erwerbspositionen fortgeschrieben werden. Die Skepsis beruht auf den bisherigen Entwicklungen[57]. Zwar ist die Stellung der Arbeitnehmer im Vergleich zu den Anfängen des Industriezeitalters durch die Bildung und Anerkennung von Gewerkschaften[58] erheblich gestärkt worden. Im Zuge dieser Stärkung haben sich auch die Arbeitsbedingungen, insbesondere das Arbeitseinkommen, entscheidend verbessert. Dennoch hat sich, was die Verteilung des gesamten Unternehmensertrages angeht, bislang kein durchgreifender Wandel vollzogen: die Einkünfte der Arbeitnehmer bleiben auch heute noch auf einen Teil des konsumierbaren Unternehmensertrages beschränkt. Der übrige Teil, der nach „Entlohnung" aller für den Unternehmenserfolg maßgeblichen Faktoren und nach der Erfüllung aller öffentlichen Verpflichtungen verbleibt, wird einseitig der Kapitalseite zugeordnet[59].

cc) Beurteilung der Aussichten für eine künftige Anhebung des Stellenwertes der Arbeitsleistung

α) Die Zielsetzung der Gewerkschaften

Eine kritische Überprüfung und Neugestaltung der Rangordnung der Produktionsfaktoren mit dem Ziel, einen Wandel innerhalb der gegenwärtigen Verteilungsstrukturen herbeizuführen, ist in absehbarer Zeit wohl nicht zu erwarten, nicht zuletzt deshalb, weil die Gewerkschaften als Interessenvertretung der Arbeitnehmer in ihrer Einkommenspolitik eine dementsprechende Zielsetzung vermissen lassen[60]. Ihre Anstrengungen zur Verbesserung der Arbeitnehmereinkünfte beschränken sich — soweit nach außen erkennbar — derzeit auf eine Steigerung des konsumierbaren Teils des volkswirtschaftlichen Erfolges, d. h. es werden lediglich lohnpolitische Ziele verfolgt. Vermögenspolitik zugunsten der Arbeitnehmer wird dagegen nicht betrieben. Das legt die Vermutung nahe, daß die Gewerkschaften an einer systemimmanenten Änderung der Bewertungs- und Verteilungsstrukturen,

---

[57] Zu den entwicklungsgeschichtlichen Hintergründen für die schwache Position der Arbeitnehmer trotz bestehender Vertragsfreiheit vgl. *Fabricius*, Marktwirtschaft und Mitbestimmung, Rz 157 ff., insbes. 166 m. w. N.; vgl. ferner *Zöllner*, § 1 I 1, S. 2; zum Wertverhältnis zwischen Arbeitsleistung, Arbeitsentgelt und Unternehmenserfolg vgl. auch *Richardi*, Betriebsverfassung, S. 45; *ders.*, Sozialplan, S. 13 f.; dagegen *Zöllner*, BAG-Festschrift, S. 763.

[58] Zur Geschichte der Gewerkschaftsbewegung vgl. *Hueck / Nipperdey*, ArbR Bd. II, § 7, S. 113 ff. m. w. N.; *Zöllner*, § 3 II 2, S. 27, III 2, S. 28 und V, S. 29 f.

[59] *Blüm*, Frankfurter Hefte 1978, 22 ff., 26.

[60] Vgl. die kritischen Bemerkungen zur gewerkschaftlichen Einkommenspolitik bei *Blüm* (Fn. 59).

d. h. an einer breiteren Streuung des Privateigentums am Vermögenszuwachs, nicht interesisert sind[61].

β) Das Recht auf ein „gerechtes Arbeitsentgelt" nach Art. 4 Nr. 1 der Europäischen Sozialcharta

Auch die Europäische Sozialcharta[62] läßt Anstöße für eine grundsätzliche Auseinandersetzung mit den überkommenen Verteilungsstrukturen und ihren Ursachen vermissen. Zwar findet sich in ihrem Verpflichtungskatalog für die Unterzeichnerstaaten[63] auch die Gewährleistung des Rechts der Arbeitnehmer auf ein gerechtes Arbeitsentgelt. Dieses Recht wird jedoch nicht dahingehend konkretisiert, daß den Arbeitnehmern aufgrund ihrer Arbeitsleistung neben den Kapitalgebern ein gleichberechtigter Anteil am gesamten Unternehmensertrag zukommen müsse. Maßstab für ein gerechtes Arbeitsentgelt soll nach Art. 4 Nr. 1 der Europäischen Sozialcharta vielmehr ein angemessener Lebensstandard für die Arbeitnehmer und ihre Familien sein, zu dessen Sicherung die Arbeitsvergütung in der Lage sein müsse.

e) Zusammenfassende Beurteilung der Bedeutung der Zuordnungsgrundsätze für den Rahmen der Arbeitsvergütung

Um den Rahmen dieser Untersuchung, die sich mit den für die gegenwärtige Einstufung der Arbeitsleistung maßgeblichen Regeln und ihren rechtstheoretischen Grundlagen beschäftigen will, nicht zu sprengen, muß auf eine Vertiefung der Frage, ob die heutigen Bewertungs- und Verteilungsstrukturen gerecht sind oder ob und mit welchen Mitteln eine Änderung zu bewirken ist, verzichtet werden[64]. Diese Problemkreise sollten mit den zuletzt angestellten Überlegungen nur angerissen werden. In erster Linie ging es darum, anhand der Diskussionen über die Rechtsgrundlagen von vermögenswirksamen Leistungen, die über den reinen Arbeitslohn hinausgehen, aufzuzeigen, daß neben den §§ 611 ff. BGB auch die Grundsätze über die Zuordnung des Produktionseigentums für den Vergütungsrahmen und damit für

---

[61] Vgl. *Andersen*, S. 114; *Blüm* (Fn. 59); zur ablehnenden Haltung einzelner Gewerkschaften gegenüber der Beteiligung breiter Bevölkerungskreise am industriellen Vermögen vgl. z. B. die Beiträge von *Loderer* und *Frister* in: Pitz (Hrsg.), Das Nein zur Vermögenspolitik, 1974.

[62] Unterzeichnet durch die Bundesrepublik Deutschland am 18. Oktober 1961, in Kraft seit dem 26. Februar 1965 auf Grund des Ratifizierungsgesetzes — Gesetz zur Europäischen Sozialcharta — vom 19. Oktober 1964 (BGBl II, S. 1261).

[63] Vgl. den Anhang zur Sozialcharta, Teil III; dazu *Fabricius*, Festschrift für Gleitze, S. 472.

[64] Dies würde insbes. eine eingehende Auseinandersetzung mit dem Wertverhältnis von Kapital und Arbeit voraussetzen; vgl. dazu *Blüm*, Frankfurter Hefte 1978, 26; *Fabricius*, Gedächtnisschrift für Klein, S. 144 f.; *ders.*, Marktwirtschaft und Mitbestimmung, Rz 413 ff., 415.

die Bewertung der Arbeitsleistung maßgeblich sind. Zwar greifen diese Grundsätze das Problem der Vergütung von Arbeitsleistungen nicht unmittelbar auf, wie es die oben behandelten Entgeltregelungen der §§ 611 ff. BGB tun. Dennoch sind sie als Ansatzpunkt für die Feststellung der rechtlichen Bewertung der Arbeitsleistung nicht ungeeignet. Das Gegenteil ist vielmehr richtig, denn wie die vorangegangenen Ausführungen gezeigt haben, privilegieren diese Grundsätze innerhalb des Produktionsprozesses den Kapitaleinsatz gegenüber der Arbeitsleistung. Dadurch wirken sie einmal auf die Rangordnung innerhalb der Produktionsfaktoren ein. Gleichzeitig sind sie mit ihren Folgewirkungen dafür verantwortlich, daß die Arbeitsleistung lediglich den Anspruch auf den reinen Arbeitslohn zu begründen vermag und als Rechtsgrund für ein Miteigentum der Arbeitnehmer am Arbeitsprodukt verdrängt wird. Das wiederum hat zur Folge, daß sich der Arbeitnehmer als Gegenleistung für seine Arbeit mit einem Entgelt begnügen muß, dessen Höhe nicht durch den gesamten Unternehmensertrag bestimmt wird, sondern das Ergebnis einer Vereinbarung zwischen den wirtschaftlich ungleich mächtigen Vertragsparteien Arbeitgeber und Arbeitnehmer ist. Damit ist eine sachliche Verbindung zwischen den Grundsätzen über die Zuordnung des Eigentums am Arbeitsprodukt und der Problematik der tatsächlichen und rechtlichen Bewertung der Arbeitsleistung im Arbeitsverhältnis unverkennbar gegeben.

Ergänzend sei an dieser Stelle auf Überlegungen zur Lösung weiterer arbeitsrechtlicher Konflikte hingewiesen, die zuvor nicht angesprochen worden sind und die gleichfalls von einer zentralen Bedeutung der Zuordnungsgrundsätze für den Wert der Arbeitsleistung auszugehen scheinen. Hierzu gehören beispielsweise die Äußerungen von Fabricius zu Fragen des Arbeitskampfrechts[65]. Er sieht im Ausschluß des Arbeitnehmers vom Eigentum am Arbeitsergebnis die Verletzung eines Menschenrechts der tatsächlich Arbeitenden. Nach seiner Ansicht läßt sich aus dem Naturrecht der Freiheit und Gleichheit der Satz ableiten, daß die Arbeitsleistung für den tatsächlich Arbeitenden ein Eigentumsrecht am Arbeitsprodukt begründet. Dieses Recht werde durch die geltenden Zuordnungsgrundsätze verletzt; gegen diese Rechtsverletzung stehe dem Arbeitnehmer das Streikrecht als Selbsthilferecht zur Erlangung eines gerechten Arbeitsentgelts zu[66].

Nachdem sichtbar gemacht worden ist, daß der Wert der Arbeit im Produktionsprozeß maßgeblich durch die Zuordnung des Produktionseigentums und ihre Folgewirkungen bestimmt wird, stellt sich nunmehr die Frage nach der rechtlichen Grundlage, auf der diese Zuordnung beruht.

---

[65] Festschrift für Gleitze, S. 463 ff., insbes. 496 ff.

[66] *Fabricius*, Festschrift für Gleitze, S. 497.

2. Die sog. „fremdwirkende Spezifikation" als positiv-rechtliche Grundlage für die Zuordnung des Produktionseigentums

Wenn man innerhalb der vorhandenen arbeitsrechtlichen Bestimmungen nach einer Vorschrift sucht, die das Eigentum am Arbeitsergebnis ausschließlich der Arbeitgeberseite zuweist, so stellt man fest, daß es eine ausdrückliche gesetzliche Regelung mit diesem Inhalt nicht gibt. Im Gegenteil könnte man angesichts der Bestimmung des § 950 BGB zu der Auffassung gelangen, die Lösung der Zuordnungsfrage zum Nachteil der Arbeitnehmer widerspreche geltendem Recht.

§ 950 Absatz 1 Satz 1 BGB lautet:

> „Wer durch Verarbeitung oder Umbildung eines oder mehrerer Stoffe eine neue bewegliche Sache herstellt, erwirbt das Eigentum an der Sache, sofern nicht der Wert der Verarbeitung oder Umbildung erheblich geringer ist als der Wert des Stoffes."

Stellt man auf den Wortlaut der Vorschrift ab, dann scheint § 950 BGB auch den Zuordnungskonflikt zwischen Arbeitnehmer und Arbeitgeber bezüglich des Eigentums am Arbeitsprodukt zu erfassen und diesen zugunsten des Arbeitnehmers zu lösen. Eine ausdrückliche Ausklammerung derjenigen Verarbeitungshandlungen, die im Rahmen eines Arbeitsverhältnisses zur Erfüllung der arbeitsvertraglich übernommenen Arbeitspflicht geleistet werden, sieht die Bestimmung nicht vor. Auch kann der Formulierung „Wer durch Verarbeitung ... herstellt, ..." nach umgangssprachlichem Wortverständnis eine derartige Einschränkung nicht entnommen werden[67]. Dennoch lehnt es die herrschende Meinung[68] ab, die Rechtsfolge des § 950 BGB auf den Eigentumskonflikt zwischen Arbeitgeber und Arbeitnehmer anzuwenden. Sie läßt die in § 950 BGB grundsätzlich anerkannte eigentumsbegründende Wirkung einer Verarbeitung, die innerhalb eines Arbeitsverhältnisses zur

---

[67] Str.; a. A. z. B. der BGH, nach dessen Auffassung die Verkehrsanschauung den Geschäftsherrn des Umbildungs- oder Verarbeitungsvorgangs als Hersteller i. S. d. § 950 BGB ansehe, vgl. BGHZ 14, 114 (117): „Herstellen" bedeute in der genannten Vorschrift nicht selbst verarbeiten oder umbilden. Dieser Annahme ist entgegenzuhalten, daß grundsätzlich die Möglichkeit besteht, Verarbeitungsvorgänge mit und ohne eigene Arbeitsleistung sprachlich klar gegeneinander abzugrenzen („herstellen"; „herstellen lassen"). Es hätte deshalb erklärt werden müssen, weshalb bei § 950 BGB für den Begriff des Herstellens von einer Sinngebung auszugehen ist, für die eigentlich eine selbständige sprachliche Ausdrucksmöglichkeit vorhanden gewesen wäre. Eine derartige Erklärung fehlt jedoch. Man kann sich daher des Eindrucks nicht erwehren, daß es sich bei der auf die Verkehrsanschauung gestützten Wortauslegung um eine ergebnisorientierte Annahme handelt, die tatsächlich jedoch nicht abgesichert ist. Vgl. ferner *Rothkegel*, S. 75, der als Hersteller denjenigen ansieht, der die maßgebliche Ursache für die Neuheit der Sache setzt.

[68] Vgl. oben Fn. 12.

Erfüllung der Pflicht zur Arbeitsleistung vorgenommen wird, nicht in der Person des Arbeiters, sondern in der des Unternehmers eintreten (sog. fremdwirkende Verarbeitung)[69]. Trotz dieser Abweichung soll kein Widerspruch zu § 950 BGB vorliegen. Zur Begründung wird auf die Zielrichtung dieser Vorschrift verwiesen. Sie sei nicht geschaffen worden, den sozialen Zuordnungskonflikt zwischen Arbeitnehmer und Unternehmer zu lösen. Ihr gehe es vielmehr um den wirtschaftspolitischen Interessenkonflikt zwischen Rohstofflieferanten und Herstellern bzw. zwischen Herstellern verschiedener Produktionsstufen[70].

Wie die Entstehungsgeschichte des § 950 BGB zeigt, kann sich die herrschende Meinung für ihre Gesetzesauslegung auf den Willen des historischen Gesetzgebers berufen[71]. Die Gesetzesmaterialien lassen erkennen[72], daß man bei der Schaffung von § 950 BGB davon ausging, daß alleiniger Produktionseigentümer auch derjenige werden sollte, der nicht selbst herstellt, sondern herstellen läßt. Man hielt die Anerkennung dieser Regel für derart selbstverständlich, daß man glaubte, auf ihre ausdrückliche Aufnahme in das Gesetz verzichten zu können[73].

Als vorläufiges Ergebnis hinsichtlich der rechtlichen Grundlagen, auf denen die Zuordnung des Arbeitsprodukts zugunsten der Unternehmerseite beruht, ergibt sich damit folgendes:

Der Erwerb des Produkts durch den Unternehmer wird dadurch bewirkt, daß im Rahmen von Arbeitsverhältnissen von einer Fremdwirkung des Verarbeitungserwerbs zum Vorteil des Arbeitgebers ausgegangen wird. Bei dieser Annahme handelt es sich um einen zwar ungeschriebenen[74], aber überwiegend anerkannten Grundsatz, der auch dem historischen Gesetzgeber geläufig war und dessen Gültigkeit durch die Schaffung von § 950 BGB nicht angetastet werden sollte.

---

[69] Zu den verschiedenen Versuchen, dieses Ergebnis rechtlich abzusichern, ausführlich *Müller*, S. 16 ff.; vgl. ferner *Decker*, S. 144 ff.; *Rothkegel*, S. 21 ff.; *Zeuner*, JZ 1955, 196.

[70] So insbes. *Baur*, § 53 b I 2, S. 488; *Laufke*, Festschrift für Hueck, S. 72 f.; *Palandt / Bassenge*, § 950 Anm. 3.

[71] Es fällt auf, daß die h. M. bei der Auslegung des § 950 BGB vorrangig auf die Vorstellungen des historischen Gesetzgebers abhebt. Damit setzt sie sich ohne nähere Begründung über die für Auslegungsprobleme geltenden Lösungsgrundsätze hinweg, die im Streit zwischen der objektiven und der subjektiven Theorie von der insoweit überwiegenden Meinung anerkannt werden. Danach soll die Entstehungsgeschichte einer gesetzlichen Vorschrift lediglich zur Unterstützung eines mit Hilfe der übrigen Anwendungsregeln (grammatikalische, systematische, teleologische Interpretation) gefundenen Ergebnisses herangezogen werden dürfen. Für weitere Einzelheiten vgl. *Fabricius*, Methodenlehre, insbes. S. 7.

[72] BGB-Protokolle zu §§ 893, 894 Entw. I, *Mugdan*, Bd. 3, S. 644 ff.

[73] BGB-Protokolle, *Mugdan*, Bd. 3, S. 646.

[74] *Decker*, S. 164; *Dernburg*, Bd. 3, S. 369; *Söllner*, § 28 IV 2, S. 212.

III. Zwischenergebnis und Ausblick auf die nachfolgenden Untersuchungsabschnitte

Die zuvor angestellten Überlegungen haben ergeben, daß für die Arbeitsleistung und ihre Bewertung zwei Regelungsbereiche maßgeblich sind: die Entgeltregelungen der §§ 611 ff. BGB einerseits und der ungeschriebene Grundsatz des fremdwirkenden Verarbeitungserwerbs andererseits.

Bei den Vergütungsregelungen der §§ 611 ff. BGB ist erkennbar geworden, daß mit ihrer Hilfe die Lösung von Konflikten, die aus der Interessenpolarität der Arbeitsvertragsparteien und der Dynamik des Arbeitsverhältnisses resultieren, nicht immer möglich ist. Diese im Ansatz sichtbar gewordene Deckungsungleichheit zwischen dem tatsächlichen und dem an sich erforderlichen „Leistungsvermögen" der Regelungen wirft im Hinblick auf die Problemstellung dieser Untersuchung zwei Fragen auf:

1. Welche Regelungsmerkmale sind für dieses „Leistungsdefizit" verantwortlich?
2. Welches sind die Ursachen dafür, daß es zu einer Gestaltung des Arbeitsvertragsrechts kommen konnte, die die skizzierten Unzulänglichkeiten aufweist?

Angesichts der bisher gewonnenen Einsichten in die Problematik des Verarbeitungserwerbs im Arbeitsverhältnis stellen sich ebenfalls die Fragen nach den Regelungsmerkmalen und den Gestaltungshintergründen. Sie resultieren hier aus dem erkennbar gewordenen Spannungsverhältnis zwischen der Entscheidung der Produktionserwerbsfrage im Arbeitsverhältnis und der Verarbeitungsregelung des § 950 BGB.

Die Aufgabe der nachfolgenden Untersuchungsabschnitte wir es sein, sich um die Beantwortung der skizzierten Fragen zu bemühen. Dabei wird es bei der näheren Betrachtung der jeweiligen Regelungshintergründe aller Voraussicht nach geboten sein, auf die Entwicklung der in Frage stehenden Bestimmungen einzugehen, d. h. historische Betrachtungen anzustellen. Für den fremdwirkenden Produktionserwerb ergibt sich ein besonderer Hinweis auf dieses Erfordernis aus der Haltung des historischen Gesetzgebers gegenüber der Regelung des Spezifikationserwerbs im Arbeitsverhältnis, wie sie bereits bei einer ersten Durchsicht der Entstehungsgeschichte des § 950 BGB hervortritt. Gekennzeichnet wird diese Haltung durch die Anerkennung des Fremdwirkungsgrundsatzes als selbstverständlich bei gleichzeitigem Verzicht auf seine rechtliche Ausgestaltung. Die Beurteilung der Vertretung in der produktiven Tätigkeit sollte vielmehr Wissenschaft und Praxis überlassen bleiben[75]. Die Umstände der gesetzgeberischen Zurückhaltung, die die Entstehungsgeschichte des § 950 BGB widerspiegelt, vermitteln keineswegs den Eindruck, als sei mit dem Fremdwirkungssatz „Regelungsneuland" betreten worden. Sie legen vielmehr die gegenteilige Einschätzung nahe, daß es sich bei der Fremdwirkung schon damals um einen überkommenen und derart verfestigten Grundsatz handelte, daß man seine rechtliche Konkretisierung ohne Sorge für seinen Bestand an Wissenschaft und Praxis überweisen konnte.

Es verwundert nicht, daß der Gesetzgeber über eine als selbstverständlich angesehene Regelung keine detaillierten Ausführungen gemacht hat. Das zwingt aber denjenigen, der die Strukturen dieser Regel erkennen und sichtbar machen will, dazu, in seine Betrachtungen auch Zeiträume einzubeziehen, in denen sich die Regelung entwickelt hat[76]. Sollte sich das Erfordernis historischer Betrachtungen im Verlauf der nachfolgenden Erörterungen bestätigen, wird es sich angesichts der am gegenwärtigen Arbeitsrecht ausgerichteten Fragestellung dieser Untersuchung nicht umgehen lassen, für diese Betrachtungen einen Rahmen abzustecken. Einzelheiten hierzu lassen sich jedoch erst festlegen, wenn sich Notwendigkeit und Umfang entwicklungsgeschichtlicher Erörterungen deutlicher abzeichnen.

---

[75] BGB-Motive, *Mugdan*, Bd. 3, S. 200.

[76] Ansätze in dieser Richtung bei *Fabricius*, vgl. dazu die Nachweise im 1. Kapitel Fn. 14. Er vermutet für das geltende Dienstvertragsrecht einschl. des Fremdwirkungsgrundsatzes einen sklavenrechtlichen Ursprung. Die Fortschreibung dieser Regelungen in der Gegenwart hält er für unangemessen, da sie den Arbeitnehmer, gleich dem Sklaven, als Objekt innerhalb des Arbeitsverhältnisses einstuften; vgl. dazu insbes. *Fabricius*, Marktwirtschaft und Mitbestimmung, Rz 15 f. und 219—244; a. A. zum Ursprung *Wolf*, S. 62, allerdings ohne eingehende Begründung.

Zweiter Teil

Die tatsächliche und rechtliche Entwicklung der für das Verhältnis von Arbeitsleistung und Arbeitsvergütung maßgeblichen Regelungen

Erstes Kapitel

Die Gestaltung der Regelungen und die ihnen zugrundeliegende rechtliche Bewertung der Arbeitsleistung

I. Die Vorschriften des Dienstvertragsrechts, §§ 611 ff. BGB

1. Die besonderen Merkmale der Regelungen

Stellt man die Frage nach den Merkmalen, die die Regelungen der §§ 611 ff. BGB kennzeichnen, dann bietet sich für die Suche nach einer Antwort eine nähere Betrachtung der Entstehungsgeschichte des Bürgerlichen Gesetzbuchs an. Während des Gesetzgebungsverfahrens ist die Eigenart dieser Regelungen mit besonderer Deutlichkeit in den Vordergrund gerückt worden. Aufschluß geben insoweit neben den Gesetzesmaterialien[1] insbesondere kritische Stellungnahmen zu den Gesetzentwürfen. In diesem Zusammenhang sind hervorzuheben Otto v. Gierke[2] und Anton Menger[3], die sich mit dem beabsichtigten Gesetzgebungswerk eingehend auseinandergesetzt haben. Wenn auch der ideologische Hintergrund der Abhandlungen der beiden Autoren grundverschieden ist[4], so stimmen ihre Ansichten hinsichtlich der Kennzeich-

---

[1] Zur Behandlung des Dienstvertrages innerhalb des Gesetzgebungsverfahrens vgl. BGB-Motive, *Mugdan*, Bd. 2, S. 253 ff.; BGB-Protokolle, *Mugdan*, Bd. 2, S. 897 ff.; Denkschrift, *Mugdan*, Bd. 2, S. 1255 ff.; Kommissionsbericht, *Mugdan*, Bd. 2, S. 1283 ff.

[2] Der Entwurf eines Bürgerlichen Gesetzbuches und das deutsche Recht (1889). Das bürgerliche Gesetzbuch und der Deutsche Reichstag (1896). Die soziale Aufgabe des Privatrechts (1889).

[3] Das bürgerliche Recht und die besitzlosen Volksklassen (1904).

[4] *v. Gierke* verfolgt eine soziale Idee dergestalt, daß er im Privatrecht den individualistischen Ansatz durch ein Gemeinschaftsdenken ersetzen möchte, vgl. Die soziale Aufgabe, S. 3 ff. und dazu *Wolf*, S. 57 ff. *Menger* dagegen vertritt einen kathedersozial. Standpunkt, S. 63 f.; zu den Unterschieden vgl. ferner *Jobs*, ZfA 1972, 311 f.

nung der geplanten Regelungen im Bereich des Dienstvertragsrechts dennoch vielfach überein[5].

a) Die Konzeption des Dienstvertragsrechts im ersten Entwurf des BGB

Bei der kritischen Würdigung des ersten Entwurfs des bürgerlichen Gesetzbuches[6], welcher von der durch Bundesratsbeschluß vom 22. Juni 1874 berufenen ersten Kommission bis zum Ende des Jahres 1887 verfaßt worden war, kamen v. Gierke und Menger zu folgenden Ergebnissen:

1. Die Regelung des Dienstvertragsrechts in nur acht Paragraphen sei insgesamt zu dürftig ausgefallen[7].
2. Die Vorschriften hielten durchweg am Prinzip der Vertragsfreiheit fest, was angesichts der unterschiedlich starken wirtschaftlichen Machtpositionen der Vertragsparteien verfehlt sei[8].
3. Inhaltlich sei der Dienstvertrag als rein vermögensrechtlicher Austauschvertrag[9] und in starker Anlehnung an die Vorschriften über die Sachmiete gestaltet worden[10]. Dies müsse ebenfalls beanstandet werden, weil damit der Eigenart dieses Rechtsverhältnisses zu wenig Rechnung getragen werde. Das Wesen des Dienstvertrages hätte eine stärkere Berücksichtigung sozialer Aspekte und einen ausgeprägten Schutz der Persönlichkeit des Dienstverpflichteten verlangt. Beides lasse der Entwurf jedoch weitgehend vermissen[11].

---

[5] *Jobs*, ZfA 1972, 305; *Wolf*, S. 63.

[6] Der erste Entwurf war aufgrund eines Bundesratsbeschlusses vom 31. Januar 1888 zum Zwecke einer kritischen Würdigung in der Öffentlichkeit nach erfolgter erster Lesung publiziert worden, vgl. Denkschrift, S. 2 f.

[7] *v. Gierke*, Entwurf, S. 130; *Menger*, S. 60, 161; vgl. auch *Hueck / Nipperdey*, Bd. I, § 26 IV, S. 164.

[8] Vgl. *v. Gierke*, Entwurf, S. 104, 130 f., 192; *ders.*, Die soziale Aufgabe, S. 22 ff.; *Menger*, S. 60, 161; gegen die kritischen Ansätze *Wolf*, S. 62.

[9] Vgl. *Fabricius*, Leistungsstörungen, S. 20 f.; *Jobs*, ZfA 1972, 307.

[10] *v. Gierke*, Entwurf, S. 235 ff.; *Menger*, S. 168, 170; vgl. ferner *Fabricius*, Leistungsstörungen, S. 60 ff.; *Grossmann / Schneider*, S. 44, Rz 58. Eine Parallele zum Mietrecht wird dagegen verneint von *Wolf*, S. 62, ohne daß dies allerdings genauer belegt würde. Der Hinweis auf den dogmatischen Ansatz von Lotmar kann nicht überzeugen, da dessen Abhandlung über den Arbeitsvertrag erst geraume Zeit nach dem Inkrafttreten des BGB erschienen ist. Eine Einflußnahme auf die Gestaltung des BGB erscheint somit äußerst zweifelhaft. Lotmar die zutreffende, vom römischen Recht losgelöste Definition des Dienstvertragsbegriffs zuzuschreiben, ist überdies deshalb problematisch, weil seine Bestimmung dieses Begriffs von den gegenwärtigen Vorstellungen noch erheblich abweicht, vgl. auch *Söllner*, Arbeitsvertrag, S. 293 f.; vgl. ferner *Fabricius*, Marktwirtschaft und Mitbestimmung, Rz 243, Fn. 61.

[11] *v. Gierke*, Entwurf, S. 131, 191, 235; *ders.*, Die soziale Aufgabe, S. 25; *Menger*, S. 172 f., 181.

Die Motive zum ersten Entwurf des BGB bestätigen die Kennzeichnung des geplanten Dienstvertragsrechts, wie sie v. Gierke und Menger vorgenommen haben. Die Gestaltung als vermögensrechtlicher Austauschvertrag und die deutliche Anlehnung an das Mietrecht waren beabsichtigt[12], ebenso die Beschränkung des Regelungsumfangs[13]. Auch für die übrigen Merkmale, die von den Kritikern herausgearbeitet worden sind, lassen sich in den Gesetzesmaterialien bestätigende Hinweise finden: Der das gesamte Obligationenrecht durchziehende Grundsatz der Vertragsfreiheit[14] sollte auch innerhalb des Dienstvertragsrechts beibehalten werden[15]. Zu einer Einschränkung dieses Grundsatzes aus sozialen Gründen war man nur gelegentlich bereit[16].

b) Der BGB-Entwurf in seiner weiteren Entwicklung

Die scharfe Kritik, die an dem ersten Entwurf des BGB geübt worden war, hatte Auswirkungen auf das weitere Gesetzgebungsverfahren. Auch das Dienstvertragsrecht ist angesichts der vorgebrachten Beanstandungen überarbeitet worden[17].

So wurden die ursprünglich vorgesehenen Regelungen ergänzt durch Schutzbestimmungen für Leben und Gesundheit der Arbeitnehmer (§ 588 Entw. II, §§ 618 Abs. 1 u. 3, 619 BGB). Im weiteren Gesetzgebungsverfahren wurden diese Bestimmungen entgegen anfänglichen Widerständen[18] um die heutigen §§ 617, 618 Abs. 2 BGB noch erweitert[19]. Verbessert wurde auch das Kündigungsrecht, das man nunmehr ausführlicher regelte (§§ 559—562 Entw. II, §§ 620—622 BGB). Ferner

---

[12] In den Motiven wird an zahlreichen Stellen auf die Orientierung an mietrechtlichen Regelungen hingewiesen, vgl. beispielsweise *Mugdan,* Bd. 2, S. 253, 256 ff., 261.

[13] BGB-Motive *Mugdan,* Bd. 2, S. 254—256, 258 f.; dort wird der Verzicht auf die ausdrückliche Regelung verschiedener wichtiger dienstvertraglicher Probleme (z. B. Kündigungsfristen) eingehend begründet.

[14] BGB-Motive, Einleitung, *Mugdan,* Bd. 2, S. 1: „Vermöge des Prinzips der Vertragsfreiheit, von welchem das Recht der Schuldverhältnisse beherrscht wird ...“; vgl. auch *Menger,* S. 150.

[15] So wurde bei der Einfügung des heutigen § 618 BGB durch die zweite Kommission ausdrücklich erwähnt, daß hier eine Abweichung vom „sonst den Entwurf beherrschenden“ Grundsatz der Vertragsfreiheit vorliege; BGB-Protokolle, *Mugdan,* Bd. 2, S. 907.

[16] Hierzu gehört der § 562 des ersten Entwurfs (§ 616 BGB), vgl. BGB-Motive, *Mugdan,* Bd. 2, S. 258. Zur Abwehrhaltung des historischen Gesetzgebers gegenüber der Fortentwicklung sozialer Anliegen vgl. BGB-Protokolle, *Mugdan,* Bd. 2, S. 903 f.

[17] Die beträchtliche Erweiterung des Regelungsumfangs veranschaulicht die Gegenüberstellung des ersten und zweiten Gesetzentwurfs bei *Reatz,* S. 288 ff.

[18] Vgl. die Beratungsprotokolle der zweiten Kommission, *Mugdan,* Bd. 2, S. 903 f. und 905 f.

[19] Kommissionsbericht, *Mugdan,* Bd. 2, S. 1287 und 1288.

entschloß man sich, die Dauer der vertraglichen Bindung abweichend vom ersten Entwurf[20] auf fünf Jahre zu begrenzen (§ 563 Entw. II, § 624 BGB). Außerdem wurden die Ansprüche der Arbeitnehmer auf Freizeit zur Stellungssuche (§ 629 BGB)[21] und auf Zeugniserteilung (§ 568 Entw. II, § 630 BGB) in das Gesetz aufgenommen.

c) Auswirkungen der Überarbeitung auf die Grundkonzeption des Dienstvertragsrechts

Vergleicht man das im Gesetzgebungsverfahren überarbeitete und daraufhin beschlossene Dienstvertragsrecht mit dem Gesetzesvorschlag des ersten Entwurfs, so kann man nicht verkennen, daß die Überarbeitung in Teilbereichen zu Verbesserungen für die Arbeitnehmer geführt hat. Das haben auch die Kritiker der Dienstvertragsregelungen des BGB zugeben müssen[22]. Dennoch sind die grundsätzlichen Vorbehalte gegenüber den Vorschriften nicht verstummt[23].

Das Festhalten an der Kritik war berechtigt, denn die vorgenommenen Verbesserungen haben die beanstandeten Merkmale des ersten Entwurfs zwar teilweise entschärft aber nicht verdrängt.

aa) Die zusätzlich aufgenommenen Beschränkungen der Vertragsfreiheit und ihre Bedeutung

Von den mit Kritik belegten Merkmalen des Dienstvertragsentwurfs hat das gerügte weitgehende Festhalten am Grundsatz der Vertragsfreiheit auch nach erfolgter Überarbeitung von seiner ursprünglichen Intensität nicht viel eingebüßt. Zwar hat der historische Gesetzgeber diesen Grundsatz durch die Einfügung der Vorschriften zum Schutz von Leben, Gesundheit und persönlicher Freiheit der Arbeitnehmer (§§ 617—619, 624 BGB) eingeschränkt. Damit wurde dem Umstand Rechnung getragen, daß der Arbeitnehmer die wirtschaftlich schwächere Vertragspartei ist, die dementsprechende Vertragsbestimmungen auf dem Verhandlungswege regelmäßig nicht durchsetzen kann[24]. Im Hinblick auf die tatsächlichen Machtverhältnisse bei der Begründung und Gestaltung von Arbeitsverhältnissen begnügt sich das Dienstvertragsrecht jedoch mit diesen wenigen Schutzbestimmungen. Wesentliche Bereiche innerhalb der Arbeitsbedingungen sind auch nach der Überar-

---

[20] § 564 Entw. I: 10 Jahre.

[21] Kommissionsbericht, *Mugdan*, Bd. 2, S. 1289 f.

[22] *v. Gierke*, Das Bürgerliche Gesetzbuch, S. 6, 39 f., 45; *Hueck / Nipperdey*, ArbR Bd. I, § 26 IV, S. 164; *Jobs*, ZfA 1972, 314 und 340 f.; *Kuhlenbeck*, Teil 2, S. 284.

[23] *v. Gierke*, Das Bürgerliche Gesetzbuch, S. 6 f., 39 f., 45.

[24] Zu derartigen gesetzgeberischen Absichten vgl. BGB-Protokolle, *Mugdan*, Bd. 2, S. 912.

beitung des Gesetzentwurfs ungeregelt geblieben und damit zunächst[25] der „freien" Übereinkunft zwischen den ungleich mächtigen Vertragsparteien Arbeitgeber und Arbeitnehmer überantwortet worden. Man denke beispielsweise an die Vereinbarung über so wichtige Bedingungen wie Lohn, Arbeitszeit oder Urlaub. Somit ist die Vertragsfreiheit trotz der hinzugefügten Einschränkungen während des Gesetzgebungsverfahrens[26] im wesentlichen unangetastet geblieben.

bb) Die vermehrte Rücksichtnahme auf die Eigenart des Dienstvertrags und ihr Stellenwert

Ähnlich wie mit der Vertragsfreiheit verhält es sich mit der beanstandeten Gestaltung des Dienstvertrags als vermögensrechtlichem Austauschvertrag, der sich deutlich erkennbar an den Regelungen der Miete orientiert. Auch hier ist der Standpunkt des ersten Entwurfs an einigen Stellen modifiziert worden, ohne daß das Grundkonzept dadurch berührt worden wäre. Die Erkenntnis, daß das Arbeitsverhältnis ein Dauerschuldverhältnis ist, das von der Eigenart her nicht nur die Arbeit, sondern auch die Person des Arbeitenden erfaßt[27] und dessen Vollzug sich nicht im bloßen Austausch von Arbeit und Entgelt erschöpft, hat sich beim historischen Gesetzgeber nur unvollkommen durchsetzen können[28]. Ansätze in dieser Richtung enthalten die Kündigungsregelungen, die Schutzbestimmungen der §§ 617—619, 624 BGB und die während der Beratungen neu aufgenommenen Ansprüche auf Freizeit zur Stellungssuche und auf Zeugniserteilung, §§ 629, 630 BGB. Bei den letztgenannten Vorschriften und bei den Kündigungsregelungen deutet sich zudem eine Rücksichtnahme auf die wirtschaftliche Bedeutung an, die das Arbeitsverhältnis für die Existenzsicherung des lohnabhängigen Arbeitnehmers hat[29].

Über die genannten Ansätze ist man jedoch auch in der überarbeiteten Fassung des Dienstvertragsrechts nicht hinausgekommen. So hat man die den wesentlichen Vertragsinhalt ausmachende Vorschrift des § 611 BGB[30] inhaltlich unverändert[31] aus dem ersten Entwurf übernommen. Damit wird der Kernbereich des Dienstvertrags — wie auch ursprünglich wegen der nahen „Verwandtschaft" beider Verträge beab-

---

[25] Verbesserungen durch später erlassene Vorschriften außerhalb des Dienstvertragsrechts des BGB können an dieser Stelle unberücksichtigt bleiben, da es hier um die Ermittlung des dem BGB zugrundeliegenden Konzeptes geht.

[26] *Jobs*, ZfA 1972, 314.

[27] Vgl. oben I. Teil, 1. Kapitel.

[28] *Jobs*, ZfA 1972, 312 f.

[29] BGB-Protokolle, *Mugdan*, Bd. 2, S. 910 und 917.

[30] BGB-Motive, *Mugdan*, Bd. 2, S. 253.

[31] BGB-Protokolle, *Mugdan*, Bd. 2, S. 897.

sichtigt[32] — entsprechend den Vorschriften über die Miete geregelt. Das bedeutet, daß der Dienstvertrag vom Gesetzgeber nach wie vor als entgeltlicher Gebrauchsüberlassungsvertrag eingestuft worden ist, der sich von der Miete allerdings hinsichtlich des Verpflichtungsgegenstandes unterscheidet: bei der Miete ist es eine Sache, beim Dienstvertrag sind es „die Dienste für sich betrachtet"[33]. Der enge Bezug zum Mietrecht ist auch noch anderen Stellen erhalten geblieben. Dies gilt beispielsweise für die Kündigungsbestimmungen. Bei der Festlegung der Kündigungsfristen hat man sich bewußt an dem Regelungsmuster des Mietrechts orientiert[34]. Zu nennen ist ferner die Annahmeverzugsregelung des § 615 BGB. Zwar ist die Vorschrift äußerlich im Verlauf des Gesetzgebungsverfahrens umgestaltet worden[35], inhaltlich ist es jedoch im wesentlichen bei der Regelung des ersten Entwurfs geblieben; mit ihr war seinerzeit ein — wie man glaubte — angemessenes Prinzip des Mietrechts in das Dienstvertragsrecht übernommen worden[36]:

Der Regelung des § 615 BGB liegt die Absicht zugrunde, daß man dem Dienstverpflichteten — ähnlich wie dem Vermieter — einen Entgeltanspruch gewähren wollte, wenn er dem Dienstberechtigten seine Dienste ordnungsgemäß und rechtzeitig angeboten hatte, ohne daß der Berechtigte von dem Angebot Gebrauch gemacht hätte. Gleichzeitig sollte der Dienstverpflichtete von einer Nachleistungspflicht befreit werden[37]. Bei der Miete waren entsprechende Regelungen unproblematisch gewesen, da man in der Einräumung der Gebrauchsmöglichkeit durch den Vermieter bereits die reale Leistungserfüllung sah, sofern dem Gebrauch durch den Mieter keine objektiven Hindernisse entgegenstanden[38]. Beim Dienstvertrag tauchte nun insofern ein Problem auf, als man das Leistungsangebot des Dienstverpflichteten nicht als Erfüllung seiner Vorleistungspflicht anerkannte[39]. Man hielt es auch für unzweckmäßig, für die zu regelnden Sachverhalte die Erfüllungswirkung des Leistungsangebots zu fingieren[40]. Vielmehr glaubte man, es sei „angemessener und zugleich einfacher", lediglich die Rechtsfolgen aus dem Mietrecht zu übernehmen und diese beim Dienstvertrag an den An-

---

[32] BGB-Motive, *Mugdan*, Bd. 2, S. 253; vgl. auch *Fabricius*, Leistungsstörungen, S. 12 f.

[33] BGB-Motive, *Mugdan*, Bd. 2, S. 253 f.

[34] BGB-Protokolle, *Mugdan*, Bd. 2, S. 910.

[35] Die in § 561 Satz 2 Entw. I enthaltene Verweisung ist zugunsten einer wörtlichen Regelung aufgelöst worden, vgl. BGB-Protokolle zu § 561, *Mugdan*, Bd. 2, S. 913. Die übertriebene Verweisungspraxis des ersten Entwurfs hatte *v. Gierke* heftig kritisiert, vgl. Das Bürgerliche Gesetzbuch, S. 11.

[36] BGB-Motive, *Mugdan*, Bd. 2, S. 257; *Fabricius*, Leistungsstörungen, S. 13.

[37] BGB-Motive, *Mugdan*, Bd. 2, S. 257.

[38] Vgl. ebd.

[39] Vgl. ebd.

[40] BGB-Motive, *Mugdan*, Bd. 2, S. 258.

nahmeverzug des Dienstberechtigten anzubinden[41]. Diese Lösung wurde gewählt, weil man davon ausging, daß die tatsächlichen Voraussetzungen für die Erfüllung der Vorleistungspflicht beim Mietvertrag einerseits und für ein annahmeverzugsbegründendes Leistungsangebot beim Dienstvertrag andererseits im wesentlichen gleich seien[42].

Angesichts der Überlegungen, von denen sich der Gesetzgeber bei der Gestaltung von § 615 BGB hat leiten lassen, wird neben den offenkundig gewordenen mietrechtlichen Bezügen noch ein weiteres deutlich. Die der Regelung zugrundegelegten Gesichtspunkte zeigen, wie wenig der Gesetzgeber der Komplexität industrieller Arbeitsverhältnisse Beachtung geschenkt hat. Wie Fabricius in seiner Untersuchung über Leistungsstörungen im Arbeitsverhältnis überzeugend dargelegt hat, enthält die Vorschrift des § 615 BGB mit ihrer Anbindung an die Annahmeverzugsvoraussetzungen eine Regelung, die auf einfache Sachaustauschverträge nach dem Muster des Kaufvertrages zugeschnitten ist[43]. In dieses Schema läßt sich der Arbeitsvertrag jedoch nicht ohne Schwierigkeiten einfügen, denn seine Abwicklung erschöpft sich nicht im Austausch von zwei aufeinander bezogenen Leistungen[44]. Sie vollzieht sich vielmehr in mehreren hintereinander geschalteten Phasen: Es beginnt mit dem Vertragsabschluß, an den sich die Bereitstellung der Arbeitsleistung anschließt. Dann folgen die Zuweisung von Arbeitsplatz, Arbeitsmitteln und Arbeit, die eigentliche Arbeitsleistung und schließlich die Entgeltzahlung[45]. Angesichts dieses Pflichtengefüges kann es nicht verwundern, daß eine Regelung, die im Hinblick auf weniger komplizierte Austauschverträge geschaffen worden ist, versagt, wenn es um die Lösung von Konflikten geht, die aus der Mehrschichtigkeit einer Leistungsbeziehung, wie sie beim Arbeitsverhältnis gegeben ist, resultieren[46]. Daß diese Schwäche der Vorschrift des § 615 BGB anhaftet, macht die zuvor bereits erwähnte Betriebsrisikoproblematik[47] deutlich. Hier liegt eine aus der Dynamik des Arbeitsverhältnisses resultierende vertragstypische Leistungsstörung vor, denn sie betrifft die dem Arbeitgeber obliegende Beschäftigungspflicht[48], für die es in einfachen

---

41 Vgl. ebd.

42 Vgl. ebd.

43 *Fabricius*, Leistungsstörungen, S. 58 ff., insbes. 63 ff.

44 Ebd., S. 14 f., 20.

45 Ebd., S. 15, 20.

46 Ähnlich ebd., S. 20.

47 Vgl. oben I. Teil, 2. Kapitel, I., 2.

48 Ihre Anerkennung hat sich in Rechtsprechung und Literatur inzwischen durchsetzen können, vgl. BAG AP Nr. 2 zu § 611 BGB Beschäftigungspflicht, AP Nr. 44 zu Art. 9 GG Arbeitskampf; *Fabricius*, ZfA 1972, 47 und *Hueck / Nipperdey*, ArbR Bd. I, § 46 II, S. 383, jeweils mit ausführlicher Darstellung der Entwicklung des Grundsatzes; *Söllner*, § 28 III 4, S. 210; *Zöllner*, § 16 II 1, S. 140 f.; einschränkend *Lepke*, DB 1975, 498.

Sachaustauschverträgen keine Entsprechung gibt[49]. Die Folge ist, daß sich die Betriebsrisikoproblematik mit Hilfe des im § 615 BGB übernommenen Prinzips, das im Hinblick auf bloße Austauschbeziehungen gestaltet worden ist, nicht sachgerecht lösen läßt. Es liegt hier eine gesetzgeberische Fehlleistung vor, denn im Verlauf des Gesetzgebungsverfahrens war auf dieses arbeitsvertragliche Sonderproblem hingewiesen worden[50]; trotzdem wurde keine den Eigenarten des industriellen Arbeitsverhältnisses angepaßte Lösung entwickelt. Man erklärte vielmehr die Unmöglichkeits- und Verzugsvorschriften für ausreichend und beließ es bei der ursprünglich vorgeschlagenen Regelung[51].

cc) Zusammenfassende Beurteilung

Wägt man die im Zuge der Überarbeitung vorgenommenen Änderungen und die aus dem ersten Entwurf übernommenen Regelungen gegeneinander ab, so behält das Übernommene das Übergewicht. Zwar haben sich bei der Überarbeitung an einigen Stellen neue Gesichtspunkte durchsetzen können, die eine Rücksichtnahme auf die Eigenart des Arbeitsvertrages erkennen lassen[52]; der ursprüngliche Regelungsansatz ist jedoch nicht aufgegeben worden[53]. Von der Grundkonzeption her entspricht die angenommene Fassung des Dienstvertragsrechts derjenigen des ersten Entwurfs, wie sie seinerzeit von den Kritikern zutreffend herausgearbeitet worden ist. Da in dieser Untersuchung das besondere Interesse der Bewertung der Arbeitsleistung gilt, stellt sich nunmehr die Frage nach den Folgewirkungen, die das vom Gesetzgeber gewählte Konzept im Hinblick auf die rechtliche Qualifikation der Arbeit innerhalb des Dienstvertrages hat.

2. Die Bedeutung des dem Dienstvertragsrecht zugrundegelegten Vertragsmodells für ein vorläufiges Urteil über die rechtliche Einordnung der Arbeitsleistung

Aufgrund der Wesensmerkmale des Dienstvertragsrechts, die in den vorangegangenen Teilabschnitten dargestellt worden sind, lassen sich folgende Feststellungen über die Behandlung der Arbeitsleistung innerhalb des Arbeitsvertrages treffen:

---

[49] Zur Unverträglichkeit der Beschäftigungspflicht im Synallagma eingehend *Fabricius,* Leistungsstörungen, S. 18 ff.

[50] Vgl. die Beratungsprotokolle der 2. Kommission, *Mugdan,* Bd. 2, S. 899 f.

[51] BGB-Protokolle, *Mugdan,* Bd. 2, S. 900.

[52] Im Ergebnis ähnlich *Fabricius,* Leistungsstörungen, S. 13; *v. Gierke,* Das Bürgerliche Gesetzbuch, S. 45.

[53] *v. Gierke,* Das Bürgerliche Gesetzbuch, S. 6 f., 39 f., 45.

Die gesetzlichen Regelungen weisen der Arbeitskraft die Qualität eines Objekts zu, welches — einer körperlichen Sache ähnlich — Gegenstand eines entgeltlichen Gebrauchsüberlassungsvertrages sein kann. Die Gleichsetzung macht sich in zweierlei Formen bemerkbar: einmal durch die Aufnahme von Regelungen, die — wie oben festgestellt — im Ansatz und in wesentlichen Einzelheiten für Sachen und Arbeitsleistungen gleich gestaltet worden sind, dann aber auch durch den weitgehenden Verzicht auf Sonderbestimmungen, die der Eigenart der Arbeitsleistung als Vertragsgegenstand gerecht werden. Hiervon betroffen ist insbesondere der durch die Leistungserbringung bedingte personale Bezug des Arbeitsverhältnisses. Nur unvollkommen berücksichtigt worden ist aber auch das Spannungsverhältnis zwischen der existenziellen Bedeutung, die die Verwertung der Arbeitskraft für den lohnabhängigen Arbeitnehmer hat, und dem durch das wirtschaftliche Kräfteverhältnis bedingten Mangel an Möglichkeiten auf der Arbeitnehmerseite, diese Verwertung zu möglichst günstigen Bedingungen durchzusetzen.

Es wäre nun allerdings verfrüht, wollte man allein aufgrund der Behandlung der Arbeitsleistung als Gegenstand des Dienstvertrages ein abschließendes Urteil über die rechtliche Einstufung der Arbeit im Rahmen von Arbeitsverhältnissen fällen. Wie oben dargelegt, ist insoweit auch die Regelung über die Eigentumsverhältnisse am Arbeitsprodukt, also der Grundsatz der fremdwirkenden Verarbeitung, von Bedeutung. Die Auswertung des Vertragsmodells, das den §§ 611 ff. BGB zugrundeliegt, kann daher nur zu einem vorläufigen Urteil führen. Sein Bestand hängt davon ab, wie sich der Fremdwirkungsgrundsatz im Hinblick auf die rechtliche Bewertung der Arbeitsleistung verhält. Daher gilt es als nächstes festzustellen, ob dieser Grundsatz das bisher gewonnene Bild bestätigt, ergänzt oder aber modifiziert.

II. Der für Arbeitsverhältnisse überwiegend anerkannte Grundsatz der fremdwirkenden Verarbeitung

Für die Beantwortung der Frage nach der rechtlichen Qualifikation der Arbeitsleistung, von der der Fremdwirkungsgrundsatz ausgeht, soll in ähnlicher Weise vorgegangen werden, wie zuvor bei den Dienstvertragsregelungen. Die rechtliche Gestaltung der §§ 611 ff. BGB war im Hinblick auf die Bewertung der Arbeitsleistung aufschlußreich. Dementsprechend ist anzunehmen, daß sich aus der Art und Weise, wie sich der Produktionserwerb des nicht arbeitenden Unternehmers durch die Produktionsleistung des Arbeiters vollzieht, in ähnlicher Form Wertentscheidungen bezüglich der Arbeitsleistung ermitteln lassen. Mit den folgenden Überlegungen soll daher versucht werden, die rechtlichen Grundlagen, auf denen der Produktionserwerb im Arbeitsverhältnis beruht, zunächst darzulegen und anschließend auszuwerten.

1. Die rechtliche Gestaltung des fremdwirkenden Verarbeitungserwerbs im Arbeitsverhältnis

Die Lösung der gestellten Aufgabe wird dadurch erschwert, daß der Fremdwirkungsgrundsatz nicht Bestandteil einer gesetzlichen Vorschrift ist. Wie zuvor bereits festgestellt, handelt es sich vielmehr um eine zwar allgemein anerkannte[54], aber ungeschriebene Regel. Damit steht hier — anders als bei den zuvor betrachteten Dienstvertragsregelungen der §§ 611 ff. BGB — eine Gesetzesvorschrift als Untersuchungsgrundlage nicht zur Verfügung. Als Ansatzpunkte sollen daher zunächst die Lösungen herangezogen werden, mit denen in Wissenschaft und Praxis versucht wird, die fremdwirkende Verarbeitung im Rahmen von Arbeitsverhältnissen zu erklären.

a) Überblick über die in Wissenschaft und Praxis entwickelten Lösungen zur Begründung der Fremdwirkung

Es hat zahlreiche Versuche gegeben, den Mangel einer ausdrücklichen gesetzlichen Regelung auszugleichen und die Fremdwirkung des Verarbeitungserwerbs im Rahmen von Arbeitsverhältnissen auf eine theoretische Grundlage zu stellen. Eine ausführliche Darstellung und kritische Würdigung dieser Versuche hat Hans-Dietrich Müller in seiner Dissertation aus dem Jahre 1930 vorgenommen[55]. Ein Überblick über den Meinungsstand findet sich außerdem bei Zeuner in einem Aufsatz aus dem Jahre 1955, der überdies einen eigenen Lösungsansatz des Verfassers enthält[56]. Die vorhandenen Begründungsansätze lassen sich trotz ihrer Vielfalt ordnen und zu Gruppen zusammenfassen, so daß sich folgendes Bild ergibt:

Kurz nach dem Inkrafttreten des BGB waren die Versuche besonders zahlreich, die das Problem mit Hilfe der Stellvertretungsregeln lösen wollten. Allerdings gingen die Meinungen über die Art der Anwendung des Vertretungsrechts auseinander. Von einer Seite wurde die unmittelbare Anwendbarkeit der Stellvertretungsgrundsätze bejaht[57],

---

[54] Vgl. die Nachweise unter Fn. 12 im I. Teil, 2. Kapitel.

[55] Wie verhält sich der § 950 BGB zu dem Satz, daß jeder Arbeiter Eigentümer des Arbeitsprodukts werden soll?, S. 16 ff.; vgl. auch die kritische Besprechung dieser Arbeit von *Sinzheimer,* JW 1932, 2597 f.

[56] *Zeuner,* Die fremdwirkende Verarbeitung als Zurechnungsproblem, JZ 1955, 195; vgl. zum Meinungsstand auch *Rothkegel,* S. 53 ff.

[57] *Kohler,* 2. Bd., 2. Teil, S. 211; *ders.,* ArchbürgRecht 10 (1895), 275; *Kuhlenbeck,* Teil 1, S. 482, Teil 2, S. 540; vgl. auch *v. Savigny,* Bd. 3, S. 97.

von anderen Autoren wurde dagegen lediglich eine analoge Anwendung befürwortet[58], wieder andere bedienten sich verschiedener Hilfsüberlegungen, um zur Anwendung des Vertretungsrechts zu gelangen[59]. Daneben gab es Versuche, den Eigentumserwerb des Unternehmers durch den Arbeitnehmer damit zu erklären, daß man den Arbeitnehmer als eine Art Erfüllungsgehilfen[60] oder rechtsgeschäftlichen Boten[61] einstufte. Auch mit Hilfe von Geschäftsführungsgrundsätzen wurden Lösungen entwickelt[62].

Zur Begründung der Fremdwirkung der Verarbeitung im Rahmen von Arbeitsverhältnissen wurden aber nicht nur Rechtsinstitute herangezogen, die im weitesten Sinne das Handeln für einen anderen regeln. Neben vereinzelten Lösungen, die auf tatsächlichen Überlegungen aufbauten[63], gab es insbesondere Bemühungen, die Erwerbsregelung auf § 950 BGB zu stützen, indem man den Eintritt der Rechtsfolgen der Vorschrift vom Willen der Arbeitsvertragsparteien abhängig machen wollte. Nach einer Ansicht[64] sollte der Verarbeitungserwerb in der Person des tatsächlich Arbeitenden dann nicht eintreten, wenn dessen Wille einem Eigenerwerb entgegenstand. Diese Willenshaltung setzte man beim Arbeitnehmer voraus. Eine andere Meinung[65] erklärte die Rechtsfolgen des § 950 BGB für abdingbar und ging für Arbeitsverhältnisse davon aus, daß von dieser Abdingungsmöglichkeit regelmäßig Gebrauch gemacht worden sei.

Ein jüngerer Vorstoß, um das Fremdwirkungsproblem zu bewältigen, setzt bei der Auslegung des Begriffs „herstellen“ in § 950 BGB an[66]. Für die Auslegung wird auf den Produktionsbegriff von Hans Mayer[67]

---

58 *Cosack / Mitteis*, 2. Bd., S. 174; *Dernburg*, Das bürgerliche Recht, 3. Bd., S. 369 Anm. 13; *Klein*, S. 55, 61; *Riezler*, in: Molitor / Hueck / Riezler, S. 235.

59 Vgl. die Ansätze von *Storz*, S. 88; *Staudinger / Kober*, § 950 Anm. 5 b; *Strauß*, S. 58; vgl. auch RGSt 37, 329.

60 *Lehmann*, Handw. d. Rechtswiss., S. 697.

61 *Busch*, S. 45.

62 *Isay*, S. 300 ff.

63 So wurde z. B. die Nichtberücksichtigung des Arbeitnehmers mit der Unbrauchbarkeit des § 950 BGB im Rahmen von Arbeitsverhältnissen begründet, vgl. *Kreller*, AcP 123 (1925), 264 Anm. 4, oder man berief sich auf eine objektive Bedeutung der Verarbeitungshandlung, vgl. *Endemann*, 2. Bd., 1. Abt., S. 550 Anm. 17; *Rümelin*, AcP 93 (1902), 284 f.

64 OLG Hamburg, SeuffA 71 Nr. 255 = OLGE 34, 183; vgl. ferner RGZ 161, 113; KG JW 30, 2798; *v. Bonin*, ArchbürgRecht 38 (1913), 121; RGRK 10. Aufl. § 950 Anm. 2.

65 *Flume*, NJW 1950, 843; *Koch*, BankArchiv 1920, 92; *Stulz*, JW 1930, 2771; RGZ 138, 88; KG JW 1932, 2634 Nr. 7.
138, 88; KG JW 1932, 2634 Nr. 7.

66 *Mayer-Maly*, SZ 73 (1956), 131 Anm. 33; ebenso *Baur*, § 53 b III 1, S. 491 f.; früher bereits ähnlich *Manigk*, S. 669; vgl. ferner die Nachweise bei *Müller*, S. 35; ähnlich auch *Rothkegel*, S. 83.

67 Handw. d. Staatswiss. Bd. 6, S. 1109.

verwiesen. Nach dessen Auffassung macht die Mitwirkung im Produktionsprozeß durch Einsatz körperlicher oder geistiger Arbeit noch nicht zum Produzenten, soweit dem in der Produktion Tätigen nicht zugleich das Recht oder die Macht der Mitbestimmung über den Produktionsplan und dessen Durchführung zukomme. Mit dem Hinweis auf diese Begriffsbestimmung soll offenbar ausgedrückt werden, daß der Arbeitnehmer die geforderten Produzenteneigenschaften regelmäßig nicht besitzt und aus diesem Grunde nicht Hersteller i. S. d. § 950 BGB und damit vom Verarbeitungserwerb ausgeschlossen ist.

Schließlich ist die Auffassung zu erwähnen, die den Verarbeitungserwerb im Rahmen von Arbeitsverhältnissen als Zurechnungsproblem ansieht[68]. Nach dieser Meinung soll die Fremdwirkung auf der Eigenart des Arbeitsverhältnisses beruhen. Ausschlaggebend sei, daß es sich hier um ein soziales Abhängigkeitsverhältnis handele. Dieses Merkmal sei dafür verantwortlich, daß die Rechtswirkungen der Verarbeitungshandlung nicht dem Arbeitnehmer, sondern dem „Herrn" des Rechtsverhältnisses, d. h. dem Arbeitgeber, zugerechnet würden[69].

Hält man die Begründungsansätze der verschiedenen Gruppen gegeneinander, die sich trotz der Vielfalt der Versuche zur Begründung des Verarbeitungserwerbs des Arbeitgebers bilden lassen, so wird deutlich, daß ein gemeinsamer Ausgangspunkt für die Problemlösung nicht vorhanden ist. Eine Gemeinsamkeit besteht lediglich darin, daß versucht wird, ein — offenbar als richtig bewertetes — Ergebnis dogmatisch-konstruktiv abzusichern, ohne daß zuvor — soweit ersichtlich — die Richtigkeit hinterfragt worden wäre.

Die vorhandene Lösungsvielfalt läßt es nicht zu, schon jetzt Einzelheiten der rechtlichen Gestaltung des Grundsatzes des fremdwirkenden Verarbeitungserwerbs zu erkennen. Voraussetzung hier ist zunächst, daß sich aus den vorhandenen Begründungsansätzen der tragfähigste herausfiltern läßt. Hilfreich bei der Lösung dieser Aufgabe könnte es sein, daß auch der historische Gesetzgeber von der Möglichkeit des fremdwirkenden Verarbeitungserwerbs ausgegangen ist. Zwar hat er auf eine Erwähnung dieser Möglichkeit im Gesetz verzichtet, er hat jedoch, wie die Gesetzesmaterialien erkennen lassen[70], die Problematik während des Gesetzgebungsverfahrens erörtert. Möglicherweise können den dabei geäußerten Überlegungen Maßstäbe entnommen werden, welche es möglich machen, die Problemlösungen, die später in Wissenschaft und Praxis entwickelt worden sind, zu bewerten. Nachfolgend soll daher festgestellt werden, ob und in welcher Form der

---

[68] Vgl. insbes. *Zeuner*, JZ 1955, 195 ff.

[69] Ebd., 197; ähnlich *Sinzheimer*, Grundzüge, S. 23; ihm zustimmend *Oertmann*, S. 11 Anm. 1.

[70] Vgl. die Nachweise unter Fn. 72 im I. Teil, 2. Kapitel.

historische Gesetzgeber eine Lösung der Fremdwirkungsproblematik vorgezeichnet hat.

b) Der Beitrag des historischen Gesetzgebers zur Regelung des fremdwirkenden Verarbeitungserwerbs

Das Fremdwirkungsproblem wurde im Zusammenhang mit den Bestimmungen zum Verarbeitungserwerb (§§ 893, 894, Entw. I, § 865 Entw. II, § 950 BGB) erörtert. Das war angesichts des bestehenden Sachzusammenhangs naheliegend, denn der Fremderwerb ist lediglich eine besondere Erscheinungsform des Verarbeitungserwerbs.

aa) Die Behandlung des Eigentumserwerbs durch Verarbeitung im Verlauf des Gesetzgebungsverfahrens

Die Motive zum Entwurf I[71] und die Beratungsprotokolle zum Entwurf II[72] lassen erkennen, daß der Gesetzgeber in der Verarbeitungsfrage seinen rechtlichen Ansatz während des Gesetzgebungsverfahrens im wesentlichen unverändert beibehalten hat. Danach handelt es sich bei der Verarbeitung nicht um ein Rechtsgeschäft, denn die durch die Verarbeitung eintretende Änderung des Eigentums am Arbeitsmaterial sei nicht von einem auf diesen Erfolg ausgerichteten Willen des Verarbeitenden abhängig[73]. Man verzichtete allerdings darauf zu entscheiden, ob die Verarbeitung ausschließlich eine natürliche Handlung ist oder ob auf sie die für Rechtsgeschäfte geltenden Regeln zumindest entsprechend anwendbar sein sollten. Vielmehr hielt man es für „besser", diese Entscheidung der Wissenschaft und der Praxis vorzubehalten[74]. Dabei war man sich darüber klar, daß man damit gleichzeitig die „Beurteilung der Vertretung in der produktiven Tätigkeit", also die Entscheidung über die Voraussetzungen für eine fremdwirkende Verarbeitung, der Wissenschaft und der Praxis überantwortete[75]. Es war nämlich zuvor festgelegt worden, daß die Möglichkeit einer Stellvertretung grundsätzlich nur als „Vertretung im Willen", d. h. bei Rechtsgeschäften, zulässig sein sollte[76]. Ein Vorstoß in den Beratungen der zweiten Kommission, die Vertretungsmöglichkeit bei der Verarbeitung ausdrücklich im Gesetz zu regeln, hatte keinen Erfolg[77]. Ein

---

[71] *Mugdan,* Bd. 3, S. 200 f.

[72] *Mugdan,* Bd. 2, S. 644 ff.

[73] BGB-Motive, *Mugdan,* Bd. 3, S. 200.

[74] Vgl. ebd.; kritisch zu dieser Regelungslücke *v. Gierke,* Entwurf, S. 316 Anm. 1.

[75] Vgl. Fn. 73.

[76] BGB-Motive zu § 115 Entw. I, amtl. Ausgabe S. 223; BGB-Protokolle zu § 166 Entw. I, amtl. Ausgabe S. 136 f.

[77] Von verschiedenen Kritikern des Entwurfs I war zuvor eine dementsprechende Ergänzung des Gesetzes gefordert worden, vgl. z. B. *Cosack,* S. 33; *Fischer,* S. 71; *Rieß,* S. 661 f.; *Sokolowski,* S. 203.

entsprechender Antrag[78] wurde als entbehrlich abgelehnt, allerdings mit unterschiedlichen Begründungen. Für die Entbehrlichkeit wurde von einer Seite angeführt, daß die Beschränkung der Stellvertretung auf Rechtsgeschäfte im Entwurf I nunmehr durch die Beschlüsse der zweiten Kommission zu den juristischen Personen und zum Besitz aufgelockert worden sei[79]. Dieser angeblich erfolgten Modifizierung der Stellvertretungsgrundsätze wurde von anderer Seite widersprochen[80], offenbar zu Recht, denn die Beratungsprotokolle der zweiten Kommission lassen ein Abweichen vom Standpunkt des Entwurfs I nicht erkennen[81]. Die von dieser Seite gegen den Ergänzungsvorschlag vorgebrachten Gründe beinhalten jedoch auch keine befriedigende Erklärung. Man begnügte sich nämlich mit dem Hinweis, daß es hier wie an anderen Stellen des Entwurfs selbstverständlich sei, daß das „Herstellenlassen", obwohl darin keine Vertretung liege, dem „Herstellen" gleichstehe[82].

bb) Art und Umfang der Einbeziehung der Fremdwirkungsproblematik durch § 950 BGB

Angesichts der Vorstellungen des Gesetzgebers, wie sie anläßlich der Beratungen zu § 950 BGB geäußert worden sind, läßt sich der Regelungsinhalt dieser Vorschrift folgendermaßen abgrenzen:

Die Gleichsetzung von „herstellen" und „herstellen lassen" als Voraussetzung des Verarbeitungserwerbs, von der man im Gesetzgebungsverfahren ausgegangen ist, läßt erkennen, daß man die Rechtsfolge des § 950 BGB nicht ausschließlich auf die Person desjenigen beschränken wollte, der mit seiner Arbeitsleistung den Verarbeitungsprozeß tatsächlich vollzieht. Mit dieser Gleichsetzung wurde vielmehr die Möglichkeit des Verarbeitungserwerbs eines nicht arbeitenden Dritten grundsätzlich anerkannt. Über diese Anerkennung geht die Bestimmung des § 950 BGB in der Frage des Fremderwerbs jedoch nicht wesentlich hinaus. Hinsichtlich der Voraussetzungen für den Eigentumserwerb des Dritten enthalten die Gesetzesberatungen keine näheren Angaben. Sie lassen allenfalls erkennen, daß bestimmte Lösungen für dieses Problem nicht in Frage kommen sollen. Hierzu gehört einmal die Anwendung der Stellvertretungsregeln, die nach den erkennbar gewordenen Vorstellungen des Gesetzgebers im Zusammenhang mit § 950 BGB nicht möglich ist. Außerdem sollte wohl auch die Möglichkeit ausgeklammert werden, den Eigentumserwerb des nicht arbeitenden Dritten als Folge einer Verfügung zu konstruieren, die der an sich

---

78 Vgl. BGB-Protokolle, *Mugdan*, Bd. 3, S. 644.

79 Ebd., S. 646.

80 Vgl. ebd.

81 Vgl. BGB-Protokolle zu § 116 Entw. I, amtl. Ausgabe S. 136 f.

82 Vgl. Fn. 79.

aus § 950 BGB berechtigte tatsächliche Verarbeiter vorab über sein Recht vorgenommen hat. Angesichts der im Gesetzgebungsverfahren für den Verarbeitungserwerb vorausgesetzten Gleichbewertung von „herstellen" und „herstellen lassen" sind vielmehr seitens des Gesetzgebers solche Lösungen gemeint gewesen, die dem Dritten die Rechtsfolgen der Verarbeitung unmittelbar, d. h. nicht als abgeleitetes Recht, zukommen lassen. Das setzt allerdings ein Rechtsverhältnis zwischen dem tatsächlich Verarbeitenden und dem Dritten voraus, welches die Arbeitsleistung derart in den Rechtsbereich des Dritten „überleitet", daß dieser nunmehr als „Hersteller" im Sinne von § 950 BGB angesehen werden kann. Mit der Anerkennung der Fremdwirkung hat der Gesetzgeber gezeigt, daß er vom Vorhandensein eines solchen Rechtsverhältnisses ausgegangen ist; auf eine Regelung dieses Verhältnisses hat er allerdings bewußt verzichtet.

Im Hinblick auf die von der Regelung des § 950 BGB erfaßten Konflikte bestätigt sich damit die Auffassung, die von der herrschenden Meinung in Lehre und Rechtsprechung zu dieser Frage vertreten wird und auf die an früherer Stelle bereits hingewiesen worden ist. Die Entscheidung, die der Verarbeitungsbestimmung des § 950 BGB zugrundeliegt, beschränkt sich auf den Interessengegensatz zwischen dem Materialeigentümer und dem Verarbeiter. Dabei kann der Verarbeiter sowohl ein die Spezifikation eigenhändig vornehmender Hersteller als auch ein Rechtssubjekt sein, welches den Verarbeitungsprozeß unter Einsatz von Kapital und fremder Arbeitskraft durchführen läßt. Die Rechtsverhältnisse, die im Falle einer Personenmehrheit auf der Verarbeiterseite zwischen den Beteiligten bestehen, werden von § 950 BGB selbst nicht gestaltet. Sie werden lediglich insoweit erfaßt, als die dort geltenden Regelungen, die die Beiträge der einzelnen Beteiligten zum Produktionsprozeß betreffen (Arbeit, Management, Kapital) und die zu einer Modifizierung des Grundsatzes über den Produktionserwerb führen (Fremderwerb statt Eigenerwerb), anerkannt werden.

Ergänzend sei an dieser Stelle darauf hingewiesen, daß angesichts des Regelungsinhalts von § 950 BGB der Auffassung widersprochen werden muß, daß durch diese Bestimmung die herausragende Bedeutung der menschlichen Arbeitskraft gewürdigt werde[83]. Soweit § 950 BGB die Anerkennung des Fremderwerbs beinhaltet, läßt sich eine solche Wertung jedenfalls nicht feststellen[84].

Nachdem anhand der Gesetzesberatungen die Haltung des historischen Gesetzgebers zur Fremdwirkungsproblematik aufgezeichnet worden

[83] Vgl. beispielsweise *Strauß*, S. 19.

[84] *Baur*, § 53 b III 1, S. 492; *Laufke*, Festschrift für Hueck, S. 72 f.; vgl. auch *Sokolowski*, Teil I, S. 198 f.

ist, sollen nunmehr die in Wissenschaft und Praxis zu dieser Frage entwickelten Lösungen kritisch betrachtet werden.

c) Beurteilung der theoretischen Lösungen zum Fremderwerbsproblem angesichts der vom historischen Gesetzgeber abgesteckten Leitlinie

Zwar hat der historische Gesetzgeber keine positive Stellungnahme zu den Voraussetzungen des fremdwirkenden Verarbeitungserwerbs abgegeben. Die im Gesetzgebungsverfahren vorgenommene Negativabgrenzung macht es dennoch möglich, die später entwickelten Lösungen auf ihre Vereinbarkeit mit den Eigenarten des Rechtsinstituts des Verarbeitungserwerbs, mit der gesetzgeberischen Haltung zum Fremdwirkungsproblem und den tatsächlichen Gegebenheiten innerhalb des Arbeitsverhältnisses hin zu überprüfen.

Wie bereits angedeutet, scheiden zunächst einmal alle diejenigen Lösungsversuche als unbrauchbar aus, die mit Hilfe der Stellvertretungsregeln (im weitesten Sinne) der Fremdwirkungsproblematik beizukommen versuchen[85]. Der dem Spezifikationserwerb fehlende rechtsgeschäftliche Charakter steht dem Erfolg dieser Bemühungen entgegen.

Des weiteren sind aber auch diejenigen Auffassungen abzulehnen, die mit Hilfe des Willens der Arbeitsvertragsparteien zu einer Lösung kommen wollen. Zunächst ist es grundsätzlich problematisch, beim Erwerbsgrund des § 950 BGB, der nach der gesetzgeberischen Konzeption vom Willen des Erwerbers unabhängig ist, auf dieses Merkmal abzustellen[86]. Aber selbst wenn man über diese Schwierigkeit hinweg käme, verbliebe die Aufgabe, bei Abschluß des Arbeitsvertrages oder während des Vollzugs des Arbeitsverhältnisses einen auf die Regelung des Produktionserwerbs zugunsten des Arbeitgebers bezogenen Willen der Arbeitsvertragsparteien festzustellen. Eine ausdrückliche Aufnahme der Produktionserwerbsregelung in die Willensentschließung der Parteien findet regelmäßig nicht statt. Es müßten daher Anhaltspunkte vorhanden sein, aus denen sich entsprechende Regelungsabsichten wenigstens konkludent entnehmen lassen. Das wiederum setzt voraus, daß sich Arbeitgeber und Arbeitnehmer der Regelungsbedürftigkeit des Produktionserwerbs bewußt sind. Die Existenz eines solchen Bewußtseins läßt sich jedoch — zumindest bis zur Gegenwart — tatsächlich nicht belegen[87]. Daher müssen sowohl die Annahme, der Arbeitnehmer

---

[85] Zu den dort angesiedelten Begründungsversuchen vgl. oben 1. Kapitel, II., 1., a); sie wurden bereits damals von der herrschenden Lehre abgelehnt; vgl. dazu die Nachweise bei *Müller*, S. 17 Anm. 5 und seine eigene ablehnende Haltung, S. 20.

[86] Kritisch auch *Zeuner*, JZ 1955, 196.

[87] Ähnlich ebd.

habe regelmäßig einen dem Eigentumserwerb entgegenstehenden Willen[88], als auch der Standpunkt, die Arbeitsvertragsparteien würden die Rechtsfolgen des § 950 BGB grundsätzlich abbedingen[89], als Unterstellungen abgelehnt werden, die sich nicht durch Tatsachen erhärten lassen.

Gegenüber dem zuletzt genannten Standpunkt bestehen neben diesen tatsächlichen Vorbehalten auch noch systematische Bedenken. Es muß nämlich auch bezweifelt werden, daß die angenommene Abdingungsmöglichkeit mit dem numerus clausus der Sachenrechte vereinbar ist[90]. Dieses komplexe Sonderproblem braucht jedoch angesichts der ohnehin vorhandenen Ablehnungsgründe in diesem Zusammenhang nicht weiter vertieft zu werden.

Keine Zustimmung kann auch die Meinung finden, die über eine Auslegung des Begriffs „herstellen" zum Ziel gelangen will. Ihr ist anzulasten, daß sie keine Klarheit darüber schafft, inwieweit der tatsächlichen Verarbeitungshandlung für den Produktionserwerb noch Bedeutung beigemessen wird, ob sie beim Erwerber zu den oben beschriebenen Mitgestaltungsbefugnissen hinsichtlich des Produktionsprozesses hinzukommen muß oder ob es für den Erwerb nur noch auf jene Befugnisse ankommen soll. Im ersten Fall würde mit der „Auslegungstheorie" nur der Sonderfall des mitarbeitenden Unternehmers gelöst werden. Soll dagegen für den Erwerb nur noch auf die Befugnis zur Steuerung des Produktionsprozesses abgestellt werden, würde damit zwar auch der nicht selbst arbeitende Unternehmer erfaßt, jedoch brächte diese Loslösung von der tatsächlichen Umgestaltungshandlung neue Schwierigkeiten mit sich:

Für den Erwerbstatbestand des § 950 BGB ist die Verarbeitungshandlung eine unverzichtbare Voraussetzung, denn ohne die Herstellung einer neuen Sache ist ein Verarbeitungserwerb nicht denkbar. Dagegen bietet die gesetzgeberische Konzeption dieses Erwerbstatbestandes keine Anhaltspunkte dafür, daß zusätzlich oder hauptsächlich darauf abzustellen ist, ob der Erwerber den Produktionsablauf mitgestalten und steuern kann. Angesichts dessen müßte die „Auslegungstheorie", die dieses Erfordernis in den Vordergrund rückt, die Zulässigkeit ihres Vorgehens begründen, denn damit verschiebt sie die Erwerbsgrundlage. Diese Begründung bleibt sie jedoch schuldig[91].

---

[88] Vgl. oben Fn. 64.

[89] Vgl. oben Fn. 65.

[90] Hinweise auf diese Problematik bei *Zeuner*, JZ 1955, 196; den dispositiven Charakter gleichfalls verneinend *Müller*, S. 39 und *Rothkegel*, S. 48.

[91] Ebenfalls kritisch zu dieser Theorie *Müller*, S. 36.

Die Zurechnungstheorie scheint dagegen einen brauchbaren Ausweg aufzuzeigen. Ohne Zweifel vermeidet sie die Schwierigkeiten der vorgenannten Lösungsversuche. Dennoch ist ihr ein wesentlicher Mangel anzulasten. Während sich die o. g. Begründungsansätze um eine materiellrechtliche Lösung bemühen, genügt die Zurechnungstheorie diesem Erfordernis nicht. Die Begründung des Eigentumserwerbs des Arbeitgebers mit einer Rechtsfolgenzurechnung infolge sozialer Abhängigkeit kann nur auf den ersten Blick den Eindruck vermitteln, als sei hier eine tragfähige Rechtsgrundlage entwickelt worden. Bei genauerer Betrachtung ergibt sich jedoch, daß der angenommene Erwerbsgrund — zumindest so, wie er bislang aufbereitet worden ist — in den Regelungen des BGB keine Stütze findet. Die Anführung vereinzelter Bestimmungen, bei deren Rechtsfolgengestaltung sich u. a. das Vorhandensein einer sozialen Abhängigkeit auswirkt, reicht nicht aus, um die „Rechtsfolgenzurechnung zugunsten eines Dritten kraft Bestehens eines sozialen Abhängigkeitsverhältnisses“ als allgemein gültiges bürgerlich-rechtliches Prinzip auszuweisen[92]. Möglicherweise hätte es weitergeführt, wenn versucht worden wäre, die hinsichtlich der vorausgesetzten sozialen Abhängigkeit vergleichbaren Bestimmungen auf ein rechtliches Prinzip zurückzuführen, das u. U. anschließend zur Begründung des fremdwirkenden Produktionserwerbs im Arbeitsverhältnis hätte herangezogen werden können. Diese Leistung ist von den Verfechtern der Zurechnungstheorie jedoch nicht erbracht worden, was wiederum den Erfolg derartiger Bemühungen zweifelhaft erscheinen läßt. Das aber bedeutet, daß bei der Zurechnungstheorie die Art und Weise, wie sich die Verlagerung der Erwerbswirkung rechtlich vollziehen soll, letztlich im Dunkeln bleibt[93].

2. Auswertung der bisher gewonnenen Erkenntnisse über die rechtlichen Grundlagen des fremdwirkenden Verarbeitungserwerbs

Die im vorangegangenen Teilabschnitt angestellten Betrachtungen lassen in der Frage nach den rechtlichen Grundlagen des fremdwirkenden Verarbeitungserwerbs noch keine Antwort zu. Weder der historische Gesetzgeber noch die theoretischen Begründungsversuche in Wissenschaft und Praxis halten eine befriedigende Lösung für diese Problematik bereit. Dennoch sind die vorhandenen Lösungsansätze nicht völlig bedeutungslos, denn sie ermöglichen die Klärung einiger Teilprobleme.

---

[92] Dieser Mangel scheint auch *Zeuner* als einem ihrer Verfechter nicht unbewußt geblieben zu sein, vgl. die Fn. 8 seiner Abhandlung.

[93] Zu den Begriffen „Zuordnung“ und „Zurechnung“ vgl. auch *Fabricius*, AcP 162 (1963), 456, 470 f. m. w. N.

a) Der rechtliche „Standort" der Fremdwirkungsproblematik

Die Bedeutung der zuvor erörterten Begründungsversuche liegt einmal darin, daß nunmehr klargestellt ist, welchem Problembereich der fremdwirkende Verarbeitungserwerb angehört. Wie insbesondere die Behandlung der Fremdwirkungsproblematik durch den historischen Gesetzgeber gezeigt hat, sind die Rechtsgrundlagen für diese Sonderform des Verarbeitungserwerbs wohl dem Rechtsverhältnis zuzuordnen, durch das Arbeitgeber und Arbeitnehmer miteinander verbunden sind. Demnach ist diese Problematik schwerpunktmäßig nicht im Spezifikationsrecht des § 950 BGB, sondern im Recht des Arbeitsverhältnisses angesiedelt. Für den Fortgang der Untersuchung bedeutet das, daß bei den künftigen Bemühungen um weitere Erkenntnisse über die Merkmale und die Entwicklung dieser Erscheinungsform des Eigentumserwerbs das Recht des Dienstvertrages mit berücksichtigt werden muß. Dort wird die für diesen Zusammenhang maßgebliche Seite der Arbeitgeber-Arbeitnehmer-Beziehung geregelt.

b) Die Bewertung der Arbeitsleistung innerhalb des Arbeitsverhältnisses — Erweiterung der bisherigen Erkenntnisse

Die Betrachtungen über die rechtlichen Grundlagen des fremdwirkenden Verarbeitungserwerbs haben nicht nur zur weiteren Konkretisierung des Standorts dieser Problematik beigetragen. Sie haben darüber hinaus die Grundlage für die Ermittlung der Bewertung, welche die Arbeitsleistung innerhalb des Arbeitsverhältnisses erfährt, erweitert.

Die Bemühungen um eine theoretische Rechtfertigung des Fremdwirkungsgrundsatzes lassen Ansätze einer Wertminderung der Arbeitsleistung durch das Arbeitsverhältnis erkennen. Diese Wertminderung folgt nicht allein aus dem Inhalt dieses Grundsatzes, d. h. daraus, daß dem Arbeitnehmer im Rahmen eines Arbeitsverhältnisses die eigentumsbegründende Wirkung seiner Arbeitsleistung nicht zugute kommt. Ein zusätzlicher Anhaltspunkt für eine wertmäßige Herabsetzung ergibt sich aus der Art und Weise, wie man sich den Produktionserwerb des Unternehmers nach den bisherigen Erkenntnissen vorzustellen hat. Den oben erörterten Begründungsversuchen kann man trotz der aufgezeigten Lückenhaftigkeit entnehmen, daß der Übergang der eigentumsbegründenden Wirkung der Arbeitsleistung vom Arbeitnehmer auf den Arbeitgeber nicht auf einem dementsprechenden Willensentschluß des Arbeitnehmers beruht bzw. beruhen kann. Es scheint sich hierbei vielmehr um einen aus dem Arbeitsverhältnis resultierenden „Automatismus" zu handeln, dessen Ursachen jedoch bisher noch nicht festgestellt werden konnten. Allerdings bleibt festzuhalten, daß sich im

Verlauf der Auseinandersetzung mit den verschiedenen Beiträgen zur Begründung der Fremdwirkung keine Anhaltspunkte dafür ergeben haben, daß bei der Entwicklung der Lösungen Überlegungen zu Wert und Bedeutung menschlicher Arbeit, z. B. zu ihrer Eigenschaft als Persönlichkeitsfunktion eines freien Menschen, vorgeschaltet und daraus Anforderungsmaßstäbe für die nachfolgenden Lösungskonzepte abgeleitet worden wären[94].

Mehr als diese negative Abgrenzung der Vorstellungen, auf denen die Überlegungen zur Rechtfertigung des fremdwirkenden Verarbeitungserwerbs beruhen, ist bis zum gegenwärtigen Zeitpunkt nicht möglich. Um die zugrundeliegende Bewertung der Arbeitsleistung positiv bestimmen zu können, ist es zunächst erforderlich, die rechtlichen Grundlagen des Fremdwirkungsgrundsatzes weiter aufzuhellen und zu ermitteln, welches Element innerhalb des Arbeitsverhältnisses für den angenommenen „automatischen" Eintritt der Überleitungswirkung verantwortlich ist. Die bisherigen Erkenntnisse über die rechtlichen Grundlagen des fremdwirkenden Verarbeitungserwerbs geben für die Bewältigung dieser Aufgabe einige weiterführende Hinweise.

c) Zusätzliche Anhaltspunkte für die Erforderlichkeit der Betrachtung von Ursprung und Entwicklung der Vergütungsregelungen

An früherer Stelle ist bereits dargelegt worden, daß eine Offenlegung der Regelungsstrukturen der Bestimmungen, die für den Rahmen der Arbeitsvergütung maßgeblich sind, voraussichtlich die Einbeziehung der Entwicklung der maßgeblichen Vorschriften erforderlich machen wird. Die vorangegangenen Betrachtungen über die rechtlichen Grundlagen des Fremdwirkungsgrundsatzes bieten weitere Anhaltspunkte, die die Richtigkeit dieser Einschätzung bestätigen:

Wie zuvor festgestellt werden konnte, fehlt es an einer praktisch und theoretisch gleichermaßen befriedigenden Lösung der Fremderwerbsproblematik. Trotz der aufgezeigten Begründungslücken ist der Grundsatz des fremdwirkenden Verarbeitungserwerbs im Rahmen von Arbeitsverhältnissen nahezu unbestritten. Dieses Phänomen könnte auf entwicklungsgeschichtliche Ursachen zurückzuführen sein. So ließe sich der festgestellte „Begründungsnotstand" z. B. damit erklären, daß die ursprünglichen rechtlichen Grundlagen des Fremdwirkungsgrundsatzes[95] durch nachfolgende Entwicklungen im Bereich des Arbeits-

---

[94] Eine dementsprechende Forderung wird von *Fabricius* erhoben, vgl. z. B. Marktwirtschaft und Mitbestimmung, Rz 218; vgl. auch *v. Gierke*, Festschrift für Brunner S. 38, im Hinblick auf die Gestaltung des Dienstvertragsrechts.

[95] Zur Annahme eines sklavenrechtlichen Ursprungs vgl. die Nachweise unter Fn. 76, I. Teil, 2. Kapitel.

rechts verdrängt worden sind mit der Folge, daß die Grundlagen dem Rechtsbewußtsein heutzutage nicht mehr gegenwärtig sind und daß sich der genannte Grundsatz in die Systematik des modernen Arbeitsrechts nicht mehr einfügen läßt. Wenn der Fremdwirkungsgrundsatz dennoch weitgehend unbestritten ist, so ist dafür u. U. ein Zeitfaktor verantwortlich gewesen. Die für das Durchsetzungsvermögen des Grundsatzes verantwortliche Entwicklung könnte so verlaufen sein, daß seine Praktizierung auf eine sehr lange Tradition zurückblicken kann mit der Folge, daß seine Gültigkeit trotz des zwischenzeitlichen Verlustes der Verbindung zu seiner ursprünglichen Rechtsgrundlage auch in der Gegenwart nicht angezweifelt wird[96]. Ob der Entwicklungsverlauf in der skizzierten Weise stattgefunden hat, wird sich nur durch eine eingehende Beschäftigung mit ihm klären lassen.

Für die Erforderlichkeit einer Betrachtung des Ursprungs des Fremdwirkungsgrundsatzes spricht jedoch noch ein weiterer Gesichtspunkt. Er kommt aus dem Bereich der Zurechnungstheorie, d. h. von der Seite derjenigen, die die Fremdwirkung der Eigenart des Arbeitsverhältnisses als sozialem Abhängigkeitsverhältnis zuschreiben. Als weiterführende Erklärung für die Frage, weshalb aus diesem Merkmal des Arbeitsverhältnisses die Verlagerung der eigentumsbegründenden Wirkung der Arbeitsleistung folge, findet sich dort der Hinweis, daß es sich bei dieser Rechtsfolge um einen aus unfreien Abhängigkeitsverhältnissen übrig gebliebenen rudimentären Rechtszustand handeln könnte, der in der Gegenwart automatisch fortwirke[97]. Belege für diese Annahme werden allerdings nicht beigebracht.

Es verwundert nicht, daß die genannte Auffassung auf Widerspruch gestoßen ist[98], denn das Fortwirken von Elementen aus Rechtsverhältnissen mit persönlich Unfreien im modernen Arbeitsrecht ließe sich nur schwer mit dessen Anspruch als sozialem Arbeitnehmerschutzrecht[99] bzw. mit der freiheitlichen Konzeption des Arbeitsvertrages vereinbaren. Die widersprechende Seite hat jedoch keine Argumente vorzuweisen, die den angenommenen historischen Ursprung des Fremdwirkungsgrundsatzes widerlegen könnten. Es stehen sich demnach in dieser Frage lediglich Behauptungen gegenüber, die bisher — soweit ersichtlich — im einzelnen nicht belegt worden sind. Für die Beantwortung der hier anstehenden Fragen sind die gegensätzlichen Auffassungen daher nur verwertbar, wenn zuvor das bisher bestehende Begründungsdefizit ausgeglichen worden ist. Das setzt jedoch voraus,

---

[96] Zu den rechtspolitischen Hintergründen für die Anerkennung dieses Grundsatzes innerhalb des BGB ausführlich *Fabricius*, Marktwirtschaft und Mitbestimmung, Rz 245 f. m. w. N.

[97] *Sinzheimer*, Grundzüge, S. 23; vgl. ferner Fn. 76, I. Teil, 2. Kapitel.

[98] *Mayer-Maly*, SZ 73 (1956), 131 f., Fn. 33.

[99] Vgl. oben I. Teil, 1. Kapitel.

daß den in den Behauptungen enthaltenen Hinweisen zur Entwicklung des Fremderwerbsgrundsatzes nachgegangen wird.

III. Ansatzpunkte der nachfolgenden rechtshistorischen Betrachtungen und Anmerkungen zur Arbeitsweise

Nachdem zuvor die charakteristischen Merkmale der Regelungen, die das Verhältnis von Arbeitsleistung und Arbeitsvergütung maßgeblich betreffen, dargestellt und — soweit bisher möglich — ausgewertet worden sind, wird es nunmehr darum gehen, nach den Ursachen für die festgestellten Regelungsmerkmale zu suchen. Hinweise hierzu sind — wie oben erwähnt — vorhanden; ob diese Hinweise zutreffen, werden die anschließenden Betrachtungen ergeben.

Die vorangegangenen Untersuchungsabschnitte haben aber nicht nur erste Erkenntnisse hinsichtlich der Merkmale der Vergütungsregelungen und der ihnen zugrundeliegenden Bewertung der Arbeitsleistung vermittelt. Sie haben darüber hinaus deutlich gemacht, daß die gesamte Vergütungsproblematik schwerpunktmäßig im Bereich des Arbeitsvertragsrechts angesiedelt ist. Die nachfolgenden Bemühungen werden sich daher im wesentlichen auf den Arbeitsvertrag konzentrieren. Dabei wird die Beantwortung folgender Fragenkomplexe im Mittelpunkt stehen:

1. Woher stammt das Dienstvertragsrecht des BGB, das mit seinen Regelungen auch den unselbständigen Arbeitsvertrag erfaßt?

2. Inwieweit ist der festgestellte Ursprung des Dienstvertragsrechts verantwortlich für die Merkmale, von denen die Regelungen über das Verhältnis von Arbeitsleistung und Arbeitsvergütung geprägt werden?

Da sich im Verlauf der vorangegangenen Überlegungen die Notwendigkeit historischer Betrachtungen deutlich abgezeichnet hat, ist vor dem Einstieg in die Lösung dieser Aufgabe zu bestimmen, wie sie im Einklang mit der Konzeption der Arbeit bewältigt werden kann. Dabei ist zu berücksichtigen, daß eine Untersuchung der Entwicklung der Vergütungsregeln angesichts der langen Tradition, die die Leistung von Arbeit für Dritte zumindest als tatsächliche Erscheinung hat, u. U. weit zurückreichen muß, wenn man den gesuchten Antworten näher kommen will. Die Einsichten, die im Verlauf der bisherigen Beschäftigung mit den Gestaltungsmerkmalen des Fremdwirkungsgrundsatzes gewonnen werden konnten, machen ein solches Erfordernis ebenfalls wahrscheinlich. Im Hinblick auf die Fragestellung, die über dieser Untersuchung steht, kommt der Betrachtung rechtshistorischer Entwicklungen jedoch keine selbständige Bedeutung zu. Sie hat lediglich die Funktion, die Lösung eines im gegenwärtigen Arbeitsrecht anzutreffenden Problems zu unterstützen. In Anbetracht dieser Funktion und angesichts der Notwendigkeit, die Materialbewältigung mit den im Rahmen einer Abhandlung der vorliegenden Art bestehenden Möglichkeiten zu harmonisieren, werden die nachfolgenden Erörterungen zur Entwicklung der Vergütungsregeln überwiegend nicht anhand zuvor selbst aufbereiteter rechtshistorischer Grundlagen stattfinden. Für diese Aufgabe soll vielmehr weitgehend auf bereits vorhandene rechtshistorische Erkenntnisse zurückgegriffen werden.

Zweites Kapitel

Die Bedeutung historischer Rechtsinstitute für die Gestaltung der Vergütungsregelungen im BGB — eine kritische Auswertung der bis zur Gegenwart entwickelten rechtshistorischen Erkenntnisse

I. Die Herkunft der Vorschriften der §§ 611 ff. BGB

Überlegungen zu der Frage, wie es zu der oben dargestellten Konzeption des Dienstvertragsrechts gekommen ist, sind bereits mehrfach geäußert worden, u. a. anläßlich der vorerwähnten kritischen Stellungnahmen zum Entwurf des BGB. Als Grund für die Mängel, die dem Entwurf angelastet werden, wird dort insbesondere die starke Anlehnung an die im Corpus iuris enthaltenen Regelungen der Dienstmiete des gemeinen Rechts, der locatio conductio operarum[1] genannt[2].

Die Auffassung vom Fortwirken römisch-rechtlicher Grundsätze im Dienstvertragsrecht des BGB ist allerdings nicht unwidersprochen geblieben. So hat beispielsweise Otto v. Gierke in seiner bekannten Abhandlung über „Die Wurzeln des Dienstvertrages"[3] eine römisch-rechtliche Durchdringung der Dienstvertragsbestimmungen des BGB entschieden bestritten; gleichzeitig hat er versucht[4], eine überwiegend personenrechtliche Prägung des Dienstvertragsrechts nachzuweisen und diese auf eine einheitliche deutschrechtliche[5] Wurzel zurückzuführen[6].

Außer den genannten gegensätzlichen Standpunkten gibt es — soweit ersichtlich — keine weiteren inhaltlich eigenständigen Aussagen[7]

---

[1] Den römischen Quellen ist diese Bezeichnung für Vertragsverhältnisse, die den heutigen Dienstvertragsverhältnissen entsprechen würden, noch unbekannt, vgl. *Jörs / Kunkel*, § 146, S. 236; *Kaser*, StB, § 42 I 2, S. 176; *Mayer-Maly*, Locatio, S. 18; *ders.*, RdA 1967, 281.

[2] So noch *v. Gierke*, Entwurf, S. 235; vgl. ferner *Fabricius*, Marktwirtschaft und Mitbestimmung, Rz 243 m. w. N.; *Kuhlenbeck*, Teil 2, S. 284; *Mayer-Maly*, RdA 1967, 282; *Nikisch*, Bd. I, § 2 I 1, S. 13 f.; *Oertmann*, S. 38.

[3] Festschrift für Brunner, S. 37 ff.

[4] Vgl. den Einleitungssatz der vorgenannten Abhandlung, S. 37.

[5] So die Kennzeichnung *v. Gierkes*, vgl. Festschrift für Brunner, S. 38.

[6] Festschrift für Brunner, insbes. S. 54 ff.

[7] *Wolf*, S. 62, der eine Verbindung zum römischen Recht gleichfalls verneint, hält keinen überzeugenden Begründungsansatz bereit.

zum Ursprung des Regelungskomplexes der §§ 611 ff. BGB. Daher sollen nachfolgend die Argumente, die sich für und gegen die beiden unterschiedlichen Herkunftstheorien anführen lassen, näher betrachtet und auf ihre Tragfähigkeit hin ausgewertet werden.

1. Die Theorie von der personenrechtlichen Prägung des Dienstvertragsrechts mit deutschrechtlichem Ursprung

Ansatzpunkt für die beabsichtigte Analyse soll zunächst die Auffassung von der deutschrechtlichen Durchformung des Dienstvertragsrechts sein, um deren Nachweis sich insbesondere Otto v. Gierke in seiner o. g. Abhandlung bemüht hat. Wie zuvor schon erwähnt, ist die Aufgabe, die sich der Autor dort gestellt hat, mehrschichtig. Es ging ihm einmal darum, seine Ausgangsposition, d. h. seine Überzeugung von der Ausmerzung römischen Gedankenguts innerhalb der Dienstvertragsbestimmungen, zu belegen. Er hat seinen Nachweis zweigleisig geführt. Einerseits hat sich v. Gierke bemüht, vorhandene Regelungsunterschiede zwischen dem Dienstvertragsrecht des BGB und der gemeinrechtlichen Dienstmiete herauszuarbeiten[8]. Andererseits hat er versucht, personenrechtliche Elemente als neue, d. h. dem römischen Recht unbekannte Regelungsmerkmale des Dienstvertragsrechts nachzuweisen und ihre überragende Bedeutung darzulegen. Die zweite Aufgabe, die v. Gierke bewältigen wollte, bestand darin, die von ihm bejahte personenrechtliche Prägung des Dienstvertrages auf eine historische Grundlage zu stellen[9]. Er glaubte, auch für dieses Problem eine Lösung gefunden zu haben. Seiner Meinung nach hat das personenrechtliche Element des Dienstvertrages eine lange deutschrechtliche Tradition und entspringt letztlich dem durch v. Gierke als „Treudienstvertrag" bezeichneten Rechtsverhältnis zwischen dem germanischen Gefolgsmann und seinem Gefolgsherrn[10].

Für den vorliegenden Zusammenhang ist der zuerst genannte Problembereich, dessen sich v. Gierke angenommen hat, der zunächst bedeutsamere. Erst wenn sich ergeben sollte, daß seine Analyse der Dienstvertragsregelungen, in deren Verlauf er den Bruch mit römischrechtlichen Regelungsvorbildern glaubt, bejahen zu können, zutrifft, rückt der zweite Erörterungskomplex, nämlich die Frage nach einer möglichen deutschrechtlichen Wurzel für die festgestellten Regelungsmerkmale, in den Vordergrund. Es sollen daher als nächstes die Argumente dargestellt und kritisch betrachtet werden, mit denen v. Gierke

---

[8] *v. Gierke,* Festschrift für Brunner, S. 54 ff.

[9] Ebd., S. 38 ff., vgl. auch *Ebel,* ZStW 1936, 321.

[10] *v. Gierke,* Festschrift für Brunner, S. 40, 52, 54.

die Abkehr des Dienstvertragsrechts von der Konzeption der gemeinrechtlichen Dienstmiete glaubte, belegen zu können.

a) Anhaltspunkte für die Ablösung römischer Regelungen nach Otto v. Gierke

Im Rahmen seiner Bemühungen, für das Dienstvertragsrecht eine Überwindung römischen Gedankenguts nachzuweisen, hat v. Gierke eine Reihe von Merkmalen zusammengetragen, die diese Überwindung seiner Meinung nach belegen.

Zunächst verweist v. Gierke auf die begriffliche Lösung vom gemeinrechtlichen Vorgänger, d. h. auf die Tatsache, daß zur Bezeichnung des Rechtsinstituts anstelle des Begriffs „Dienstmiete" nunmehr der Begriff „Dienstvertrag" getreten ist[11]. Beachtlich ist seiner Ansicht nach ferner, daß der Dienstvertrag jegliche Art von Dienstleistung einbezieht, was für die römische Dienstmiete nicht gegolten habe[12]. Für bedeutsam sieht er ferner die unterschiedlichen Vergütungsregelungen an. Während nach römischem Recht die Dienstleistung nur in Geld habe entlohnt werden dürfen, lasse das Dienstvertragsrecht des BGB jegliche Art von Vergütung zu[13]. Zur Unterstützung seines Standpunktes verweist v. Gierke schließlich auf das Verhältnis von mietrechtlichen und dienstvertraglichen Regelungen zueinander. Er hält insoweit offenbar eine grundsätzliche Trennung für vollzogen, denn er macht geltend, daß das Dienstvertragsrecht des BGB keine Bezugnahme auf Vorschriften über die Sachmiete enthalte[14]. Übereinstimmungen mit dem Mietrecht seien nur insoweit feststellbar, als es um den Charakter beider Verträge als Dauerschuldverhältnisse gehe[15].

Wie bereits erwähnt, beruft sich v. Gierke für seine Ansicht nicht nur auf sachliche Abweichungen innerhalb vergleichbarer Einzelregelungen des römischen Rechts und des BGB. Seine Argumentation beruht zu einem wesentlichen Teil auf dem Bemühen, eine im Vergleich zum römischen Recht neue Durchdringung des Dienstvertrages mit personenrechtlichen Elementen nachzuweisen. So schaffe dieser Vertrag seiner Auffassung nach für beide Vertragspartner Rechte und Pflichten personenrechtlicher Art. Es werde für den Dienstberechtigten einerseits eine Gewalthaberstellung über die Person des Dienstverpflichteten begründet[16], andererseits entstehe für ihn eine Pflicht zur Fürsorge für die Person des Dienstverpflichteten[17]. Als personenrecht-

[11] Ebd., S. 38 und 52.
[12] Ebd., S. 55.
[13] Ebd., S. 54.
[14] Ebd., S. 38.
[15] Ebd., S. 38, Fn. 5.
[16] Ebd., S. 56 f.

liche Elemente auf der Seite des Dienstverpflichteten nennt v. Gierke Gehorsams- und Treuepflichten gegenüber dem Arbeitgeber einerseits[18] und einen Anspruch auf Personenfürsorge andererseits[19]. Darüber hinaus verweist v. Gierke auf die Gründe für die Beendigung des Dienstverhältnisses und auf die Beendigungsfolgen, die seiner Meinung nach gleichfalls eine personenrechtliche Prägung zeigen[20]. Eine in diesem Zusammenhang beachtliche Neuerung ist nach der Meinung v. Gierkes ferner die Einwirkung des öffentlichen Rechts auf das Dienstvertragsrecht. Die dadurch bedingte Zurückdrängung des Privatrechts habe ihren Grund in der Würdigung der personenrechtlichen Seite des Dienstverhältnisses[21].

Für die hier angestrebte weitere Präzisierung der Merkmale der Vergütungsregelungen und für die Suche nach den Gestaltungshintergründen sind Erkenntnisse hinsichtlich des Vorhandenseins eines Regelungsvorbildes richtungweisende Orientierungspunkte. Es soll daher nachfolgend geprüft werden, ob im Dienstvertragsrecht die — insbesondere durch v. Gierke herausgestellte — Abkehr vom römischen Recht stattgefunden hat oder ob sich tragfähige Argumente ergeben, die den gegenteiligen Standpunkt als richtig ausweisen. Die beabsichtigte Überprüfung der gegensätzlichen Standpunkte setzt jedoch zunächst voraus, daß über die Merkmale des angeblich verdrängten historischen Rechtsinstituts Klarheit herrscht. Nur so ist es möglich, Parallelen bzw. Unterschiede zum Dienstvertragsrecht des BGB festzustellen und in ihrer Bedeutung gegeneinander abzuwägen.

b) Konzeption und Entwicklung der römischen Dienstmiete bis zur Gesetzgebung Justinians

aa) Der Begriff der „locatio conductio operarum"

Zur Bezeichnung der römischen Dienstmiete wird regelmäßig der Begriff „locatio conductio operarum" verwendet. Das Vorhandensein eines solchen feststehenden Begriffs könnte zu dem Schluß verleiten, daß es sich bei diesem Vertragstyp um ein selbständig ausgebildetes Institut des römischen Rechts handelt. Dies ist jedoch nur bedingt richtig. Der Begriff „locatio conductio operarum" ist der Rechtssprache der römischen Quellen unbekannt[22]. Dennoch war im römischen Recht trotz fehlender begrifflicher Erfassung der Sachverhalt der sogenannten Dienstmiete, d. h. die entgeltliche Leistung von Diensten aufgrund

---

[17] Ebd., S. 57 ff.

[18] Ebd., S. 60 f.

[19] Ebd., S. 60.

[20] Ebd., S. 60 f.

[21] Ebd., S. 61.

[22] Vgl. oben Fn. 1.

freiwilliger Vereinbarung, geregelt. Erfaßt wurde dieses Rechtsgeschäft von den Regelungen des Locationsvertrages, locatio conductio[23], der nach den römischen Quellen diejenigen Sachverhalte einschloß, die nach gegenwärtigem Recht in Miete, Pacht, Dienst- und Werkvertrag unterteilt werden[24].

bb) Die locatio conductio und ihre Erscheinungsformen

In der Literatur zum römischen Recht sind die locatio conductio und ihre verschiedenen Erscheinungsformen ein häufig gewählter Erörterungsgegenstand. Anknüpfungspunkt für wissenschaftliche Auseinandersetzungen war in der Vergangenheit insbesondere die Frage, inwieweit im römischen Recht eine dogmatische und systematische Trennung der unter der einheitlichen Bezeichnung locatio conductio zusammengefaßten Sachverhalte erfolgt ist[25].

Offenbar ist man sich inzwischen darüber einig, daß in der Systematik der Darstellungen und in der Terminologie zwischen den einzelnen Erscheinungsformen keine Aufgliederung vorgenommen worden ist[26]. Dennoch sollen die Verschiedenheit der Sachverhalte und die dadurch bedingten Besonderheiten in der Problematik nicht völlig übergangen worden sein. So sei beispielsweise in der demonstratio der Formel für eine Klage aus dem Locationsvertrag jeweils zum Ausdruck gebracht worden, ob dem Rechtsstreit ein Miet-, Pacht-, Dienstvertrags- oder Werkvertragssachverhalt zugrunde lag[27]. Überdies seien vereinzelt Regelungen anzutreffen, die eine gewisse Rücksichtnahme auf vertragsbedingte Eigenarten erkennen lassen[28].

Im Hinblick auf Einzelheiten gehen die Auffassungen jedoch beträchtlich auseinander, so beispielsweise in der Frage, welches Element

---

[23] Hauptfundstellen: Gai. 3, 142—147; Inst. 3, 24; D. 19, 2; C. 4, 65.

[24] Zur Geschichte der Dreiteilung ausf. *Olivier-Martin*, RH 15 (1936), 419 ff., insbes. 463—474, der dem Niederländer Johannis Voet (1647—1714) die Begründung der Dreiteilung zuschreibt. M. E. ist jedoch ein früherer zeitlicher Ansatz für eine begriffliche Trennung nicht auszuschließen; so erwähnt bereits *Grotius* in seinem 1625 erschienenen Werk De jure Belli ac Pacis, Buch II, 12. Kap., § XIX, im Zusammenhang mit der Erläuterung der Entgeltvereinbarung bei der locatio conductio begrifflich getrennt die Sachmiete einerseits und den Dienst- und Werkvertrag andererseits; dies spricht für eine Zweiteilung.

[25] Vgl. *Kaufmann*, S. 1.

[26] *Beck*, Festschrift für Lewald, S. 3 f.; *Jörs / Kunkel*, § 146, S. 236; *Kaser*, RPR I, § 132.2 I, S. 563 f.; *ders.*, SZ 74 (1957), 156; *Mayer-Maly*, Locatio, S. 18 f.; in Einzelfragen sind die der Einheitskonzeption zustimmenden Auffassungen jedoch unterschiedlich, vgl. den Überblick über den Meinungsstand zu dieser Problematik bei *Kaufmann*, S. 1—3.

[27] Zu den unterschiedlichen Fassungen der demonstratio bei der locatio conductio vgl. *Kaser*, RPR I, § 132.2 I 2, S. 563 f.

[28] So war beispielsweise die Lohngefahr bei der Dienstmiete gesondert geregelt; Paul. D. 19, 2, 38 pr; vgl. auch *Mayer-Maly*, RdA 1967, 284.

die einheitliche Erfassung der unterschiedlichen Regelungssachverhalte ermöglicht habe. Hierzu wird einerseits die Auffassung vertreten, das verbindende Element sei die entgeltliche Gebrauchsüberlassung an einer Sache gewesen, wobei man diesem Sachbegriff körperliche Gegenstände, Grundstücke und Arbeitsleistungen gleichermaßen zugeordnet habe[29]. Von anderer Seite wird dagegen die Wechselbeziehung zwischen „locare" und „conducere" als das maßgebliche Bindeglied zwischen den einzelnen Erscheinungsformen des Locationsvertrages angesehen. Allen Vertragsarten sei gemeinsam die Einräumung einer faktischen Verfügungsmacht über eine Person oder Sache (locare) und die dementsprechende Überführung des jeweiligen „Verdingungsobjektes" in die faktische Verfügungsgewalt (conducere)[30].

cc) Die Regelungsmerkmale der römischen Dienstmiete

α) Auswirkungen der Unterstellung unter die locatio conductio

Die Tatsache, daß die Dienstmiete im klassischen römischen Recht keine gesonderte Ausbildung erfahren hat, ist im Hinblick auf ihre Regelungsmerkmale nicht ohne Folgen geblieben. Auswirkungen hat dies einmal insoweit gehabt, als das Regelungskonzept für die Dienstmiete in zahlreichen Punkten mit demjenigen für Miet- und Pachtverträge übereinstimmt[31]. So werden z. B. alle von der locatio conductio erfaßten Verdingungsverhältnisse einheitlich von der Rechtsnatur dieses Vertrages geprägt. Der Locationsvertrag ist ein vollkommen gegenseitiger Konsensualkontrakt[32]. Dementsprechend sind auch seine verschiedenen Erscheinungsformen, d. h. auch die Dienstmiete, strukturiert. Die im Gegenseitigkeitsverhältnis stehenden Pflichten sind in diesem Falle die Pflicht zur Entgeltzahlung einerseits und die Pflicht zur Arbeitsleistung andererseits[33]. Zu den Gemeinsamkeiten, die durch die einheitliche Unterstellung der „Gebrauchsüberlassungsverhältnisse" unter den Locationsvertrag bedingt sind, gehört ferner eine insgesamt geringe Dichte der Regelungen für diese Rechtsverhältnisse[34].

---

[29] So insbes. die Begründer der Einheitsthese *Arangio-Ruiz*, Corso di Istituzioni di diritto romano, 1. Aufl. 1921, S. 235 ff. und *Brasiello*, L'unitarietà del concetto di locazione in diritto romano, RISG 2 (1927), 529 ff., 3 (1928), 3 ff.; ähnlicher Auffassung offenbar *Beck*, Festschrift für Lewald, S. 3; a. A. *Karlowa*, S. 636.

[30] So z. B. *Kaser*, RPR I, § 132.2 I 2, S. 563; a. A. zur Wortbedeutung *Mommsen*, SZ 6 (1885), 266; vgl. auch *v. Lübtow*, Symb. Taubenschlag III, S. 231 ff.

[31] Vgl. die Hinweise bei *Kaser*, RPR I, § 132.2 IV 2, S. 569 f.

[32] Gai. 3, 135; h. M., vgl. *Jörs / Kunkel*, § 146, S. 27; *Kaser*, RPR I, § 132.2 I 3, S. 564; *Mayer-Maly*, Locatio, S. 81 ff. m. Hinw. auf die abw. Auffassungen; vgl. auch *Pringsheim*, SZ 78 (1961), 69.

[33] *Kaser*, RPR I, § 132.2 IV 2, S. 569 f.

[34] Vgl. die unter Fn. 23 genannten Fundstellen; vgl. ferner *Kaser*, RPR I,

Dieses Kennzeichen gilt auch für die Bestimmungen, die den Schutz des wirtschaftlich und gesellschaftlich schwächeren Vertragspartners betreffen[35]. Der Locationsvertrag gehörte zu den Schuldverhältnissen, die ex bona fide klagbar waren, also zu den sogenannten bonae fidei negotia[36]. Bei diesen Rechtsgeschäften war der Inhalt des Schuldverhältnisses nicht durch die Gesetzgebung festgelegt[37]. Die Bestimmung dessen, was ex bona fide geschuldet wurde, stand vielmehr im Ermessen des Richters[38], d. h., praktisch fiel die Konkretisierung des Vertragsinhalts damit dessen juristischen Beratern zu[39]. Diese haben die Gestaltungsmöglichkeiten aber offenbar nicht gründlich genutzt[40]. Von dieser Zurückhaltung betroffen ist u. a. das Problem der Beendigung des Rechtsverhältnisses, welches bei denjenigen Formen des Locationsvertrages auftaucht, bei denen es sich um Dauerschuldverhältnisse handelt, also bei Miete, Pacht und Dienstvertrag. Eine Kündigung als Rechtsgeschäft und Kündigungsfristen waren in den Regelungen für den Locationsvertrag nicht vorgesehen[41]. Für die Beendigung des Rechtsverhältnisses war vielmehr die Parteiabrede maßgeblich. Soweit Vereinbarungen über die Vertragsdauer erfolgt waren, endete der Vertrag mit dem Ablauf des festgelegten Geltungszeitraums[42]. Allerdings bestand auch in diesen Fällen die Möglichkeit, durch faktische Fortsetzung des Rechtsverhältnisses über den ursprünglichen Endtermin hinaus die Vertragsdauer stillschweigend auf unbestimmte Zeit zu verlängern[43]. War dagegen die Vertragsdauer nicht näher bestimmt worden, konnte jede Vertragspartei das Rechtsverhältnis jederzeit beenden, wobei die Beendigung durch faktische Vorgänge[44] vollzogen wurde. Ein sozialer Kündigungsschutz war nicht vorhanden[45].

Gleichfalls in das Belieben der Vertragsparteien gestellt war beim Locationsvertrag in seinen verschiedenen Erscheinungsformen die Be-

---

§ 132.2 I 1, S. 562; *Kuhlenbeck*, Teil 2, S. 284; *Mayer-Maly*, RdA 1967, 282; *Nörr*, SZ 82 (1965), 90.

[35] *Kaser*, RPR I, § 132.2 I 1, S. 562 f.; *Mayer-Maly*, RdA 1967, 282.

[36] Vgl. *Cicero*, de off. 3, 17, 70; zur Entstehungsgeschichte dieser Schuldverhältnisse eingehend *Wieacker*, SZ 80 (1963), 1 ff.

[37] *Kaser*, RPR I, § 49 II 2, S. 200, § 114 IV 1, S. 485 f., § 132.2 I 1, S. 562 m. w. N.; *Wieacker*, SZ 80 (1963), 1 f. m. w. N. und 9.

[38] *Kaser*, RPR I, § 114 IV, S. 485 ff.; vgl. auch *Wieacker*, SZ 80 (1963), S. 37.

[39] *Kaser*, RPR I, § 114 IV 3, S. 488.

[40] *Nörr*, SZ 82 (1965), 90 f.

[41] *Kaser*, RPR I, § 132.2 III 5, S. 568 und IV 2, S. 570; *Mayer-Maly*, Locatio, S. 215.

[42] *Mayer-Maly*, Locatio, S. 215.

[43] Sog. „relocatio tacita“, Ulp. D. 19,2, 13, 11; vgl. *Kaser*, RPR I, § 132.2 III 5, S. 568 m. w. N.

[44] *Kaser* (Fn. 43); *Mayer-Maly*, Locatio, S. 215.

[45] *Kaser* (Fn. 43).

stimmung des Wertverhältnisses zwischen Leistung und Gegenleistung[46]. Nach den Quellen sollten hier die Parteien wie beim Kauf grundsätzlich[47] das Recht haben, sich um eine jeweils möglichst vorteilhafte Vertragsgestaltung zu bemühen[48].

β) Sonderregelungen für Dienstmietsachverhalte

Man könnte ein unvollständiges Bild von der römischen Dienstmiete erhalten, wenn man nur auf die fehlende Eigenständigkeit dieses Rechtsgeschäfts, d. h. auf seine Unterstellung unter die Bestimmungen der locatio conductio und die dadurch bedingten Regelungsmerkmale, abstellen würde. Zur Abrundung des Gesamteindrucks ist es vielmehr erforderlich, die für diesen Vertragstypus vorhandenen Sonderregelungen in Bezug auf Umfang und Inhalt auszuwerten. Hier ergibt sich folgendes Bild:

Als Sonderproblem hat bei der Dienstmiete die Vergütungsgefahr eine selbständige Regelung erfahren. Die Verteilung der Gefahr erfolgte in der Weise, daß der Dienstverpflichtete den Lohnanspruch behielt, soweit die Dienstleistung aus Gründen unterblieb, die nicht auf seiner Seite lagen[49]. War letzteres der Fall, entfiel der Anspruch[50]. Diese für den Dienstverpflichteten wenig günstige Regelung konnte durch vertragliche Vereinbarung noch zu seinem Nachteil abgeändert werden[51].

Abgesehen von dieser Gefahrtragungsregelung enthalten die Quellen keine weiteren Anhaltspunkte für eine Rücksichtnahme auf die besonderen Konfliktsituationen im Rahmen von Dienstverhältnissen. So fehlt es insbesondere an Regelungen, welche die durch die Leistungserbringung bedingte personelle Verflechtung des Arbeitnehmers auf-

---

[46] Paul. D. 19, 2, 22, 3.

[47] Eine Einschränkung erfolgte in nachklassischer Zeit durch Anerkennung eines Rücktrittsrechts des Verkäufers wegen laesio enormis. Die Einräumung dieses Rechts soll auf eine constitutio Kaiser Diokletians aus dem Jahre 285 zurückgehen; vgl. C. 4, 44, 2 und dazu *Trusen*, S. 73 f. Darüber hinaus wurde in Notzeiten eine Begrenzung der Lebensmittelpreise und der Löhne für bestimmte Dienstleistungen durch Gesetzgebung und Verwaltung vorgenommen, vgl. z. B. das Höchstpreisedikt Diokletians, 301 n. Chr., abgedruckt (in der von Th. Mommsen rekonstruierten Fassung) und erläutert in: *Blümner*, Der Maximaltarif Diokletians.

[48] *Kaser*, RPR I, § 132.2 III 1, S. 566, IV 2, S. 569; *Trusen*, S. 72.

[49] *Kaser*, RPR I, § 132.2 IV 2, S. 570 unter Berufung auf Paul. D. 19,2, 38 pr., 1; *Mayer-Maly*, Locatio, S. 181 f.; abw. *Röhle*, SDHJ 34, 180, der bei beiderseits unverschuldeter Unmöglichkeit den Dienstverpflichteten als Träger der Lohngefahr ansieht.

[50] So bei Krankheit des Dienstverpflichteten, vgl. die Regelungen in den dazischen Bergarbeiterverträgen (163 und 164 n. Chr.) der siebenbürgischen Wachstafeln, *Bruns*, Nr. 165, 1—3; *Kaser*, RPR I, § 132.2 IV 2, S. 570; *Röhle*, SDHJ 34, 193.

[51] *Kaser* (Fn. 50).

greifen und zum Gegenstand von besonderen Schutzbestimmungen machen[52].

dd) Nachklassische Entwicklungen bei der Dienstmiete

In der römischen Spätzeit erfährt die locatio conductio angesichts der sich vollziehenden Umwälzungen im Wirtschafts- und Gesellschaftsleben wesentliche Veränderungen. Dabei verlaufen die Entwicklungen im Westen und Osten unterschiedlich, wofür im wesentlichen die unterschiedlichen wirtschaftlichen und sozialen Verhältnisse verantwortlich gemacht werden[53].

Im Westen, wo die Entwicklungen weniger günstig verlaufen waren als im Osten, wird die locatio conductio als Regelungsinstrument für freiwillig begründete Arbeitsverhältnisse wie auch für die anderen von sozialer Abhängigkeit geprägten Erscheinungsformen dieses Rechtsinstituts zurückgedrängt[54]. An ihre Stelle treten neuartige Untertänigkeitsverhältnisse, die auf der Unterwerfung des Verpflichteten unter die Befehlsgewalt seines dominus beruhten und personenrechtliche Abhängigkeit begründeten. Insgesamt war die Stellung der Arbeitenden zu jener Zeit, wenn man einmal von der Tatsache der Entlohnung ihrer Arbeit absieht, der Sklaverei sehr ähnlich[55].

Im Osten ist ein vergleichbarer Verdrängungsprozeß dagegen nicht festzustellen. Dort konnten sich vertraglich vereinbarte Arbeitsverhältnisse in ihrer klassischen Ausformung auf breiter Ebene behaupten[56].

Hieran konnte Justinian anknüpfen, als er für sein Gesetzgebungswerk die locatio conductio im wesentlichen in der Gestalt aufgriff, die sie in den klassischen Quellen erhalten hatte[57]. Durchgreifende Veränderungen wurden nicht vorgenommen; insbesondere das Pflichtengefüge und die Gefahrtragungsregeln wurden nicht umgestaltet. Kaser erklärt diesen Verzicht auf Neuerungen damit, daß Justinian die zwischenzeitlich entwickelten Unterwerfungsverhältnisse für Arbeitsleistungen neben der locatio conductio habe fortbestehen lassen[58].

---

[52] z. B. Regelungen entsprechend den §§ 616—619 BGB oder Urlaubsregelungen, die es schon im gräko-ägyptischen Recht gegeben haben soll, vgl. *Mayer-Maly*, RdA 1967, 282 m. w. N.

[53] Vgl. *Kaser*, RPR II, § 266 I, S. 400 ff.

[54] Die Bezeichnungen „locare“ und „conducere“ verlieren sich mit dem 4. Jahrh., vgl. *Kaser*, RPR II, § 266 I 1, S. 402.

[55] *Kaser*, RPR II, § 266 I 2 c, S. 403 m. w. N. und zuvor schon § 213 III, S. 149.

[56] *Kaser*, RPR II, § 266 I 1, S. 401 und 3 a, S. 403.

[57] *Kaser*, RPR II, § 266 I 4, S. 405; zur Zielsetzung Justinians, vgl. auch *Karlowa* I, S. 1004.

[58] *Kaser*, RPR II, § 266 I 4, S. 406.

ee) Zusammenfassende Kennzeichnung der römisch-rechtlichen Dienstmiete

Faßt man die von der rechtshistorischen Forschung erarbeiteten Erkenntnisse über Merkmale und Entwicklung der römischen Dienstmiete zusammen, so stellt sich dieses Rechtsinstitut als ein auf Gebrauchsüberlassung gegen Entgelt gerichteter Austauschvertrag mit nur geringer Regelungsdichte dar. Für seine inhaltliche Gestaltung hatte der Grundsatz der Vertragsfreiheit große Bedeutung. Soweit die Dienstmiete durch Vorschriften geregelt war, wurde sie überwiegend mit Miet-, Pacht- und Werkvertragssachverhalten auf eine Stufe gestellt. In dieser Ausformung, die sie in klassischer Zeit erfahren hat, ist die locatio conductio in das Gesetzgebungswerk Justinians übernommen worden.

c) Die Einflußnahmemöglichkeiten der Dienstmieteregelungen des Corpus iuris bei der Schaffung des BGB

Die Schaffung des BGB fiel in eine Zeit, in der sich innerhalb der wirtschaftlichen und gesellschaftlichen Verhältnisse infolge der Industrialisierung ein grundlegender Wandel vollzog. Die Leistung abhängiger Arbeit hatte als Quelle für den Erwerb des Lebensunterhalts bereits vorrangige praktische Bedeutung erlangt. Es hätte daher nahegelegen, bei der Gestaltung der Regelungen für den Arbeitsvertrag auf die Veränderungen Rücksicht zu nehmen und Lösungen zu entwickeln, die den besonderen Konfliktlagen im Arbeitsverhältnis gerecht werden. Verschiedene Anhaltspunkte deuten jedoch darauf hin, daß die Voraussetzungen für eine Entwicklung zukunftsorienter Problemlösungen damals nicht gegeben waren.

aa) Zielsetzung und Arbeitsmethode der Reichsgesetzgeber

Das vorrangige Ziel, welches mit der Schaffung des BGB verfolgt wurde, lag in der Beendigung der Rechtszersplitterung in Deutschland und der Beseitigung der damit verbundenen Schwierigkeiten für den Wirtschafts- und Rechtsverkehr[59]. Diese Aufgabe, die man zudem wegen ihrer Dringlichkeit in angemessener Zeit lösen wollte[60], sollte nicht durch eine gesetzgeberische Neuschöpfung verwirklicht werden. Die

---

[59] *Endemann*, Behandlung der Arbeit, S. 78; *Schubert*, Besitz und Eigentumsübertragung, S. 175; ausführlich zu den Entwicklungen bis zur Bereitschaft der damaligen Länder, einer Bundeskompetenz für ein allgemeines Zivilgesetzbuch zuzustimmen, *ders.*, Materialien, S. 27 ff.

[60] Vgl. das Gutachten der Vorkommission zu Plan und Methode bei der Aufstellung des Entwurfs eines deutschen bürgerlichen Gesetzbuchs vom 15. 4. 1874, abgedruckt bei *Schubert*, Materialien, S. 170 ff.; siehe auch die Vermutung *Schuberts* über die Gründe für die erkennbare Zurückhaltung der Kritiker gegenüber dem 2. Entwurf des BGB in: Besitz und Eigentumsübertragung, S. 173.

Bestrebungen gingen vielmehr dahin, den Inhalt des neu zu schaffenden Gesetzbuches aus den seinerzeit vorhandenen Bestimmungen und Regeln zu gewinnen[61]. Demzufolge spielten im Gesetzgebungsverfahren, wie man den Materialien zum BGB entnehmen kann, die Gesetze der Bundesstaaten, die vorhandenen Gesetzentwürfe und das gemeine Recht eine entscheidende Rolle[62]. Nach ihrem Vorbild sind die Bestimmungen des BGB gestaltet worden. Dementsprechend fand sich in dem neugeschaffenen Gesetzbuch nahezu kein Satz, der nicht entweder dem gemeinen Recht, einem Landesgesetz oder einem Entwurf nachgebildet war[63]. Angesichts dieses Arbeitskonzeptes der Reichsgesetzgeber stellt sich die Frage, wie der Regelungsbestand beschaffen war, der für die Gestaltung des Dienstvertragsrechts zur Verfügung stand.

bb) Die Merkmale der bei der Schaffung des Bürgerlichen Gesetzbuchs vorhandenen arbeitsrechtlichen Bestimmungen und Lehren

Die allgemeine Tendenz der Reichsgesetzgeber zum Rückgriff auf Vorhandenes stand hinsichtlich des Dienstvertragsrechts unter wenig günstigen Voraussetzungen. Der Grund hierfür lag in einer fehlenden dogmatisch befriedigenden Aufarbeitung und Entwicklung allgemeiner Regeln für Arbeitsverträge und Arbeitsverhältnisse in Gesetzgebung und Lehre[64].

---

[61] *Schubert,* Besitz und Eigentumsübertragung, S. 175.

[62] Den Beratungen der 1. Kommission zur Ausarbeitung des Bürgerlichen Gesetzbuchs (die Hauptberatungen begannen am 1. 10. 1881) über die Gestaltung des Dienstvertragsrechts lagen die §§ 614—633 des Dresdner Entwurfs zu Grunde, vgl. *Jakobs / Schubert,* S. 744; zu den Hintergründen dafür *Schubert,* Materialien, S. 45. Vgl. überdies die zahlreichen Hinweise in den Motiven zum Dienstvertrag bei *Mugdan,* Bd. 2, S. 254 ff.; vgl. ferner *Schubert,* Besitz und Eigentumsübertragung, S. 28 f.

[63] *Schubert,* Besitz und Eigentumsübertragung, S. 174.

[64] Ausführlich zu dieser Problematik *Bernert,* Arbeitsverhältnisse im 19. Jahrh., 1972; zuvor bereits und zeitlich weiter ausholend *Endemann,* Die Behandlung der Arbeit im Privatrecht, 1896, der zunächst (S. 27 ff.) die Leistungen der mittelalterlich-kanonistischen Lehre darstellt und auswertet und danach (S. 39 ff.) auf die Entwicklungen in Deutschland bis zum 18. Jahrh. eingeht. Dabei gelangt er zu dem Ergebnis, daß sowohl von kanonistisch als auch von den zivilistisch ausgerichteten Wissenschaftlern mehr als eine Auslegung bzw. Kommentierung der Regeln des Corpus Iuris nicht geleistet worden sei, vgl. S. 38 f. Eine ausführliche oder systematische Betrachtung der locatio conductio operarum sei an keiner Stelle anzutreffen. Von den christlichen Einflüssen sei allenfalls bemerkenswert, daß man die Sklaverei zu mildern versucht habe, S. 30, ohne sie jedoch abzuschaffen. Dabei habe die Vereinbarkeit dieser Einrichtung mit den christlichen Lehren anscheinend erhebliche Schwierigkeiten bereitet, vgl. S. 27 ff. Gleichwohl habe man auf dieses praktische Institut offenbar nicht verzichten wollen, S. 30. Zum Schutz der Arbeit und der Arbeiter durch das Christentum vgl. ferner *Biondi,* Bd. 2, S. 363 ff. Zu den mittelalterlichen Entwicklungen bei den Gefahrtragungsregeln der locatio conductio operarum vgl. *Dilcher,* S. 199 ff., beachtlich ins-

Der Bestand an arbeitsrechtlichen Vorschriften setzte sich zusammen aus bundeseinheitlichen Sonderregelungen für bestimmte Arbeitnehmergruppen einerseits[65] und partikularrechtlichen Bestimmungen, insbesondere für das Gesindewesen[66], andererseits. Allgemeine arbeitsvertragliche Regelungen waren in den Landesgesetzen nur in geringem Umfang vorhanden[67]. Es galten für diesen Bereich im übrigen die gemeinrechtlichen Regeln des Corpus iuris, d. h. die Grundsätze der locatio conductio operarum, fort[68].

Besondere Erwähnung verdient in diesem Zusammenhang das Preußische Allgemeine Landrecht[69]. Dort waren die allgemeinen Regeln des gemeinen Rechts über den Arbeitsvertrag aufgehoben und durch zahlreiche Regelungen über Arbeitsverträge unter der Abschnittüberschrift „Von Verträgen, wodurch Sachen gegen Handlungen, oder Handlungen gegen Handlungen versprochen werden“[70] ersetzt worden. Dabei waren allerdings keine besonderen allgemeinen Bestimmungen für Arbeitsverträge geschaffen worden. Es verhielt sich vielmehr so, daß die Regelungen über Verträge zwischen Dingenden (Arbeitgebern) und gedungenen Handarbeitern und Tagelöhnern, die von ihrem Inhalt

---

bes. S. 204 und 212, wo ein im Vergleich zum Corpus Iuris („periculum est conductoris“) neuer dogmatischer Ansatz des Accursius aufgezeigt wird. Er betrifft die Gefahrtragung im Falle persönlicher zufälliger Verhinderung einer Vertragspartei. Dilcher bezeichnet die dort anzutreffende Lösung als eine Art Sphärentheorie.

[65] Es waren dies insbes. die Regelungen über das Dienstverhältnis der Handlungsgehilfen im Handelsgesetzbuch vom 10. Mai 1897, der Schiffsmannschaft in der Seemannsordnung vom 27. Dezember 1872 und der gewerblichen Arbeitnehmer in der Gewerbeordnung vom 21. Juni 1869.

[66] Zu den Rechtsquellen des Gesinderechts in den einzelnen Bundesstaaten vgl. *Kähler*, S. 107 ff.

[67] Das gemeine Recht ergänzende arbeitsvertragliche Regelungen enthielten zur Zeit der Schaffung des BGB der Sachsenspiegel (1220—1235), die Neumünsterschen Kirchspielbräuche (1316; nochmals in Kraft gesetzt durch Dekret vom 16. Dezember 1744), das Bremische Stadtrecht (1433) und die danach ergangene Kundige Rulle (1489), das Dithmarscher Landrecht (1447 bzw. 1711), das Lübecker Stadtrecht (1586), das Eiderstedter Landrecht (1591), das Hamburger Stadtrecht (1603), das Kurpfälzer Landrecht (1610), das Württemberger Landrecht (1. Juni 1610), die Schaumburgische Polizeiordnung (1615), die Nassau-Katzenelnbogner Landesordnung (1616), die Münsterische Polizeiordnung (1740) und das Bayrische Landrecht (1756). Die ohnehin nur vereinzelten Regelungen bezogen sich im wesentlichen auf die Vertragspflichten Arbeit und Entgelt, auf Verzugs- und auf Beendigungsprobleme; ebenso *Bernert*, S. 45 ff.

[68] Dabei wurde jedoch das Problem, inwieweit die Regeln des Corpus iuris nach der Auflösung des Heiligen Römischen Reichs deutscher Nation im Jahre 1806 noch als gemeines deutsches Recht anerkannt werden konnten, offenbar nicht befriedigend gelöst, vgl. *Bernert*, S. 28 m. w. N.

[69] In Kraft seit dem 1. Juni 1794; für Regelungen über Arbeitsverträge vgl. insbes. §§ 869 ff. I 11 ALR.

[70] *v. Gierke*, Festschrift für Brunner, S. 37 f., bewertete diese systematische Einordnung als „bahnbrechende Tat“.

her allgemein gehalten waren, subsidiär auch für die anderen Arbeitsverhältnisse galten, die im Allgemeinen Landrecht geregelt waren[71].

Es würde über die im Rahmen dieser Untersuchung bestehenden Möglichkeiten hinausgehen, die z. Z. der Schaffung des BGB vorhandenen Regelungen im einzelnen zu analysieren[72]. Für die hier zu untersuchenden Zusammenhänge ist dies jedoch auch weniger bedeutsam, da es um die Existenz von Bestimmungen geht, die den BGB-Gesetzgebern bei der Formulierung problemorientierter allgemeiner arbeitsvertraglicher Vorschriften als Regelungsvorbilder hätten dienen können. Aussagen hierüber lassen sich bereits aufgrund der Inhalte der damals gültigen Bestimmungen und der feststellbaren systematischen Einordnung der Arbeitsverträge machen. Trotz vorhandener einzelner Unterschiede wurde der Arbeitsvertrag grundsätzlich als schuldrechtlicher Vertrag eingestuft, auf den folglich auch die allgemeinen Regeln über Schuldverhältnisse anwendbar waren[73]. Die Regelungsinhalte beschränkten sich im wesentlichen auf das Pflichtengefüge von Arbeitsleistung und Arbeitsvergütung und auf Leistungsstörungsprobleme[74]. Regelungsansätze, die die Besonderheiten des Arbeitsverhältnisses aufgreifen, z. B. die personelle Verflechtung des Arbeitnehmers oder die wirtschaftliche Bedeutung der Arbeit für die Existenzsicherung, sind dagegen nicht anzutreffen. Der Bestand an allgemeinen arbeitsvertraglichen Regelungen war daher nicht geeignet, die BGB-Gesetzgeber bei der Gestaltung des Dienstvertragsrechts zu Problemlösungen anzuregen, die darauf ausgerichtet waren, der wirtschaftlichen Bedeutung

---

[71] Teilweise gab es insoweit ausdrückliche Verweisungen, vgl. z. B. § 920 I 11 ALR und § 423 II 8 ALR; ebenso *Bernert*, S. 63.

[72] Dieser umfassenden Aufgabe, die ihrerseits eine selbständige Untersuchung erfordert, hat sich *Bernert* in seiner bereits mehrfach erwähnten Habilitationsschrift über „Arbeitsverhältnisse im 19. Jahrhundert" angenommen.

[73] Ebenso *Bernert*, insbes. S. 175 ff. und S. 238. Selbst das ALR machte insoweit keine Ausnahme; auch dort wurden die als allgemeine arbeitsvertragliche Regelungen einzustufenden Verträge zwischen Dingenden und gedungenen Handarbeitern oder Tagelöhnern als Schuldverhältnisse mit wechselseitigen Leistungspflichten eingestuft, vgl. § 869 I 11 ALR, auf die, falls keine Sonderregelungen vorhanden waren, die allgemeinen Regelungen für gegenseitige Schuldverhältnisse, z. B. über Leistungsstörungen, anwendbar waren; vgl. auch *Bernert*, S. 71. Eine Einstufung als personenrechtliche Rechtsverhältnisse kann insbesondere angesichts der systematischen Einordnung der Bestimmungen im ersten Teil des ALR nicht angenommen werden; ebenso *Bernert*, S. 71 f.; a. A. offenbar *v. Gierke*, Festschrift für Brunner, S. 38.

[74] Vgl. die unter Fn. 67 erwähnten Partikularrechte und von den Gesetzentwürfen insbes. §§ 614 ff. Dresdner Entwurf, der den Beratungen der 1. Kommission zu Grunde gelegt worden war. Für das ALR vgl. Fn. 73; für das sächsische BGB vgl. dessen §§ 1229 ff., bei deren Gestaltung man sich im übrigen an den Regeln der locatio conductio des gemeinen Rechts orientiert hatte, vgl. *Siebenhaar*, Commentar, Bd. 2, Vorbem. vor § 1229, S. 262; ähnlich *Sintenis*, S. 343 ff.

der Arbeitsverhältnisse und ihren besonderen Konfliktlagen Rechnung zu tragen.

Nicht anders verhielt es sich mit der wissenschaftlichen Aufbereitung des Arbeitsvertrages zu jener Zeit. Die vorhandenen wissenschaftlichen Abhandlungen[75] über den Arbeitsvertrag sind gekennzeichnet von der im Verlauf des 19. Jahrhunderts sich konkretisierenden Zielsetzung und Arbeitsmethode der historischen Rechtsschule[76]. Der wissenschaftliche Positivismus[77], der sich in der Mitte des 19. Jahrhunderts aus der historischen Rechtsschule entwickelt hatte, sah seine Aufgabe darin, das geltende Recht seiner Zeit auf einer historischen Basis[78] systematisch und begrifflich durchzubilden[79]. Für den romanistischen Zweig dieser Wissenschaftsrichtung bedeutete dies die Rückwendung zum antiken, d. h. justinianischen Recht. Es galt, auf seinen Normen ein geschlossenes lückenloses System aufzubauen, aus dem sich durch Subsumtion und Konstruktion die Lösung für jeden einzelnen Rechtsfall mit dem Anspruch logischer Notwendigkeit ergab[80]. Für den Bereich des Arbeitsvertrages wurde diese Aufgabe durch die Spärlichkeit der vorhandenen Quellen erschwert. Die geringe Regelungsdichte des Corpus iuris im Bereich der Dienstmiete hatte einerseits zur Folge, daß die Behandlung des Arbeitsvertrags vielfach knapp ausfiel[81]. Bemühungen um eine selbständige dogmatische Erfassung von Arbeitsvertrag und Arbeitsverhältnis setzten sich nur vereinzelt durch[82]. Soweit man sich darum bemühte, vorhandene Regelungs-

---

[75] Vgl. die kritischen Überblicke bei *Endemann*, Behandlung der Arbeit, S. 55 ff. und *Söllner*, Arbeitsvertrag, S. 298, insbes. Fn. 35, jew. mit zahlreichen Hinweisen auf die einschlägige Literatur.

[76] Zu Ursprung und Zielsetzung der Historischen Rechtsschule vgl. *Wieacker*, S. 348 ff., insbes. S. 373.

[77] Ebd., S. 432, befürwortet als Bezeichnung den Begriff des rechtswissenschaftlichen Formalismus, insbesondere um unzutreffenden Gleichsetzungen mit dem Gesetzespositivismus und dem wissenschaftlichen Positivismus vorzubeugen.

[78] *Söllner*, Arbeitsvertrag, S. 299; *Wieacker*, S. 353.

[79] *Wieacker*, S. 430 f.

[80] Ebd., S. 436.

[81] *Windscheid* (Pand. II, 9. Aufl. 1906, §§ 399—403, S. 717 ff.) beispielsweise, der Pandektenwissenschaftler mit vorrangigem Einfluß auf Rechtsprechung und Gesetzgebung seiner Zeit (vgl. *Wieacker*, S. 446), handelte die Miete noch einheitlich ab und ging nur bei den Verpflichtungen auf die Besonderheiten der Sachmiete einerseits (§ 400, S. 724 ff.) und der Dienst- und Werkmiete andererseits (§ 401, S. 744 ff.) ein; dies bemängelte seinerzeit auch *v. Gierke*, vgl. Festschrift für Brunner, S. 37 Fn. 1.

[82] Ein Vorstoß *Bluntschlis*, 2. Aufl., S. 347 ff., der für eine Lösung des Arbeitsvertrages von der Miete eintrat, fand keine Beachtung; vgl. hierzu auch *Endemann*, Behandlung der Arbeit, S. 59 f. und *Söllner*, Arbeitsvertrag, S. 300; *Glück*, Bd. 17, S. 267, der sich ebenfalls um eine systematische Bearbeitung der Dienstmiete bemühte, konnte ebenfalls keinen Fortschritt be-

lücken auszufüllen, war man andererseits gezwungen, Lösungen in Analogie zu Bestimmungen verwandter Rechtsinstitute, zu denen man insbesondere Kauf und Sachmiete zählte, zu entwickeln[83].

Der Systematisierung des Arbeitsvertrages auf der Grundlage der Quellen des Corpus iuris über die locatio conductio operarum durch die Pandektenwissenschaft wurde vom germanistisch ausgerichteten Zweig der Rechtswissenschaft keine eigene Konzeption entgegengestellt. Vielmehr wurde auch dort für allgemeine arbeitsvertragliche Regeln auf die Bestimmungen der römischen Dienstmiete verwiesen[84].

Die geschilderten Zusammenhänge machen deutlich, daß von Seiten der Rechtswissenschaft ebenfalls kein Anstoß für eine problemorientierte neue Konzeption des Arbeitsvertrags im BGB kommen konnte. Dahingehende wissenschaftliche Bemühungen setzten erst nach dem Inkrafttreten des BGB ein[85].

cc) Zwischenergebnis

Nach der vorangegangenen Darstellung lassen sich im Hinblick auf die Konzeption des Dienstvertragsrechts bereits einige Feststellungen treffen:

Angesichts der Arbeitsweise der BGB-Gesetzgeber ist auch für das Dienstvertragsrecht mit der Fortschreibung damals vorhandener Regelungen zu rechnen. Wie sich gezeigt hat, kam den Regelungen der locatio conductio operarum des Corpus iuris in der Praxis und insbesondere in der Wissenschaft für allgemeine Arbeitsvertragsbestimmungen vorrangige Bedeutung zu. Eine Ausrichtung der BGB-Gesetzgeber an diesen Regelungen ist daher durchaus wahrscheinlich. Genauere Feststellungen darüber sind jedoch erst nach einem Vergleich der beiden Rechtsinstitute möglich. Ohne das Ergebnis dieses Vergleichs vorwegnehmen zu wollen, seien jedoch bereits jetzt zwei Gesichtspunkte erwähnt, die ebenfalls für eine Orientierung am römischen Recht sprechen. Einmal ist dies der Umstand, daß mit Wind-

---

wirken, da er den römisch-rechtlichen Regeln des Corpus iuris verhaftet blieb; vgl. auch *Endemann*, Behandlung der Arbeit, S. 61.

[83] Bezeichnend hierfür das Vorgehen *Dankwardts* in seiner Untersuchung über den „Arbeiter-Vertrag", IherJahrb 14 (1875), 228, insbes. 241; vgl. auch *Bernert*, S. 26 f.

[84] So z. B. *Maurenbrecher*, S. 36 f.

[85] Richtungweisend *Lotmar*, Der Arbeitsvertrag, Band I (1902), Band II (1908). Dabei bedeuteten die Ausführungen Lotmars erst den Beginn dieser neuen Entwicklungen; insoweit ist z. B. beachtenswert, daß Lotmar mit seiner Begriffsbildung noch hinter dem damals seit kurzem in Kraft befindlichen BGB zurückblieb, denn er ordnete dem Begriff Arbeitsvertrag noch jeden auf Arbeitsleistung gerichteten Vertrag zu, vgl. insbes. Bd. I, S. 32 ff.; vgl. hierzu auch *Söllner*, Arbeitsvertrag, S. 293.

scheid ein führender Romanist entscheidend[86] am Gesetzgebungsverfahren beteiligt war. Zum anderen ist von Bedeutung die Haltung, die der Staat am Anfang der Industrialisierung hinsichtlich der Erforderlichkeit einer staatlichen Reglementierung der Arbeitsverhältnisse einnahm. Der liberalistischen Wirtschaftsauffassung[87] entsprach es, die Gestaltung der Arbeitsbedingungen dem freien Spiel der Kräfte zu überlassen und nur die gröbsten sozialen Mißstände zu beseitigen[88]. Dieser Haltung kam die locatio conductio operarum von ihrer Konzeption her entgegen. Der nachfolgende Vergleich wird zeigen, ob und in welchem Umfang das Dienstvertragsrecht des BGB dieser Konzeption verhaftet geblieben ist.

d) Vergleichende Betrachtung der Konzeptionen der römischen Dienstmiete und des bürgerlich-rechtlichen Dienstvertrags

aa) Übereinstimmungen

Wie an vorangegangener Stelle ausgeführt worden ist, handelt es sich beim Dienstvertragsrecht des BGB um eine partielle Verbesserung der Fassung, die diesem Vertrag nach dem ersten Gesetzentwurf zugedacht war, ohne daß dadurch die Grundkonzeption in ihrer Struktur entscheidend verändert worden wäre. Vergleicht man nun die Regelungsmerkmale des Dienstvertragsrechts, die im Rahmen jenes Untersuchungsabschnitts skizziert worden sind, mit den oben dargestellten Kennzeichen der römischen Dienstmiete, die diesem Rechtsinstitut während der verschiedenen Entwicklungsphasen des römischen Rechts bis hin zu seiner Wiederbelebung durch die historische Rechtsschule erhalten geblieben sind, so sind gewisse Gemeinsamkeiten unverkennbar:

Hierzu gehört einmal die systematische Einordnung der beiden Rechtsinstitute. Wie die Dienstmiete so ist auch der Dienstvertrag von seiner Anlage her ein vermögensrechtlicher Austauschvertrag, bei dem sich die Pflichten zur Dienstleistung und zur Vergütungszahlung wechselseitig gegenüberstehen. Ein weiteres gemeinsames Merkmal neben der inhaltlichen Entsprechung des Pflichtengefüges ist die Tatsache, daß dieses Pflichtengefüge in beiden Fällen dem bei der Sachmiete geltenden Prinzip nachgebildet worden ist. Hinzu kommt, daß

---

[86] Zum Einfluß Windscheids bzw. der starken Position des römischen Rechts bei der Gestaltung des BGB vgl. *Schubert*, Besitz und Eigentumsübertragung, S. 19, 21 f.; beachtlich in diesem Zusammenhang überdies die Analyse Schuberts bezüglich der für die Gestaltung des BGB maßgeblichen Beratungsgremien, vgl. Besitz und Eigentumsübertragung, S. 47 f.

[87] Zur Entwicklung der Wirtschaftstheorien im 19. Jahrh. und ihrem Einfluß auf die Gesetzgebung *Benöhr*, ZfA 1977, 187 ff., insbes. 213 ff.

[88] Vgl. *Grossmann / Schneider*, S. 26 Rz 2; *Willoweit*, JuS 1977, 576—578.

beide Rechtsinstitute auch an anderen Stellen von der Annahme geprägt sind, daß Dienstleistungsverhältnisse und Mietsachverhalte rechtlich gleich behandelt werden könnten. Bei der Dienstmiete wird diese Annahme verdeutlicht durch die Unterstellung dieses Rechtsgeschäfts unter die Regelungen des Locationsvertrags, der — wie zuvor erläutert — für die verschiedenen Gebrauchsüberlassungsgeschäfte einheitlich konzipiert war. Demgegenüber zeigt sich die Gleichbehandlung von bürgerlich-rechtlichem Dienstvertrag und Sachmiete — abgesehen vom Inhalt der grundlegenden Regelung des § 611 BGB — insbesondere in der Gestaltung der Kündigungsbestimmungen und in der vom historischen Gesetzgeber gewählten Lösung für die Annahmeverzugsproblematik.

Die Gemeinsamkeiten von Dienstmiete und Dienstvertrag sind damit jedoch noch nicht erschöpft. Sowohl Dienstmiete als auch Dienstvertrag regeln den erfaßten Sachverhalt nur in Grundzügen und verhelfen stattdessen dem Grundsatz der Vertragsfreiheit zu vorrangiger Bedeutung. Ohne Zweifel sind in dieser Hinsicht graduelle Unterschiede zwischen der Dienstmiete und den Regelungen des BGB vorhanden. So ist für das bürgerlich-rechtliche Dienstvertragsrecht die Vertragsfreiheit im Verlauf des Gesetzgebungsverfahrens durch die Einfügung von Beschränkungen in ihren nachteiligen Folgen für die Arbeitnehmer entschärft worden. Daneben sind jedoch noch wichtige Bereiche übriggeblieben, die von den Parteien des Dienstverhältnisses vertraglich gestaltet werden können. Zu ihnen gehört beispielsweise die Regelung der Vergütung, für die — ähnlich wie im klassischen römischen Recht — keine Wertmaßstäbe festgelegt worden sind[89].

Aus dem Verzicht auf umfassende Regelungen zugunsten der Vertragsfreiheit ergibt sich schließlich ein weiteres gemeinsames Merkmal für Dienstmiete und Dienstvertrag. Die Zurückhaltung im Hinblick auf den Regelungsumfang ist für beide Rechtsinstitute dahingehend zu bewerten, daß den unterschiedlichen Machtpositionen der Vertragspartner, die aus deren unterschiedlichen wirtschaftlichen und sozialen Stellungen resultieren, keine bzw. nur geringe Beachtung geschenkt worden ist. Die Einschränkung ist insoweit geboten, als das Dienstvertragsrecht durch die vermehrten Eingriffe in die Gestaltungsfreiheit gegenüber der Dienstmiete Verbesserungen aufweist, die nicht völlig vernachlässigt werden können.

Die sichtbar gewordenen Übereinstimmungen zwischen den Regelungen der römischen Dienstmiete und denen des bürgerlich-rechtlichen Dienstvertrags und die aufgezeigten Faktoren, die für eine Orientierung des BGB-Gesetzgebers am römischen Recht sprechen, lassen

[89] Vgl. § 611 BGB: „... zur Gewährung der vereinbarten Vergütung verpflichtet.“

den — insbesondere durch v. Gierke nachhaltig vertretenen — Standpunkt von der Überwindung römischen Gedankenguts in den Bestimmungen der §§ 611 ff. BGB fragwürdig erscheinen. Es wäre jedoch verfrüht, bereits an dieser Stelle ein abschließendes Urteil über die Richtigkeit dieses Standpunkts oder der gegenteiligen Auffassung zu fällen. Bislang ist noch nicht geklärt, ob bei den beiden Rechtsinstituten nicht auch Regelungsunterschiede vorhanden sind, die von ihrer Bedeutung her die feststellbaren Gemeinsamkeiten und die bis jetzt sichtbar gewordenen richtungbestimmenden Orientierungsfaktoren verdrängen und damit für die Frage nach der Ausrichtung der Dienstvertragsregelungen einen neuen Lösungsansatz erforderlich machen. Die Herausarbeitung von Unterschieden ist, wie oben dargelegt, auch der Ansatz, von dem v. Gierke für seinen Widerspruch gegen das Fortwirken römischer Grundsätze im Dienstvertragsrecht des BGB ausgeht. Eine Betrachtung der von ihm hervorgehobenen Neuerungen wird es ermöglichen, die Frage nach vorhandenen Regelungsunterschieden und ihrer Bedeutung zu beantworten.

bb) Regelungsunterschiede und ihre Bedeutung

α) Die Änderung der Vertragsbezeichnung

Der Hinweis auf die „Abstoßung des römischen Begriffs der Dienstmiete"[90], mit dem v. Gierke seine Aufzählung der beachtenswerten Unterschiede einleitet, ist als Beleg für die Lösung vom römischen Recht wenig überzeugend.

Die Wahl einer anderen Bezeichnung für ein Rechtsgeschäft ist zunächst einmal nicht mehr als ein Indiz für eine gleichzeitig vorgenommene inhaltliche Neugestaltung. Ob diese tatsächlich stattgefunden hat, bestimmt sich allein nach dem Inhalt der Regelungen. Das ist offenbar auch v. Gierke bewußt gewesen, denn er nimmt ebenfalls eine Überprüfung des Regelungsinhalts vor[91].

Aber selbst wenn man den Begriffswechsel auf seine indizielle Bedeutung reduziert, muß im vorliegenden Fall bezweifelt werden, ob die terminologische Neuorientierung geeignet ist, eine Vertragsgestaltung entsprechend der „modernen Auffassung der Arbeit", die diese „als Betätigung der freien Persönlichkeit" anerkennt[92], anzuzeigen. Die Zweifel resultieren aus zwei Vorgängen:

Zunächst sind Vorbehalte angebracht gegenüber der Annahme, mit der Aufgabe des Begriffs „Dienstmiete" im BGB werde das Ende der Behandlung der Arbeit als „ein der Gebrauchsüberlassung fähiges Sach-

---

[90] *v. Gierke*, Festschrift für Brunner, S. 38.

[91] Ebd., S. 38 Fn. 5 und S. 54 ff.

[92] Ebd., S. 38.

gut" indiziert. Die Verknüpfung des Begriffs „Dienstmiete" mit dieser negativen Wertschätzung der Arbeit ist nicht unproblematisch. Zwar spiegelt die von der romanistischen Jurisprudenz geprägte Vertragsbezeichnung die systematische Einordnung dieses Rechtsgeschäfts und den besonderen Vertragsgegenstand wider. Wie zuvor jedoch schon erläutert, läßt sich nicht mit Sicherheit bestimmen, welcher Faktor für die durch die Rezeption lediglich fortgeschriebene systematische Einordnung des Arbeitsvertrags verantwortlich gewesen ist: die von der Geringschätzung menschlicher Arbeit getragene Vorstellung, Personen und Sachen gleich behandeln zu dürfen oder äußerliche Ähnlichkeiten bei der Vertragsabwicklung wie die Ortsveränderung zum Zwecke der zeitweiligen Überführung einer Person oder Sache in die Verfügungsgewalt eines Dritten[93]. Nur im ersten Fall läßt sich die Aufgabe des Begriffs „Dienstmiete" als Hinweis auf die Abkehr von vormaligen, von der Sachqualität der Arbeit ausgehenden Regelungen bewerten. Die an vorangegangener Stelle aufgezeigten Unsicherheiten lassen diesen Schluß jedoch nicht zu.

Es spricht noch ein weiterer Gesichtspunkt dagegen, der dem Begriffswechsel zukommenden Indizwirkung die Qualität zuzuerkennen, die v. Gierke ihr geben wollte. Von Bedeutung ist hier eine Auseinandersetzung über die Vertragsbezeichnung, die während des Gesetzgebungsverfahrens stattgefunden hat:

In den Beratungen der Reichstagskommission war die Forderung erhoben worden, den Begriff „Dienstvertrag" durch die Bezeichnung „Arbeitsvertrag" zu ersetzen. Auf diese Weise sollten letzte Verbindungen zu alten Hörigkeitsverhältnissen beseitigt werden[94]. Den Vertretern dieser Auffassung, denen die vorgenommene begriffliche Umgestaltung offenbar nicht gründlich genug erschien, wurde von anderer Seite entgegengehalten, daß mit dem Begriff „Dienst" nicht unbedingt die Vorstellung von einer Erniedrigung einhergehen müsse. Man verwies beispielhaft auf Wendung wie „Militärdienst" oder „Staatsdienst" und überstimmte den Änderungsantrag schließlich[95]. Das aber bedeutet, daß die Wahl des Begriffs „Dienstvertrag" nicht geeignet ist, eine Hinwendung zu Regelungsinhalten, die von der Anerkennung der Arbeit als Persönlichkeitsfunktion getragen werden, deutlich erkennbar anzuzeigen. Ob in den Regelungen der §§ 611 ff. BGB diese Hinwendung dennoch vollzogen worden ist, wird sich daher erst nach einer genauen Betrachtung der inhaltlichen Neuerungen entscheiden lassen.

---

[93] Vgl. die Angaben unter Fn. 30 in diesem Kapitel.

[94] Kommissionsbericht, *Mugdan*, Bd. 2, S. 1283.

[95] Ebd.

β) Die Einbeziehung „höherer" Dienste

Auf die Neugestaltung des Regelungsinhalts bezogen ist die Behauptung, die Dienstvertragsregelungen stellten einen ethischen Fortschritt dar, denn nunmehr würden nicht nur die sog. „operae illiberales" des römischen Rechts, sondern sämtliche Tätigkeiten, auch die vormals ausgeschlossenen operae liberales[96], von den Bestimmungen des Dienstvertrages erfaßt[97].

Hierin könnte in der Tat eine Abweichung liegen, die einen wesensmäßigen Unterschied zwischen dem Dienstvertrag und der Dienstmiete begründet. Voraussetzung dafür ist jedoch, daß die herausgestellte Neuerung nach Art und Bewertung richtig eingeordnet worden ist. Ob dies gelungen ist, bedarf der näheren Prüfung:

In der Literatur zum römischen Recht wird darauf hingewiesen, daß bei der römischen Dienstmiete Dienste höherer Art, zu denen beispielsweise die Tätigkeiten der Lehrer der artes liberales, der Ärzte, Architekten, Gerichtsbeistände oder der Feldmesser gehörten, eine gewisse Sonderstellung einnahmen[98]. Nach den hierzu vorliegenden Erkenntnissen bestand die Besonderheit nun aber nicht, wie v. Gierke und auch die historischen Gesetzgeber angenommen haben[99], darin, daß diese Tätigkeiten grundsätzlich nicht Gegenstand der locatio conductio sein konnten[100]. Wer durch die Ausübung dieser Tätigkeit seinen Lebensunterhalt verdienen mußte, konnte dies auch im Rahmen einer locatio conductio tun[101]. Nur galt dies bei den Angehörigen der vornehmen Familien lange Zeit als nicht standesgemäß. Ihren ethischen Vorstellungen entsprach es, beim Tätigwerden für einen anderen unentgeltlich zu handeln[102]. Dennoch blieb die Leistung höherer Dienste außerhalb einer locatio conductio nicht unbelohnt, denn man hielt den Leistungsempfänger für sittlich verpflichtet, die in seinem Interesse

---

[96] Als feststehender Begriff für die Bezeichnung von Diensten höherer Art zweifelhaft, da er nur an einer Stelle erscheint: Alf. D. 38, 1, 26 pr.; vgl. dazu *Mayer-Maly*, Locatio, S. 125; *Heldrich*, IherJahrb. 88 (1939/40), 143.

[97] *v. Gierke*, Festschrift für Brunner, S. 55; gleicher Ansicht war offenbar auch der historische Gesetzgeber, BGB-Motive, *Mugdan*, Bd. 2, S. 254.

[98] Vgl. die Aufzählung bei *Kaser*, RPR I, § 132.2 IV 1, S. 569 unter Hinweis auf Jul. D. 27, 2, 4; Pap. D. 39, 5, 27; Proc.-Ulp. D. 9, 2, 7, 8; Gai. 9, 3, 7; Lab.-Ulp. D. 39, 5, 19, 1; Ulp. D. 11, 6, 1 pr.; ähnlich *Beck*, Festschrift für Lewald, S. 6.

[99] Vgl. Fn. 97.

[100] Grundlegend zur Einbeziehung *Siber*, IherJahrb. 88 (1939/40), 161 ff.; zuvor bereits im gleichen Band *Heldrich*, S. 139 ff.; zustimmend *Beck*, Festschrift für Lewald, S. 6; *Kreller*, S. 359; wohl auch *Kaser*, RPR I, § 132.2 IV 1, S. 569.

[101] *Beck*, Festschrift für Lewald, S. 6.

[102] *Kaser* (Fn. 100); vgl. auch *Beck*, Festschrift für Lewald, S. 6 und *Nörr*, SZ 82 (1965), 76.

aufgewendete Mühe durch eine Ehrengabe[103] auszugleichen. Diese zunächst freiwillig erbrachte Gegenleistung wurde in der späten Klassik zu einer rechtlichen Pflicht, die zwar nicht mit der Klage aus dem Locationsvertrag, dafür aber mit Hilfe der sogenannten „cognitio extra ordinem" gerichtlich durchgesetzt werden konnte[104]. Damit stellt sich die Abweichung hinsichtlich der erfaßten Tätigkeiten bei Dienstmiete und Dienstvertrag differenzierter dar, als dies die Aussagen in den Gesetzmaterialien und die Darstellung v. Gierkes[105] zunächst vermuten lassen. Der Unterschied betrifft die Bewertung, die dem Wesensmerkmal der Entgeltlichkeit entgegengebracht wird. Im römischen Recht wurde dieses Merkmal von den oberen Gesellschaftsschichten als wertmindernd eingestuft[106] mit der Folge, daß für sie die Dienstmiete bei der Gestaltung von Rechtsbeziehungen über Dienstleistungen für Dritte nicht in Frage kam. Von dieser Beurteilung der Entgeltlichkeit und ihrer diskriminierenden Wirkung wollte man sich beim Dienstvertragsrecht des BGB offenbar lösen, und zwar dadurch, daß man diesen Vertrag für alle Arten von Dienstleistungen öffnete[107]. Bedeutung und Erfolg dieses Vorhabens sind jedoch zweifelhaft. Einerseits hatte die Entgeltlichkeit als Gradmesser für den Rang einer Tätigkeit auch im römischen Recht keine allzu große praktische Bedeutung mehr, nachdem auch die Gegenleistung für höhere Dienste klagbar geworden war[108]. Andererseits läßt sich für das römische Recht nur schwer feststellen, wie weit die Geringschätzung entgeltlicher Tätigkeit für einen Dritten in der Bevölkerung verbreitet war, d. h. ob die hierzu vorhandenen Quellen die Verhältnisse und Ansichten breiter Bevölkerungskreise widerspiegeln[109]. In jüngeren rechtshistorischen Abhandlungen[110] über die Wertschätzung der Arbeit in Rom, die bislang — soweit ersichtlich — keinen grundsätzlichen Widerspruch erfahren haben, wird die Vorherrschaft einer geringschätzigen Haltung gegenüber entgeltlicher Arbeit stark angezweifelt. Es wird dort vielmehr angenommen, daß mit einer differenzierten Haltung gerechnet werden müsse, für die u. a. die jeweilige Geschichtsepoche, die Art der Tätigkeit und

[103] Honorarium, salarium, vgl. *Kaser*, RPR I, § 132.2 IV 1, S. 569 m. w. N.

[104] Ulp. D. 50, 13, 1 pr. ff.; vgl. ferner *Beck*, Festschrift für Lewald, S. 6.; *Kaser* (Fn. 113); *Siber*, IherJahrb. 88 (1939/40), 189 ff.

[105] Vgl. oben Fn. 97.

[106] Vgl. dazu auch *Nörr*, SZ 82 (1965), 76.

[107] Vgl. dazu *v. Gierke*, Festschrift für Brunner, S. 55.

[108] Das muß auch *v. Gierke* zugeben (Fn. 107).

[109] Zur Vielschichtigkeit der Aufgabe, die Einstellung des römischen Volkes zur Arbeit festzustellen, ausführlich *Nörr*, SZ 82 (1965), 72 ff., insbes. 83 ff. Ansatzpunkt für Überlegungen zur Frage der Wertschätzung der Arbeit in Rom regelmäßig Cicero, de off. 1.42.150 f.

[110] Insbesondere die bereits mehrfach erwähnten Arbeiten von *Beck*, *De Robertis* und *Nörr* (Fn. 19, I. Teil, 1. Kapitel).

die jeweils vorherrschenden politischen Wertvorstellungen prägend gewesen sein dürften[111]. Des weiteren findet sich dort der Hinweis, daß auch in Rom weite Teile der freien Bevölkerung angesichts unzulänglicher Vermögensverhältnisse darauf angewiesen gewesen sein dürften, ihren Lebensunterhalt mit Dienstleistungen der unterschiedlichsten Art zu verdienen. Es sei wenig wahrscheinlich, daß in diesen Gesellschaftsschichten die Arbeitsleistung, die man ja zur Existenzsicherung benötigte, nur wenig geachtet gewesen wäre[112]. Diese von der rechtshistorischen Forschung entwickelten Lösungsansätze zur Frage der Bewertung der Arbeit in Rom lassen es nicht zu, den Standpunkt, den das BGB hinsichtlich der Wertschätzung der Arbeit einnimmt, als Beleg für eine Abkehr von römischen Vorstellungen anzuerkennen.

Der mit den Regelungen des BGB angeblich erzielte Fortschritt wird jedoch nicht nur aus dem zuletzt genannten Grund geschmälert. Hinzu kommt, daß die Annahme, mit der einheitlichen Unterstellung aller entgeltlichen Tätigkeiten für Dritte unter den Dienstvertrag würde eine gleichmäßige Hochschätzung der Arbeit ausgedrückt[113], nicht zwingend ist. Auch der umgekehrte Schluß ist möglich, daß nämlich dadurch Tätigkeiten, denen bis dahin rechtlich eine gewisse Sonderstellung eingeräumt worden war, nunmehr auf das Niveau von Dienstleistungen, die zuvor geringer geachtet waren, herabgestuft wurden. Diese Einschätzung lag offenbar auch den Bemühungen zugrunde, mit denen bei der Gestaltung des Dienstvertragsrechts versucht worden war, die Ausdehnung des Anwendungsbereichs auf „höhere" Dienste zu verhindern[114].

Faßt man die Vorbehalte, die gegenüber der Festsetzung des Geltungsbereichs der Dienstvertragsbestimmungen angebracht sind, zusammen, so reduziert sich die Leistung des Gesetzgebers auf einen in erster Linie praktischen Fortschritt. Die Unterstellung jeglicher Art von Dienstleistungen unter die Regeln des Dienstvertragsrechts bedeutet zunächst lediglich eine Vereinfachung, denn dadurch ist die oftmals schwierige Abgrenzung zwischen „niederen" und „höheren" Diensten überflüssig geworden[115]. Für die Anerkennung eines ethischen

---

[111] Vgl. *Nörr*, SZ 82 (1965), 83 und 85.

[112] *Beck*, Festschrift für Lewald, S. 6; ausführlich zur Arbeitsbewertung im „ambiente volgare", den mittleren und unteren Schichten der Bevölkerung Italiens und der Provinzen, *De Robertis*, Lavoro, S. 21 ff., insbes. auch S. 47 f.; den Ergebnissen De Robertis' grundsätzlich zustimmend, aber weitere Konkretisierungen verlangend *Nörr*, SZ 82 (1965), S. 73.

[113] Vgl. *v. Gierke*, Festschrift für Brunner, S. 55; *Oertmann*, S. 38.

[114] Vgl. die Hinweise in den Protokollen, *Mugdan*, Bd. 2, S. 897 f.

[115] In den Motiven werden die früher insoweit vorhandenen Schwierigkeiten angedeutet, *Mugdan*, Bd. 2, S. 254.

Fortschritts[116] reicht dies jedoch nicht aus. Hierfür ist vielmehr die inhaltliche Gestaltung, die das Vertragsverhältnis im übrigen erfahren hat, maßgeblich.

γ) Die Regelung der Vergütungsart

Hinsichtlich der Bedeutung der sonstigen Neuerungen im Dienstvertragsrecht, die v. Gierke herausgestellt hat, sind ebenfalls Vorbehalte angebracht. Dies gilt zunächst einmal für den von ihm angeführten Grundsatz[117], daß nach dem Dienstvertragsrecht des BGB die Arbeitsvergütung kein Geldlohn zu sein braucht. Hier liegt eine sachliche Änderung gegenüber der römischen Dienstmiete vor, denn dort war die Vergütung regelmäßig in Geld zu leisten[118]. Es wurden jedoch auch Ausnahmen zugelassen[119].

Zweifelhaft ist, ob man die im BGB gewählte Lösung als Anhaltspunkt für die Hinwendung zu einer die Arbeit als Persönlichkeitsfunktion eines Menschen anerkennende Vertragsgestaltung ansehen kann. Die Möglichkeit der Naturalentlohnung, die im Dienstvertragsrecht des BGB aufgegriffen worden ist, gibt einem nur auf seinen eigenen Vorteil bedachten Unternehmer ein weiteres Mittel an die Hand, dieses Ziel zu verwirklichen. Eine auf wirtschaftlicher Überlegenheit beruhende starke Verhandlungsposition gegenüber dem Arbeitnehmer und die Tatsache, daß das Wertverhältnis von Arbeitsleistung und Arbeitsvergütung gesetzlich nicht näher geregelt ist, ermöglichen es dem Arbeitgeber, das Vergütungsproblem mit Hilfe der Naturalentlohnung kostengünstig zu lösen. Der Benachteiligte ist der Arbeitnehmer, und zwar in zweifacher Hinsicht. Einmal kann die Naturalentlohnung für ihn eine wirtschaftliche Übervorteilung bedeuten. Es ist denkbar, daß die als Lohn geleisteten Güter für ihn angesichts seiner Bedürfnisse weniger wert sind als eine Vergütung in Geld. Außerdem bedeutet die Naturalentlohnung einen Eingriff in die persönliche Freiheit des Arbeitnehmers, denn er ist dadurch hinsichtlich seiner Bedarfsdeckung mehr oder weniger stark gebunden. Die dargestellten Nachteile der Naturalentlohnung für den Arbeitnehmer werden wohl auch dafür verantwortlich gewesen sein, daß bereits im Mittelalter eine Entwicklung einsetzte, in deren Verlauf sich der Geld-

---

[116] So aber wohl die Überzeugung des historischen Gesetzgebers, Kommissionsbericht, *Mugdan*, Bd. 2, S. 1284.

[117] *v. Gierke*, Festschrift für Brunner, S. 54.

[118] Lab. D. 19, 2, 58 pr.; Afr. D. 19, 2, 35, 1; Ulp. D. 41, 2, 10, 2; *Kaser*, RPR I, § 132.2 III 1, S. 566.

[119] Gai. 3, 144; Afr. D. 19, 2, 35, 1; Ulp. D. 10, 3, 23; D. 19, 5, 17, 3 = I. 3, 24, 2; *Kaser*, RPR I, 132.2 III 1, S. 566; *Mayer-Maly*, Locatio, S. 130; zur Möglichkeit der Naturalentlohnung in vorklassischer Zeit vgl. die Untersuchung *Kaufmanns* zur Wortgeschichte von „merces“, S. 138 ff.

lohn gegenüber dem Naturallohn zunächst tatsächlich und später auch rechtlich mehr und mehr durchsetzte[120].

In Anbetracht der skizzierten Nachteile der Naturalentlohnung und der negativen Entwicklung, die diese Entlohnungsform genommen hat, ist es nicht möglich, ihre Konservierung im BGB als Ausdruck einer modernen Auffassung von der Arbeit im Sinne v. Gierkes anzuerkennen.

δ) Der Umfang der Einbeziehung mietrechtlicher Regelungen

Die Behauptung, beim Dienstvertragsrecht des BGB sei im Unterschied zur römischen Dienstmiete eine Ausrichtung an mietrechtlichen Regelungen nicht mehr feststellbar, kann ebenfalls keinen Bestand haben. Wie die an früherer Stelle bereits vorgenommene Analyse der Dienstvertragsbestimmungen ergeben hat, sind selbst in der überarbeiteten Fassung der Vorschriften noch zahlreiche Übereinstimmungen mit mietrechtlichen Regelungen vorhanden. Angesichts dieses Befunds ist es unverständlich, wie v. Gierke in diesem Punkt zu einer gegenteiligen Auffassung gelangen konnte. Ihm kann auch darin nicht gefolgt werden, daß die vorhandenen gleichen Regelungen für Dienstvertrag und Miete durch den gemeinsamen Charakter beider Rechtsverhältnisse als Dauerschuldverhältnisse bedingt seien. Mit diesem Hinweis lassen sich weder die Gestaltung von § 611 BGB noch die von § 615 BGB, für die jeweils das Mietrecht als Vorbild gedient hat, befriedigend erklären. Beide Regelungen dokumentieren mit der Art ihrer Gestaltung einen bewußten oder unbewußten Mangel an Rücksichtnahme auf die Komplexität und die daraus resultierende besondere Problematik von Arbeitsverhältnissen, die bei einer einfachen Austauschbeziehung wie der Miete nicht gegeben sind.

ε) Die Aufnahme von „personenrechtlichen Elementen", insbesondere bei den Vergütungsregelungen

Von den Regelungsunterschieden zwischen Dienstvertrag und Dienstmiete verbleiben schließlich die personenrechtlichen Elemente, um deren Hervorhebung sich v. Gierke[121] in besonderer Weise bemüht hat. Ihm ist es jedoch nicht gelungen, allein mit Hilfe der Dienstvertragsbestimmungen des BGB eine umfassende Rücksichtnahme auf die personelle Verflechtung des Arbeitnehmers durch das Arbeitsverhältnis darzutun. Vielmehr erwies sich ein Rückgriff auf Regelungen in Sondergesetzen als unvermeidlich[122].

[120] Nähere Hinweise auf diese Entwicklung bei *Ogris*, RdA 1967, 295; Versuche, in den Reichstagsberatungen über das BGB die Naturalentlohnung einzuschränken, blieben erfolglos, vgl. die Behandlung der Anträge des Abgeordneten Frohme, Stadthagen, *Jakobs / Schubert*, S. 763 ff.

[121] Festschrift für Brunner, S. 55 ff.

Die Beweisführung v. Gierkes ist insoweit von Bedeutung, als sie den in der vorliegenden Untersuchung eingenommenen Standpunkt zu den charakteristischen Merkmalen des Dienstvertragsrechts bestätigt. Nach der hier vertretenen Auffassung nehmen die Dienstvertragsbestimmungen nur in wenigen Ansätzen Rücksicht auf die durch die Leistungserbringung bedingte Personenbezogenheit des Arbeitsverhältnisses. Dagegen werden sie in weitaus größerem Umfang geprägt von der Einstufung des Arbeitsverhältnisses als vermögensrechtlichem Austauschvertrag. Dies dürfte v. Gierke dazu veranlaßt haben, für den Nachweis personenrechtlicher Elemente auf Quellen außerhalb des BGB zu verweisen[123]. Seine dabei erzielten Ergebnisse sind für diese Untersuchung jedoch ohne Bedeutung. Der Grund dafür liegt einmal darin, daß es hier darum gehen soll, die Gestaltung des Gefüges von Arbeitsleistung und Arbeitsvergütung nach den für alle Arbeitsverhältnisse geltenden allgemeinen Regeln aufzuhellen. Die Untersuchung beschränkt sich also auf die Vorschriften des BGB. Aus ihnen läßt sich jedoch — wie soeben erläutert — die durch v. Gierke entwickelte Wechselbeziehung von Treue- und Fürsorgepflichten nicht ableiten.

Aber selbst wenn man jüngere Entwicklungen berücksichtigt, in deren Verlauf im Anschluß an die Rechtsansichten v. Gierkes der Treue- und Fürsorgegedanke zu einem Bestandteil des Dienstvertrages gemacht worden ist[124], so ändert sich dadurch an der geringen Bedeutung des personenrechtlichen Elements für die hier zu untersuchende Vergütungsproblematik nur wenig. Zwar wird die Fürsorgepflicht des Arbeitgebers auch dazu benutzt, um Ansprüche des Arbeitnehmers auf vermögenswerte Leistungen des Arbeitgebers zu rechtfertigen[125]. Dadurch wird jedoch das Verhältnis von Arbeitsleistung und Arbeitsvergütung in seiner vom Gesetzgeber konzipierten Form nicht modifiziert. Mit der Gründung der genannten Ansprüche auf die Fürsorgepflicht des Arbeitgebers werden diese zusätzlichen Leistungen aus dem Gegenseitigkeitsverhältnis von Arbeitsleistung und Arbeitsvergütung herausgehalten. Dadurch bleibt die Wechselbeziehung von Arbeitsleistung und Arbeitsvergütung in ihrer ursprünglichen Gestalt erhalten. D. h., Arbeitsvergütung ist nach wie vor dasjenige Entgelt für erbrachte Arbeitsleistungen, auf das sich die Parteien des Arbeitsvertrages auf dem Verhandlungswege geeinigt haben, unbeschadet der Tat-

---

[122] Ebd., S. 53.

[123] Ebd., S. 58 ff. mit zahlreichen Nachweisen.

[124] Um die Hervorhebung der Bedeutung der Ansichten v. Gierkes besonders bemüht ist *Jobs*, ZfA 1972, 313, insbes. 321 ff. mit zahlreichen entwicklungsgeschichtlichen Hinweisen; vgl. ferner *Hientzsch*, S. 32 ff.

[125] Vgl. oben I. Teil, 2. Kap., II., 1., a); zum Ruhegeld nochmals ausdrücklich BAG AP Nr. 156 zu § 242 BGB Ruhegehalt.

sache, daß die Verhandlungspositionen der Vertragspartner aufgrund der wirtschaftlichen Machtverhältnisse unterschiedlich stark sind. Im Hinblick auf dieses individualistische Konzept hat die Anerkennung einer personenrechtlichen Fürsorgepflicht des Arbeitgebers für die Vergütungsfrage lediglich praktische Bedeutung. Durch die auf diese Pflicht gestützte Vermehrung der vermögenswerten Arbeitnehmeransprüche wird erreicht, daß die wirtschaftlichen Nachteile, die das vorgenannte Konzept für den Arbeitnehmer mit sich bringt, gemildert werden. Auf seine Rechtsstellung als Partei des Arbeitsverhältnisses wird dadurch allerdings nicht eingewirkt, zumindest nicht im Sinne einer Verbesserung, denn mit der Heranziehung der Fürsorgepflicht zur Begründung vermögenswerter Leistungen wird der Arbeitnehmer — wie an früherer Stelle bereits angemerkt — in die Position eines Almosenempfängers gedrängt.

Insgesamt läßt sich demnach feststellen, daß das personenrechtliche Pflichtengefüge, um das man das vom Gesetzgeber gestaltete Dienstvertragsrecht nachträglich ergänzt hat, auf das Verhältnis von Arbeitsleistung und Arbeitsvergütung keine strukturverändernde Wirkung gehabt hat. Die Konzeption als vermögensrechtliche Austauschbeziehung, für deren Einzelheiten im übrigen der Grundsatz der Vertragsfreiheit maßgebliche Bedeutung hat, ist grundsätzlich erhalten geblieben. Es wurden mit Hilfe des personenrechtlichen Elementes lediglich einige Härten für die Arbeitnehmer gemildert.

e) Abschließende Stellungnahme zu der Auffassung Otto v. Gierkes

Faßt man die Einzelergebnisse, die der Vergleich der Konzeptionen von Dienstvertrag und römischer Dienstmiete erbracht hat, zusammen, so ergeben sich erhebliche Bedenken gegenüber der Tragfähigkeit der Auffassung v. Gierkes. Seiner Argumentation ist anzulasten, daß sie den unverkennbar vorhandenen Gemeinsamkeiten beider Rechtsinstitute zu wenig Beachtung schenkt. Dies gilt insbesondere für die übereinstimmende Anlehnung an mietrechtliche Regelungen, die sich — entgegen der Auffassung v. Gierkes — nicht nur auf Randprobleme beschränkt. Demgegenüber werden Regelungsunterschiede, soweit sich solche überhaupt feststellen lassen, in ihrer Bedeutung als Beweis für eine grundlegende Umorientierung bei der Konzeption des Dienstvertragsrechts nicht richtig eingestuft. So hat vor allem das personenrechtliche Element innerhalb der Dienstvertragsvorschriften nicht den hervorragenden Platz, den v. Gierke ihm zuweisen möchte, insbesondere nicht für die Gestaltung des Verhältnisses von Arbeitsleistung und Arbeitsvergütung.

Wägt man die vorhandenen Gemeinsamkeiten und Regelungsunterschiede gegeneinander ab, so muß man den Übereinstimmungen ein Übergewicht zuerkennen. Angesichts dessen ist es nicht möglich, sich der Auffassung v. Gierkes von der weitgehenden Verdrängung römischen Gedankenguts aus dem Dienstvertragsrecht des BGB zugunsten einer „modernen" Arbeitsvertragskonzeption anzuschließen[126].

Ergänzend sei angemerkt, daß die Charakterisierung des Dienstvertragsrechts durch Otto v. Gierke in seiner Abhandlung aus dem Jahre 1914 noch aus einem anderen Grunde nicht überzeugen kann. In zeitlich früheren Äußerungen, nämlich zum Dienstvertragsrecht des 1. Entwurfs und zur anschließend überarbeiteten Fassung, die dann mit geringfügigen Änderungen Gesetz geworden ist, hatte er selbst noch kritisiert, daß die Bestimmungen nach römischem Muster gestaltet worden seien[127].

Da der Nachweis einer Hinwendung des Dienstvertragsrechts des BGB zu einer Konzeption, die von der Anerkennung der Arbeit als Persönlichkeitsfunktion eines freien Menschen ausgeht, nicht erbracht worden ist, erübrigt es sich, der weiteren Frage nach dem Ursprung dieser angeblich vorhandenen neuen Vertragsstruktur nachzugehen. Es sei jedoch darauf hingewiesen, daß in jüngeren Untersuchungen die Theorie vom deutschrechtlichen Ursprung, die v. Gierke zur Herkunft der — nach den vorausgegangenen Erörterungen allerdings nur vereinzelt zu bestätigenden — personenrechtlichen Elemente entwickelt hat, stark angezweifelt wird[128]. Insgesamt ist festzuhalten, daß die Ausführungen v. Gierkes für die Frage nach den Regelungsmerkmalen und den Gestaltungshintergründen der Dienstvertragsvorschriften angesichts ihrer Angreifbarkeit keine neue Lösungsperspektive aufgezeigt haben. Es bleibt daher zu klären, ob der andere vorhandene Lösungsansatz, der für die Struktur des Dienstvertragsrecht eine Orientierung an der römischen Dienstmiete verantwortlich machen will, Bestand haben kann oder ob insoweit eine bisher noch nicht ins Blickfeld gerückte Betrachtungsweise in Frage kommt.

2. Die Auffassung von der römisch-rechtlichen Prägung des Dienstvertragsrechts

Bei der Überprüfung der Auffassung von der römisch-rechtlichen Prägung des Dienstvertragsrechts[129] lassen sich die Einsichten ver-

---

[126] Vgl. auch *Fabricius*, Marktwirtschaft und Mitbestimmung, S. 243 m.w.N.

[127] Vgl. dazu die Angaben unter Fn. 23, II. Teil, 1. Kap.; zu diesem Widerspruch ähnlich *Söllner*, Arbeitsvertrag, S. 300.

[128] Kritisch insbes. *Ebel*, ZStW 1936, 319 ff.; ferner *Nikisch*, Bd. I, § 2 I 1, S. 14; *Ogris*, RdA 1967, 294 Fn. 31; *Thieme*, Festgabe für v. Lübtow, S. 411.

[129] Vgl. dazu die Angaben unter Fn. 2 in diesem Kapitel.

wenden, die in den vorausgegangenen Untersuchungsabschnitten gewonnen werden konnten.

Von Bedeutung sind insoweit zunächst drei Faktoren, die sich im Verlauf der bisherigen Erörterungen abgezeichnet haben und die den römisch-rechtlichen Standpunkt unterstützen. Es sind dies zum einen Zielsetzung und Arbeitsmethode des Gesetzgebers, nach denen das BGB seinerzeit aus dem Bestand der vorhandenen Regelungen heraus gestaltet werden sollte. Hinzu kommt der bis zur Schaffung des BGB erreichte Entwicklungsstand in Gesetzgebung und Wissenschaft hinsichtlich allgemeiner arbeitsvertraglicher Regelungen, der eine Vorherrschaft der Regeln der Corpus iuris ausweist. Schließlich sind die Übereinstimmungen zwischen Dienstvertrag und Dienstmiete beachtlich, die bei Regelungselementen, die für die Vertragsstruktur prägend sind, festgestellt werden konnten.

Außer diesen drei Faktoren, die die Auffassung von der römischrechtlichen Prägung des Dienstvertrags unmittelbar unterstützen, haben sich im Verlauf der vorangegangenen Ausführungen auch Argumentationsaspekte ergeben, die den Bestand dieser Auffassung mittelbar fördern. Insoweit ist beachtlich, daß sich der Hinweis auf ein personenrechtlich strukturiertes deutschrechtliches Rechtsinstitut als maßgebliches Regelungsvorbild nicht bestätigt hat. Es kommt hinzu, daß sich auch keine Anhaltspunkte für eine entscheidende Einflußnahme durch einen anderen bisher noch völlig unberücksichtigt gebliebenen Rechtsvorgänger ergeben haben.

Zusammenfassend kann festgestellt werden, daß sich für die Auffassung von der römisch-rechtlichen Prägung der Dienstvertragsbestimmungen des BGB eine Reihe tragfähiger Argumente anführen lassen, die dazu berechtigen, diese Ansicht als überzeugend anzuerkennen und sie zum Ausgangspunkt der weiteren Erörterungen zu machen.

Bei dem in den vorangegangenen Untersuchungsabschnitten vorgenommenen Vergleich zwischen der Dienstmiete und dem Dienstvertrag hat sich ergeben, daß die vorhandenen Übereinstimmungen insbesondere die Gestaltung des Verhältnisses von Arbeitsleistung und Arbeitsvergütung betreffen. Dieses Ergebnis veranlaßt dazu, die Beantwortung der Frage nach einer historischen Prägung der Vergütungsregelungen — soweit bis jetzt schon möglich — zu versuchen.

3. Der Einfluß des römischen Rechts auf die Vergütungsregelungen der §§ 611 ff. BGB

Wie in den vorangegangenen Untersuchungsabschnitten näher ausgeführt worden ist, sind die Merkmale, von denen das Verhältnis von

Arbeitsleistung und Arbeitsvergütung innerhalb des Dienstvertragsrechts gekennzeichnet wird, in weitgehend gleicher Form bei der Dienstmiete des römischen Rechts anzutreffen. Die Gestaltung dieses Verhältnisses als vermögensrechtliche Austauschbeziehung, die deutliche Anlehnung an das Recht der Sachmiete und die Unterstellung der Vergütungsregelung unter die Vertragsfreiheit sind in dem historischen Rechtsinstitut vorgezeichnet. Bezieht man außerdem die Aspekte mit ein, die sich zuvor bei der Betrachtung des gesamten Dienstvertragsrechts im Hinblick auf eine römisch-rechtliche Einflußnahme ergeben haben, so erscheint es gerechtfertigt, für die Vergütungsbestimmungen mit den eingangs erwähnten dahingehenden Vermutungen[130] von einer Vorbildwirkung der entsprechenden Regelungen der römischen Dienstmiete, wie sie im Corpus iuris anzutreffen sind, auszugehen.

Entsprechend der Aufgabenstellung dieser Untersuchung soll nachfolgend festgestellt werden, inwieweit sich die Auswirkungen der angenommenen Einflußnahme im Hinblick auf die Regelungsmerkmale präzisieren lassen.

4. Anschlußüberlegungen zu den Auswirkungen der angenommenen Einflußnahme

An vorangegangener Stelle ist dargelegt worden, daß die Entgeltregelungen in den §§ 611 ff. BGB bei der Lösung arbeitsrechtlicher Konflikte wie beispielsweise der Betriebsrisikoproblematik teilweise versagen. Dabei wurde aufgezeigt, daß die feststellbaren Unzulänglichkeiten aus der Art und Weise resultieren, in der das Verhältnis von Arbeitsleistung und Arbeitsvergütung gestaltet worden ist. Ausgehend von der Überzeugung hinsichtlich der Herkunft des Dienstvertragsrechts, die aufgrund der bisherigen Erörterungen gewonnen worden ist, lassen sich diese Mängel nunmehr erklären. Danach sind die Unzulänglichkeiten, die das Dienstvertragsrecht des BGB aufweist, auf die Eigenarten des übernommenen Vorbilds zurückzuführen.

Mit dieser Anschlußüberlegung, die auf dem zuvor eingenommenen entwicklungsgeschichtlichen Standpunkt aufbaut, ist für die Beantwortung der Frage nach der Bewertung der Arbeitsleistung innerhalb der Vergütungsregelungen zunächst ein erster Ansatz gewonnen. Zwei für den vorliegenden Zusammenhang wichtige Bereiche sind dagegen bislang noch nicht geklärt:

Einmal ist noch offen, welche Umstände für die Gestaltung der zweiten Regelung, die für den Rahmen der Arbeitsvergütung bestimmend ist, verantwortlich gewesen sind, also die Frage nach der Ent-

---

130 So insbes. *Fabricius* (Fn. 14, I. Teil, 1. Kap.).

stehung des Grundsatzes des fremdwirkenden Verarbeitungserwerbs. Auch hier könnte ein historisches Vorbild Einfluß genommen haben. Dann ist noch ungeklärt, aus welchen Entwicklungen die aufgegriffenen historischen Vorbilder ihrerseits hervorgegangen sind. Erst wenn diese Fragen beantwortet sind, läßt sich beurteilen, welche tatsächliche und rechtliche Bewertung der Arbeitsleistung den Vergütungsbestimmungen zugrundeliegt.

II. Entwicklungsgeschichtliche Ursachen für die Anerkennung des fremdwirkenden Verarbeitungserwerbs?

Wie zuvor schon festgestellt worden ist, handelt es sich bei dem Grundsatz des fremdwirkenden Verarbeitungserwerbs, der für Arbeitsverhältnisse überwiegend anerkannt ist, um eine besondere Erscheinungsform des Spezifikationserwerbs. Um die Frage nach der Herkunft dieses Grundsatzes beantworten zu können, soll daher zunächst bei den Verarbeitungsregeln des BGB angesetzt werden. Sie sollen daraufhin näher betrachtet werden, ob sich aus ihrer Entstehungsgeschichte die Anerkennung des Fremdwirkungsgrundsatzes im Arbeitsverhältnis erklären läßt.

1. Der Ursprung der Verarbeitungsbestimmungen des BGB und seine Bedeutung für den Grundsatz des fremdwirkenden Verarbeitungserwerbs

Angesichts der bereits aufgezeigten Zielsetzungen, die die Reichsgesetzgeber mit der Abfassung des BGB verfolgten, wäre es auch bei den Spezifikationsregelungen verfehlt, ihre Herkunft vorrangig unter dem Blickwinkel einer möglichen gesetzgeberischen Neuschöpfung zu betrachten. Auch hier lassen die Gesetzesberatungen erkennen, daß man sich an vorhandenen Regelungen orientieren wollte[131]. Nachfolgend soll daher festgestellt werden, ob auch hier römisch-rechtliche Regelungen Einfluß genommen haben.

a) Die römischen Verarbeitungslehren als Vorbild für § 950 BGB?

Im römischen Recht waren für die Lösung des Konflikts zwischen dem Stoffeigentümer und dem Verarbeiter über das Eigentum an einer durch Verarbeitung[132] entstandenen neuen Sache drei Auffas-

---

[131] Vgl. z. B. BGB-Motive, *Mugdan,* Bd. 3, S. 200 f.; vgl. ferner *Schubert,* Besitz und Eigentumsübertragung, S. 28 f.

[132] Die Erfassung dieses Vorgangs mit dem Begriff „specificatio" entstammt nicht den römischen Quellen; er taucht erst im Latein des Mittel-

sungen entwickelt worden. Es standen insoweit die Schulmeinungen der Sabinianer[133], der Prokulianer[134] und die sog. „media sententia“[135] gegeneinander[136].

Während die Sabinianer dem Stoffeigentümer das Verarbeitungsprodukt zusprachen[137], entschieden die Prokulianer den Konflikt zugunsten des Verarbeiters[138]. Die media sententia dagegen traf keine einheitliche Entscheidung, sondern machte die Eigentumsregelung von der Beschaffenheit des verarbeiteten Materials abhängig. Ließ sich das Arbeitsprodukt wieder in die Gestalt zurückführen, die es vor der Verarbeitung gehabt hatte, sollte es dem Stoffeigentümer gehören. War eine Rückführung ausgeschlossen, wurde Eigentumserwerb des Verarbeiters angenommen[139]. Das justinianische Gesetzbuch schloß sich in der Spezifikationsfrage dieser vermittelnden Meinung an[140], die auch innerhalb der Pandektenwissenschaft des 19. Jahrhunderts noch Bestand hatte[141].

Den Reichsgesetzgebern standen als Orientierungsrahmen für die Gestaltung des Spezifikationserwerbs im BGB mehrere Lösungsmöglichkeiten zur Verfügung. In den seinerzeit vorhandenen Gesetzen war die Spezifikationsfrage in mehr oder weniger starker Anlehnung an das justinianische Vorbild geregelt. Die vorhandenen Unterschiede betrafen im wesentlichen zwei Punkte. Uneinheitlich waren die Voraussetzungen einmal hinsichtlich des Erfordernisses der Gutgläubigkeit des Verarbeiters, die teilweise für notwendig[142], teilweise aber auch

---

alters auf, *Mayer-Maly*, SZ 73 (1956), 128 m. w. N.; vgl. auch *Kaser*, RPR I, § 102 III 6, S. 431; zu Versuchen einer Begriffsbestimmung vgl. u. a. *Fitting*, AcP 48 (1865), 11; *Mayer-Maly*, SZ 73 (1956), 129; *Paret*, S. 3.

133 Gai. 2, 79; D. 41, 1, 7, 7; Ulp. D. 30, 44, 2; Gai. D. 24, 1, 30; vgl. *Wieacker*, Festschrift für Rabel, Bd. 2, S. 278.

134 Gai. 2, 79; Inst. 2, 1, 25; D. 24, 1, 29, 1; D. 41, 1, 7, 7; vgl. *Kaser*, RPR I, § 102 III 6, S. 431 Fn. 54 und *Wieacker* (Fn. 133).

135 D. 41, 1, 24 und 26 pr.; D. 32, 78, 4; D. 32, 88 pr. — 3; vgl. ferner D. 41, 1, 27, 1 und D. 6, 1, 5, 1; *Kaser*, RPR I, § 102 III 6, S. 431 Fn. 55; *Wieacker* (Fn. 133).

136 Der Zeitansatz für die Entstehung der einzelnen Meinungen ist umstritten; zu den unterschiedlichen Auffassungen vgl. beispielsweise *Leist*, S. 162; *Strauß*, S. 5; dagegen *Sokolowski*, Bd. 1, S. 101; *Wieacker*, Festschrift für Rabel, Bd. 2, S. 289.

137 Eingehende Erläuterungen z. B. bei *Fischer*, S. 55; *Fitting*, AcP 48 (1865), 154 ff.; *Paret*, S. 10 f.; *Sokolowski*, Bd. 1, S. 94 f.; *Strauß*, S. 6.

138 Vgl. u. a. *Fischer*, S. 54 f.; *Fitting*, AcP 48 (1865), 151 f.; *Sokolowski*, Bd. 1, S. 76 ff., 82 ff.

139 Für Einzelheiten zum Inhalt der Lehre vgl. z. B. *Bechmann*, AcP 47 (1864), 44 ff.; *Fitting*, AcP 48 (1865), 161 ff., 172 f.; *Leist*, S. 162 ff.; *Paret*, S. 22 ff.; *Sokolowski*, Bd. 1, S. 104 ff.; *Strauß*, S. 12.

140 *Kaser*, RPR II, § 244 III 2, S. 291.

141 Vgl. z. B. *Windscheid*, Pand. I, S. 968.

142 ALR I 9, § 304.

für verzichtbar gehalten wurde[143]. Darüber hinaus bestanden Unterschiede, inwieweit für den Eigentumserwerb des Verarbeiters auf die Nichtrückführbarkeit des Arbeitsprodukts in die alte Form abzustellen sei[144].

Die BGB-Gesetzgeber entschieden sich im Bewußtsein der vorhandenen unterschiedlichen Regelungen[145] für eine Lösung, die von ihrem Ansatz den prokulianischen Standpunkt aufgriff[146]. Dem Verarbeiter sollte das Arbeitsprodukt zugesprochen werden, ohne daß es dabei auf dessen Gutgläubigkeit bzw. die Nichtrückführbarkeit des Arbeitsprodukts ankommen sollte. Darüber hinaus wurde in den Motiven klargestellt, daß ein Wille des Verarbeiters nur insoweit in Betracht kommen sollte, als dieser auf die bewußte und gewollte Herstellung einer neuen Sache gerichtet sein müsse[147].

Für die weitere Präzisierung der Regelungsmerkmale des Fremdwirkungsgrundsatzes ist von Interesse, ob mit dieser unter Abkehr von der justinianischen Mittelmeinung nach prokulianischem Vorbild gestalteten Regelung des § 950 BGB gleichzeitig Grundsätze für die Regelung der arbeitsrechtlichen Verarbeitungsproblematik übernommen worden sind. Daher gilt es festzustellen, ob und in welcher Weise das aufgegriffene Vorbild zum Problem des Verarbeitungserwerbs im Rahmen von Arbeitsverhältnissen Stellung nimmt.

b) Die Berücksichtigung der Verarbeitungsproblematik bei Arbeitsverhältnissen innerhalb der römischen Spezifikationstheorien

aa) Die prokulianische Lehre als Grundlage für einen Produktionserwerb des Arbeitnehmers?

Angesichts des Inhalts der prokulianischen Verarbeitungslehre könnte man — ähnlich wie beim Wortlaut von § 950 BGB — versucht sein anzunehmen, hier solle der arbeitsrechtliche Eigentumskonflikt zwischen dem tatsächlich verarbeitenden Arbeitnehmer und dem nicht arbeitenden Arbeitgeber gelöst werden, und zwar zugunsten des ersteren. Dieser Standpunkt ist in älteren Abhandlungen auch vertreten worden. Es wurde verschiedentlich die Ansicht geäußert, die prokulia-

143 § 246 sächs. BGB; bayer. Entw. III Art. 113; ferner *Siebenhaar*, Commentar, Bd. 1, S. 236 f.; *ders.*, Lehrbuch, S. 316 f.

144 Vgl. einerseits *Windscheid*, Pand. I, S. 968; a. A. *Siebenhaar*, Lehrbuch, S. 316 f.

145 BGB-Motive, *Mugdan*, Bd. 3, S. 200.

146 *Strauß*, Vorwort S. 1 und S. 19; *Cosack*, S. 33; *v. Gierke*, Der Entwurf, S. 315; *Müller*, S. 102; *Paret*, S. 68.

147 Vgl. oben Fn. 145.

nische Auffassung habe dem Wert der menschlichen Arbeitskraft vorrangige Bedeutung beigemessen und dem Verarbeiter das Arbeitsprodukt gleichsam als Lohn für die Arbeit zugesprochen[148].

Wenn man nur einmal bedenkt, daß das römische Volk vielfach dahingehend beurteilt wird, es sei kein Arbeitsvolk gewesen, sondern es habe in Folge der ausgedehnten Sklavenwirtschaft die Arbeit geringschätzig beurteilt[149], so scheint die geschilderte Ansicht wenig überzeugend. Dementsprechend ist sie in der Vergangenheit vielfach angegriffen worden[150]. Unterstützt wurde die Kritik von dem Bemühen, die theoretischen Grundlagen der römischen Verarbeitungslehren sichtbar zu machen. Innerhalb der zu diesem Problem verfaßten Abhandlungen hat die Untersuchung Sokolowskis[151] grundlegende Bedeutung erlangt. Sokolowski hat darin die Art der Beispielsfälle, die in den Quellen zur Verarbeitung immer wiederkehren, die Entscheidungsbegründungen und die geistigen Strömungen zur Zeit der Erfassung des Spezifikationsproblems einer näheren Betrachtung unterzogen. Das Ergebnis seiner Analyse ist die Feststellung, daß die Verarbeitungslehre der Sabinianer und die in das BGB übernommene Lehre der Prokulianer weitgehend von den aus der griechischen Philosophie übernommenen Lehren der Metaphysik über den Ursprung und den Untergang der Dinge bestimmt worden seien. Die Sabinianer seien mit ihrer Auffassung der Stoa gefolgt[152], die für die Existenz eines Gegenstandes auf den Fortbestand seines Stoffes, nicht aber auf dessen äußere Erscheinungsform abgestellt habe[153]. Dementsprechend hätten die Sabinianer dem Stoffeigentümer den Verarbeitungsgegenstand zugesprochen[154]. Die Prokulianer dagegen hätten sich den Peripathetikern angeschlossen, die der äußeren Erscheinungsform gegenüber dem Stoff die größere Bedeutung beigemessen hätten[155]. Daraus erkläre sich,

---

148 *Kuhlenbeck*, Teil 1, S. 537; *Leist*, S. 167; *Paret*, S. 16 und 30; *Puchta*, Bd. 2, § 242, S. 225; vgl. ferner die Nachweise bei *Sokolowski*, Bd. 1, S. 71.

149 *Fischer*, S. 50 f.; *Müller*, S. 101 m. w. N.; trotz der ansonsten gebotenen Differenzierung hinsichtlich der Arbeitsbewertung gilt dies sicherlich für die aristokratische Oberschicht, die wesentlich auf die Gestaltung des Rechtslebens einwirkte; zur dort vorherrschenden Einstellung zur Arbeit vgl. *De Robertis*, Lavoro, S. 49 ff., insbes. 93 ff.; ferner *Nörr*, SZ 82 (1965), 69 und *Thielmann*, Festgabe für v. Lübtow, S. 231.

150 *Bechmann*, AcP 47 (1864), 26; *Fischer*, S. 50 ff. mit ausführlicher Begründung; *Fitting*, AcP 48 (1865), 1 f.; *Müller*, S. 101; *Sokolowski*, Bd. 1, S. 70; *Strauß*, S. 9; *Wieacker*, Festschrift für Rabel, Bd. 2, S. 265.

151 Die Philosophie im Privatrecht, Bd. 1, S. 64 ff.

152 *Sokolowski*, Bd. 1, S. 268.

153 Zu den Grundsätzen des stoischen Materialismus vgl. *Sokolowski*, Bd. 1, S. 92 f. m. w. N.

154 Vgl. ebd., S. 96.

155 Einzelheiten dieser Lehre bei *Sokolowski*, Bd. 1, S. 74 ff.

daß die Prokulianer im Verarbeitungsfalle zum Untergang des Stoffeigentums und zum Eigentumserwerb des Verarbeiters als Okkupanten gelangt wären[156].

Die Ergebnisse Sokolowskis sind nicht unwidersprochen geblieben. Jedoch wird sein Lösungsansatz in den jüngeren deutschsprachigen Abhandlungen zur Spezifikationsproblematik — anders als noch in älteren Untersuchungen[157], — nicht mehr radikal abgelehnt. Die Vorbehalte, die auch jetzt noch geltend gemacht werden, betreffen den Umstand, daß Sokolowski der philosophischen Einflußnahme ein Übergewicht beigemessen und andere Gesichtspunkte[158] vernachlässigt habe. So vertritt beispielsweise Wieacker — und ihm sind Mayer-Maly[159] und Kaser[160] gefolgt — in seinem Beitrag zur Festschrift für Ernst Rabel[161] den Standpunkt, daß auch die Grundsätze des römischen Sachverfolgungsprozesses die Gestaltung der römischen Verarbeitungslehren entscheidend mitbeeinflußt hätten. Er versucht dort anhand des vorhandenen Quellenmaterials zu belegen, daß es für die Zuordnung des Eigentums am Verarbeitungsprodukt mitentscheidend gewesen sei, ob der Stoffeigentümer in einem Herausgabeprozeß eine Eigentumsbehauptung bezüglich des Arbeitsproduktes habe erheben können. Verarbeiteter Stoff sei vindizierbar gewesen, wenn er im Prozeß noch als vorhanden habe vorgestellt werden können. Für die Beurteilung dieser Möglichkeit habe man im Zuge wissenschaftlicher Durchdringung des Verarbeitungsproblems auf die Grundsätze der Kategorienlehre bzw. des stoischen Materialismus zurückgegriffen[162].

Diesen von ihm selbst als herrschende Lehre in der deutschsprachigen Literatur bezeichneten Standpunkt hat jüngst Thielmann in seinem Beitrag zur Festschrift für Ulrich von Lübtow[163] einer kritischen Betrachtung unterzogen. Dabei gelangt er zu dem Ergebnis, daß für die Spezifikationslösungen neben philosophischen und prozessualen Einflüssen auch materielle Anforderungen ursächlich gewesen seien[164]. Er nimmt bei den Verarbeitungsregelungen einen Übergang vom Produktionsprinzip der altrömischen Zeit zum Substantialprinzip durch die

[156] Ebd., S. 76.

[157] Kritisiert wurde der von Sokolowski eingenommene Standpunkt zum Einfluß der griechischen Philosophie auf die Spezifikationslehren insbes. von *Hägerström*, S. 244 ff.; gegen diese grundsätzliche Kritik *Kaser*, SZ 65 (1947), 243 ff.

[158] Ansätze sind bei *Sokolowski* feststellbar, vgl. z. B. Bd. 1, S. 96 ff.

[159] SZ 73 (1956), 137.

[160] RPR I, § 102 III 6, S. 431.

[161] S. 263 ff.

[162] *Wieacker*, Festschrift für Rabel, Bd. 2, S. 288 ff.

[163] Zum Eigentumserwerb durch Verarbeitung im römischen Recht, S. 187 ff., 190.

[164] *Thielmann*, Festgabe für v. Lübtow, S. 227.

klassische Jurisprudenz an[165]. In diesem Vorgang spiegeln sich nach seiner Ansicht nicht wirtschaftlich-soziale Entwicklungstendenzen wider. Dafür ist nach Thielmann allein schon die praktische Bedeutung der Spezifikation — z. B. im Vergleich zum Fruchterwerb — zu gering[166]. Er sieht darin vielmehr eine Entwicklung, welche die zunehmende Wertschätzung stofflicher Produktionsfaktoren gegenüber menschlichen dokumentiere, eine Tendenz, für die tatsächliche Gegebenheiten, wie z. B. die Zunahme von freien und unfreien Arbeitskräften seit dem Ausgang der Republik, verantwortlich gemacht werden könnten[167].

Es würde über die Zielsetzung dieser Untersuchung hinausgehen, die dargestellten Argumentationen anhand der angeführten Quellen zu überprüfen, um dann entscheiden zu können, welcher Ansicht der Vorzug zu geben ist. Der Verzicht auf diese Prüfung ist jedoch für den vorliegenden Zusammenhang ohne Folgen. Selbst wenn man die zusätzliche Einflußnahme prozessualer und materieller Erfordernisse auf die Spezifikationslehren als richtig unterstellt, so führt das in der Frage nach der arbeitsrechtlichen Durchdringung dieser Lehren zu keiner veränderten Betrachtung. Die diesbezüglichen Feststellungen, zu denen Sokolowski[168] in seiner Untersuchung gelangt ist, werden durch die angenommenen zusätzlichen Gestaltungselemente nicht in Frage gestellt. Auch sie enthalten keine Hinweise darauf, daß die römischen Verarbeitungslehren von arbeitsrechtlichen Gesichtspunkten, etwa im Sinne eines sozial-wertenden Arbeitsprinzips, mitgetragen worden wären. Dies gilt auch für die Auffassung der Prokulianer[169]. Angesichts der von der rechtshistorischen Forschung vorgenommenen Aufbereitung ihres theoretischen Hintergrundes ist es nicht möglich, diese Lehre als eine arbeitnehmerfreundliche Lösung des arbeitsrechtlichen Eigentumskonflikts anzusehen, die auf der Anerkennung der eigentumschaffenden Kraft der Arbeit basiert. Insoweit besteht ein ähnlicher Mangel, wie er zuvor schon bei der Betrachtung der locatio conductio erkennbar geworden ist.

Die dargestellten rechtshistorischen Forschungsergebnisse vermitteln nicht nur den Eindruck, daß die Spezifikationslehren des römischen Rechts den spezifizierenden Arbeitnehmer nicht begünstigen wollten.

---

[165] Ebd., S. 232.

[166] Ebd., S. 229 ff.

[167] Ebd., S. 232.

[168] *Sokolowski*, Bd. 1, S. 70; ebenso *Mayer-Maly*, SZ 73 (1956), 137 f.; vgl. im übrigen oben Fn. 150.

[169] Auch *Thielmann* hält den Gedanken, daß mit dem prokulianischen Prinzip im Zuge gesteigerter Wertschätzung der Arbeit das verarbeitende Gewerbe gefördert werden sollte, für akademisch bzw. absurd, vgl. Festgabe für v. Lübtow, S. 229.

Sie enthalten darüber hinaus Hinweise darauf, daß in den Verarbeitungsgrundsätzen der Ausschluß des Arbeitnehmers vom Produktionseigentum zugunsten des Initiators des Verarbeitungsprozesses — zumindest zeitweilig — ausdrücklich vorgesehen war.

bb) Die Bedeutung des suo-nomine-Vorbehalts in den Spezifikationslehren

In den Digesten[170] gibt es einige Stellen, die als subjektive Voraussetzung für den Verarbeitungserwerb[171] verlangen, daß der Verarbeiter suo nomine, d. h. für sich, nicht für einen anderen[172], die Spezifikation vorgenommen haben muß, um das Produkt erwerben zu können. Dieses Erfordernis hatte übrigens noch zur Zeit der Schaffung des BGB Gültigkeit. Das sächsische BGB beispielsweise enthielt eine entsprechende Regelung[173].

Herkunft und Funktion des suo-nomine-Vorbehalts der Digesten sind umstritten[174]. Teilweise wird eine Bedeutung dieses Merkmals und des in diesen Stellen ebenfalls anzutreffenden Hinweises auf eine Willenseinigung für die jeweilige Spezifikationsentscheidung abgelehnt[175]. Andere Autoren sind demgegenüber der Ansicht, daß der suo-nomine-Vorbehalt zumindest in den Digesten Justinians[176] den Ausschluß des Lohnarbeiters oder sonstiger Hilfspersonen vom Verarbeitungserwerb habe bewirken sollen.

Zur rechtlichen Einordnung dieses subjektiven Spezifikationsmerkmals werden allerdings nur vereinzelt Überlegungen angestellt. So nimmt Mayer-Maly[177] in Fällen der Verarbeitung für einen Dritten einen Eigentumserwerb kraft Drittwillens an, ein Ergebnis, das er selbst als sachenrechtlich befremdlich charakterisiert. Ausgangspunkt dieses Lösungsversuchs, den Mayer-Maly allerdings nicht näher er-

---

170 Pomp./Lab. D. 24, 1, 31 pr. u. 1; Call. D. 41, 1, 25; Pomp. D. 41, 1, 27, 1.

171 *Thielmann*, Festgabe für v. Lübtow, S. 192.

172 Die in den vorgenannten Stellen (Fn. 170) anzutreffenden Vorbehalte „suo nomine" oder „cuius nomine" zielen nicht auf ein Handeln im eigenen bzw. fremden Namen im Sinne des modernen Stellvertretungsrechts ab, vgl. *Kaser*, RPR I, § 62 III, S. 262; *Mayer-Maly*, SZ 73 (1956), 130; ein solches war dem römischen Recht nicht bekannt.

173 Vgl. § 246 sächs. BGB: „... für sich ..."; dazu *Siebenhaar*, Commentar, Bd. 1, S. 236 f.; *ders.*, Lehrbuch, S. 316 f.; ähnlich *Windscheid*, Pand. I, S. 968 Anm. 1 a.

174 Für Einzelheiten vgl. u. a. *Beseler*, SZ 51 (1931), 78; *Rümelin*, AcP 93 (1902), 288; *Mayer-Maly*, SZ 73 (1956), 131.

175 Insbes. *Rümelin*, AcP 93 (1902), 288; ähnlich *Wieacker*, Festschrift für Rabel, Bd. 2, S. 273, der die Stelle Pomp. D. 41, 1, 27, 1 als Belegstelle für die media sententia behandelt.

176 *Mayer-Maly*, SZ 73 (1956), 130, 144; *Thielmann*, Festgabe für v. Lübtow, S. 193.

177 *Mayer-Maly*, SZ 73 (1956), 144.

läutert, ist offenbar die in der Literatur zum römischen Recht verbreitete Annahme, daß im Falle des Eigentumserwerbs des Verarbeiters ein Okkupationserwerb[178] vorlag. Wegen der besitzrechtlichen Komponente des Okkupationserwerbs[179] mußte beim Verarbeiter demnach ein animus domini[180] vorhanden sein. Diese Willenshaltung konnte man nur annehmen, soweit der Verarbeiter für sich selbst verarbeitet hatte. Im Falle einer Verarbeitung, die für einen Dritten vorgenommen wurde, ging man dagegen bei diesen von einem animus domini aus, so daß der Dritte Besitzer und daran anknüpfend Okkupationserwerber werden konnte.

Ob der suo-nomine-Vorbehalt die ihm von einigen Autoren zugewiesene Ausschlußfunktion für die Fälle der Lohnarbeit gehabt hat und auf welcher rechtlichen Konstruktion der Erwerb zugunsten des Initiators des Verarbeitungsprozesses[181] letztlich beruhte, läßt sich angesichts des zu dieser Problematik vorhandenen rechtshistorischen Erkenntnisstandes nicht abschließend entscheiden. Die deshalb fortbestehenden Unsicherheiten hinsichtlich Existenz und Gestaltung des fremdwirkenden Verarbeitungserwerbs im römischen Recht lassen sich jedoch verringern, denn es finden sich noch weitere Hinweise darauf, daß im römischen Recht die Fremdwirkung von Verarbeitungshandlungen grundsätzlich nicht unbekannt war. Sie sollen zunächst aufgegriffen werden, bevor anschließend die Einflußnahme der römischen Fremderwerbsvorgänge auf die Gestaltung des § 950 BGB zusammenfassend beurteilt werden wird.

cc) Weitere Anhaltspunkte für die Anerkennung der Fremdwirkung von Verarbeitungshandlungen

Beachtlich ist in diesem Zusammenhang, daß es im römischen Recht Statusverhältnisse gab, die grundsätzlich zu einer Fremdwirkung von natürlichen und rechtsgeschäftlichen Erwerbshandlungen führten. Gemeint sind die Rechtsverhältnisse zwischen dem Oberhaupt der römischen Familie, dem paterfamilias[182], und den seiner Gewalt[183] unter-

---

178 *Kaser*, RPR I, § 102 III 6, S. 431.

179 Der Erwerber muß sich einer herrenlosen Sache *bemächtigt* haben, vgl. *Kaser*, RPR I, § 102 I 1, S. 425.

180 Das Willensmoment beim Besitzerwerb hat im römischen Recht Wandlungen durchgemacht. Während in klassischer Zeit auf einen animus habendi, einen natürlichen Beherrschungswillen abgestellt wurde, ist unter Justinian ein Übergang zum animus domini festzustellen; nähere Einzelheiten bei *Kaser*, RPR I, § 95 I, II 1—3, S. 390 ff. und RPR II, § 239 II 1, S. 252 f.

181 Vgl. *Thielmann*, Festgabe für v. Lübtow, S. 193.

182 Ulp. D. 50, 16, 195, 2; vgl. *Kaser*, RPR I, § 13 II, S. 58 f.

183 Sog. „patria potestas“, eine umfassende monokratische Herrschaftsgewalt des Familienoberhaupts. Sie erstreckte sich auf alle Personen und Sachgüter, die zur römischen familia (vgl. dazu Ulp. D. 50, 16, 195, 1—5) gehörten,

stehenden Personen. Dazu gehörten nach römischem Recht u. a. die gewaltunterworfene Ehefrau[184], die eigenen Kinder[185], die fremden Hauskinder in mancipio[186] und die eigenen Sklaven[187]. Allen diesen Personen war gemeinsam, daß sie als Personen zwar „natürliche“[188] und rechtsgeschäftliche Erwerbstatbestände in ihren tatsächlichen Voraussetzungen verwirklichen konnten. Infolge ihrer Vermögensunfähigkeit traten die jeweiligen Rechtsfolgen jedoch nicht bei den subiecti selbst ein. Sie entfalteten ihre Wirkungen vielmehr in der Person desjenigen, der die Gewalt über die subiecti innehatte[189].

Zum rechtlichen Vorgang dieses Erwerbs werden unterschiedliche Auffassungen vertreten. Kaser[190] ist der Ansicht, dieser Erwerb hätte auf der Vorstellung beruht, die Gewaltunterworfenen würden als Werkzeuge, gleichsam als verlängerter Arm ihres Gewalthabers, tätig. Diese Erwerbsform sei bereits im altrömischen Recht verankert gewesen.

Leist[191] geht dagegen, zumindest was den Erwerb durch Sklaven angeht, von einer anderen Rechtsgrundlage aus. Er vertritt die Auffassung, man habe den Erwerb durch Sklavenarbeit wie auch die

---

war jedoch seit alters, je nach den erfaßten Gegenständen, mit unterschiedlichen rechtlichen Wirkungen ausgestattet; vgl. dazu und zum Umfang der patria potestas in altrömischer und klassischer Zeit *Kaser*, RPR I, § 12, S. 56 ff., bzw. § 82, S. 341 ff.

184 „uxor in manu“, vgl. *Kaser*, RPR I, § 12 I 1, S. 57; die Hausgewalt ist hier eine personenrechtliche Gewalt; zum Inhalt vgl. *Kaser*, RPR I, § 14 und § 82.

185 Filii und filiae familias; ihnen gegenüber wirkte sich die Hausgewalt ebenfalls als personenrechtliche Gewalt aus, vgl. die Nachweise unter Fn. 184.

186 Das waren Kinder, die von ihrem ursprünglichen Gewalthaber durch mancipatio (zu Ursprung, Vollzug und Entwicklung dieses Übertragungsgeschäfts, das anfangs wohl ein Barkauf war, *Kaser*, RPR I, § 9 II, III, S. 43 ff. m. w. N.) der Gewalt eines Dritten unterstellt wurden. Durch die mancipatio wurden die fremden Kinder nicht Kinder des Erwerbers; sie blieben persönlich frei, waren privatrechtlich jedoch den Sklaven des Erwerbers weitgehend gleichgestellt. Die Gewalt über sie war eine Vollgewalt, die rein vermögensmäßig bestimmt war; vgl. *Kaser*, RPR I, § 16 III, S. 69 ff.

187 Die Sklaven sind, anders als Ehefrau und eigene, bzw. manzipierte fremde Hauskinder, persönlich unfrei, *Kaser*, RPR I, § 29 I, S. 112; mit den fremden Hauskindern in mancipio haben sie gemeinsam, daß die Gewalt des Familienoberhaupts über sie nicht personenrechtlich geprägt ist; sie ist Eigentum, *Kaser*, RPR I, § 29 III, S. 113, vgl. auch § 12 II, S. 53.

188 *Kaser*, RPR I, § 102, S. 425 ff., insbes. S. 431.

189 Vgl. Gai. 1, 52 und 2, 90; D. 1, 6, 1, 1; ferner *Kaser*, RPR I, § 14 IV 3—5, S. 63 f., § 29 III, IV 1 und 3, S. 113 f. für das altrömische Recht; für die klassische Epoche *ders.*, RPR I, § 62 III 1, S. 262 f., § 67 III 1, S. 286, § 79 II, S. 330 und § 82 IV 1, S. 343; ferner *Wieacker*, Iura 12 (1961), 374.

190 RPR I, § 62 II, S. 261 und § 67 II 2, S. 285, wo für Erwerbsregelungen auf die personelle Komponente der potestas verwiesen wird; ähnlich auch *Sokolowski*, Bd. 1, S. 422.

191 S. 140.

Rechte an den Sklavenkindern entsprechend den für den Fruchterwerb geltenden Grundsätzen behandelt. Beides sei dem Herrn wegen seines Eigentums am Sklaven zugeordnet worden (Substantialprinzip).

Gegenüber der Ansicht Leists sind angesichts der vorliegenden Erkenntnisse zum Fruchterwerb und zur Stellung der Sklaven in Rom Vorbehalte angebracht. So wird man bei der Annahme dieses Rechtsgrundes für den Erwerb durch Sklaven zeitlich differenzieren müssen. Zwar hat das Ergebnis, daß der Sklavenerwerb dem Herrn zufiel, eine erhebliche Tradition[192]. Ob dies gleichermaßen für die von Leist angeführte Rechtsgrundlage gilt, muß dagegen bezweifelt werden. Gegen ihre Ausprägung in altrömischer Zeit sprechen einmal die Vorstellungen, die zur frühzeitlichen Sklavenwirtschaft in Rom entwickelt worden sind und nach denen die Sklaven damals noch nicht mit den Sachen gleichbehandelt wurden[193]. Die Regelung des Sklavenerwerbs nach den für sachenrechtliches Eigentum geltenden Fruchterwerbsgrundsätzen würde eine solche Gleichstellung aber wohl voraussetzen. Schwierigkeiten für die Argumentation Leists bedeutet ferner der Umstand, daß für die altrömische Zeit beim Fruchterwerb nicht mit dem Substantialprinzip sondern mit dem Produktionsprinzip (vergleichbar dem deutschrechtlichen „Wer sät, der mäht!") gerechnet wird[194]. Für die frührömische Zeit ist die Auffassung Leists, der selbst keine zeitliche Einordnung vorgenommen hat, daher nicht unproblematisch. Dagegen läßt sich seine Annahme mit den nachfolgenden Entwicklungen im römischen Recht in Einklang bringen. Einmal ist im Zuge der gegen Ende der Republik einsetzenden Entwicklung der Sklavenwirtschaft zu einer Massenerscheinung nunmehr in der Tat eine weitgehende Gleichsetzung der Sklaven mit Sachen zu beobachten. Zu der These Leists paßt ferner, daß die potestas des Familienoberhaupts bei den Sklaven, anders als bei den übrigen Familienangehörigen, als sachenrechtliches Eigentum verstanden wurde. Es ist daher nicht abwegig, für die Erwerbszuordnung beim Sklaven bei dieser sachenrechtlichen Ausformung der Herrschaftsgewalt anzusetzen. Der dadurch bedingte Unterschied hinsichtlich der Erwerbsgrundlage gegenüber den übrigen Gewaltunterworfenen würde kein Hindernis für diesen Ansatz darstellen, da der Sklave angesichts seiner eigentümlichen Sonderstellung als persona und res zugleich auch in anderen Bereichen eine im Vergleich zu den anderen der patria potestas Unterstellten ungünstigere rechtliche Stellung hatte[195].

---

[192] Vgl. hierzu die Ausführungen *Kasers* zu den Verhältnissen in der Frühzeit, RPR I, § 29 I, S. 112 f.

[193] Vgl. hierzu *Kaufmann*, S. 204.

[194] *Kaser*, RPR I, § 102 II, S. 427 f. m. w. N.; a. A. *Leist*, S. 162 ff.

[195] Vgl. *Kaser*, RPR I, § 29 III, S. 114 f. und § 67 II, S. 284 ff.

Ob sich die feststellbaren Abstufungen hinsichtlich der Rechtsstellung der Gewaltunterworfenen auf die Erwerbsproblematik ausgewirkt haben, braucht jedoch an dieser Stelle noch nicht abschließend entschieden zu werden. Bedeutung für diese Untersuchung wird dieser Problembereich, dessen rechtshistorische Aufbereitung gegenwärtig offenbar noch nicht als abgeschlossen gelten kann[196], erst dann erlangen, wenn herausgearbeitet worden ist, ob und wenn ja bei welchem der geschilderten personenrechtlichen Gewaltverhältnisse die Regelung des Produktionserwerbs im Arbeitsverhältnis ihren Anfang genommen hat.

Im Hinblick darauf, daß sich eine Einflußnahme der oben dargestellten Statusverhältnisse auf die Verarbeitungsproblematik im Arbeitsverhältnis bestätigen könnte, sei bereits an dieser Stelle klargestellt, daß die bisher angestellten Überlegungen zu den Rechtsgrundlagen des Erwerbs durch Gewaltunterworfene auf die rechtshistorische Fundiertheit der verschiedenen Begründungsansätze abzielten. Ein ethisches Rangverhältnis sollte dagegen nicht aufgestellt werden. In dieser Hinsicht lassen sich zwischen den unterschiedlichen Prinzipien, die als Rechtsgrundlage für den Erwerb durch Gewaltunterworfene angegeben werden, auch keine Unterschiede feststellen. Beide sind mit den ethischen Grundwerten, auf denen unsere jetzige Rechtsordnung aufbaut, gleichermaßen unvereinbar. Die Anerkennung von Personengruppen, deren rechtlicher Status dadurch gekennzeichnet ist, daß ihren Angehörigen bestimmte Rechte bzw. rechtliche Fähigkeiten grundsätzlich vorenthalten bleiben, widerspricht den Vorstellungen von Gleichheit, Freiheit und Selbstentfaltung, unabhängig davon, wie die genannten Beschränkungen rechtlich abgesichert sind. Letzteres kann allenfalls zu einem graduellen Unterschied in der Intensität der Ablehnung führen. Infolge dieser Unvereinbarkeit mit den Grundprinzipien unserer Staats- und Gesellschaftsordnung sind die Sklaverei und andere Verhältnisse persönlicher Unfreiheit als in der Rechtsordnung verankerte Einrichtungen heutzutage verschwunden. Wenn man bedenkt, daß die Leitgedanken unseres Staats- und Rechtslebens, die die Beseitigung persönlicher Abhängigkeit bewirkt haben, letztlich von der Philosophie der Antike geprägt worden sind[197], dann verwundert es, daß man zu jener Zeit dennoch an den geschilderten Gewaltverhältnissen festgehalten hat[198]. Sucht man nach Gründen dafür, dann ist man im wesentlichen auf Vermutungen angewiesen. So könnten

---

[196] Vgl. die Bemerkung *Kasers*, RPR I, § 67 III, Anm. 38.

[197] Auch im römischen Recht war der Grundsatz von der natürlichen Freiheit nicht unbekannt, vgl. Ulp. D. 1, 1, 4 pr.: „... cum iure naturali omnes liberi nascerentur".

[198] Selbst das Christentum hat hier keine grundlegenden Änderungen bewirkt, *Dulckeit / Schwarz / Waldstein*, § 11 II 6, S. 54 und oben Fn. 64.

für die Beibehaltung beispielsweise praktische Bedürfnisse wirtschaftlicher Art verantwortlich gewesen sein[199]. Immerhin standen durch die Sklaven billige Arbeitskräfte in großer Zahl zur Verfügung[200]. Ein weiterer Grund könnte darin liegen, daß es sich bei der Zuordnung persönlich Unfreier zu bestimmten Gewalthabern um überkommene[201] Machtstrukturen handelte, die daher nur schwer und nur langfristig veränderbar gewesen sein dürften.

Für den hier zu untersuchenden Zusammenhang bleibt festzuhalten, daß auch im Rahmen der o. g. Abhängigkeitsverhältnisse die Fremdwirkung von Verarbeitungshandlungen anerkannt gewesen ist, da innerhalb jener Verhältnisse jeglicher natürliche und rechtsgeschäftliche Erwerb dem Gewalthaber zufiel und der Verarbeitungserwerb zu den natürlichen Erwerbsarten gezählt wurde.

c) Die Einflußnahme der römisch-rechtlichen Fremdwirkungsgrundsätze auf die Gestaltung von § 950 BGB

Die BGB-Gesetzgeber haben im Rahmen des Verarbeitungserwerbs den Okkupationsgesichtspunkt aufgegeben und demgemäß erklärt, daß für den Eintritt der Rechtsfolge des § 950 BGB ein entsprechender animus nicht erforderlich sein sollte[202]. Dennoch wäre es verfehlt, bei der Verarbeitungsbestimmung des § 950 BGB im Hinblick auf die nach justinianischem Vorbild gestalteten Vorgänger eine Änderung des Regelungsgehalts anzunehmen. Die Möglichkeit des Verarbeitungserwerbs eines nicht selbst produktiv Tätigen, wie sie in jenen Regelungen teilweise ausdrücklich vorgesehen war, sollte erhalten bleiben. Das wird durch die von den Gesetzgebern vorausgesetzte Gleichwertigkeit von „herstellen“ und „herstellen lassen“ für den Eigentumserwerb belegt. Die erforderliche Festlegung der Voraussetzungen, unter denen ein eigentumbegründendes „Herstellen lassen“ anzunehmen sei, d. h. die Konkretisierung des Rechtsverhältnisses im Falle einer Personenmehrheit auf der Verarbeiterseite mit unterschiedlicher Produktionsbeteiligung, wurde jedoch bewußt vernachlässigt. Man kann dieses Verhalten der Reichsgesetzgeber als weiteren Beleg dafür ansehen, daß man bei der Schaffung des BGB die Lösung sozialer Konflikte zu umgehen suchte. Möglicherweise ist man sich auch der oben angesprochenen dogmatischen und systematischen Problematik der vorhandenen Fremdwirkungsregelungen bewußt gewesen, so daß man es auch deshalb vorgezogen haben könnte, auf ihre Übernahme zu

---

[199] Vgl. beispielsweise den Hinweis bei *Sokolowski*, Bd. 1, Anm. 252, wo ein öffentliches Interesse am Schutz des Sklavenhandels erwähnt wird.

[200] Vgl. *Kaser*, RPR I, § 67 I, S. 283.

[201] *Kaser* hält persönliche Gewaltunterworfenheit in Rom für eine althergebrachte Einrichtung, vgl. RPR I, § 29 I, S. 112.

[202] BGB-Motive, *Mugdan*, Bd. 3, S. 200.

verzichten. Ein erster Anhaltspunkt dafür, daß man mit der generellen Zulassung der Fremdwirkung im Rahmen des § 950 BGB auch an die Gewährleistung einer Möglichkeit für den Ausschluß des Arbeitnehmers vom Arbeitsprodukt dachte, ist jedoch vorhanden. Es war seinerzeit ebenso wie zum gegenwärtigen Zeitpunkt einhellige Meinung, daß der Arbeitnehmer nicht Produktionseigentümer werden konnte[203].

d) Zwischenergebnis

Angesichts des bis jetzt gewonnenen entwicklungsgeschichtlichen Überblicks läßt sich die Frage, inwieweit der Ursprung der Regelung des § 950 BGB für die gegenwärtige Zuordnung des Produktionseigentums im Rahmen von Arbeitsverhältnissen verantwortlich ist, folgendermaßen beantworten:

Die im wesentlichen nach prokulianischen Verarbeitungsgrundsätzen gestaltete Bestimmung des § 950 BGB schließt — ebenso wie dieses Vorbild — die Möglichkeit ein, den Spezifikanten zugunsten des Initiators des Verarbeitungsprozesses vom Verarbeitungserwerb auszuschließen. Für das Regelungsvorbild lassen sich für eine entsprechende Absicht anführen der erwähnte suo-nomine-Vorbehalt als subjektive Erwerbsvoraussetzung, die fehlende Gründung der Verarbeitungsregeln auf die Anerkennung der eigentumsschaffenden Kraft der Arbeit und der Umstand, daß diese Verarbeitungsgrundsätze aus einer Rechtsordnung hervorgegangen sind, in der Statusverhältnisse mit generell fremdwirkender Rechtsfolgenbegründung anzutreffen sind. Bei § 950 BGB kann eine entsprechende Absicht den Erörterungen während des Gesetzgebungsverfahrens und der seinerzeit nahezu einhelligen Meinung zum Ausschluß des Lohnarbeiters vom Produktionserwerb entnommen werden.

Mehr als diese Übereinstimmung in der grundsätzlichen Anerkennung eines fremdwirkenden Verarbeitungserwerbs läßt sich aus den bisherigen Betrachtungen jedoch nicht ableiten. Im Hinblick auf die Geltung dieses Grundsatzes speziell im Arbeitsverhältnis bzw. die insoweit erforderlichen Wirksamkeitsvoraussetzungen vermittelt die Entstehung von § 950 BGB dagegen keine weiterführenden Anhaltspunkte. Dies liegt einmal darin begründet, daß für § 950 BGB die in den Regelungsvorbildern enthaltenen und auf Fremdwirkung abzielenden Tatbestandsvoraussetzungen nicht übernommen worden sind[204]. Hinzu kommt, daß diese Merkmale den Erwerb zugunsten des Initiators des Verarbeitungsprozesses in einer dogmatisch und systematisch

---

[203] Die Selbstverständlichkeit dieses Ergebnisses spiegelt sich besonders deutlich wider in den Stellungnahmen zum BGB-Entwurf von *Cosack*, S. 33 und *Rieß*, S. 661 f.; vgl. ferner *Rümelin*, AcP 93 (1902), 131.

[204] *Mayer-Maly*, SZ 73 (1956), 131; *Rümelin*, AcP 93 (1902), 283.

nicht befriedigenden Weise konstruieren. Es stellt ich daher die Frage, ob die rechtlichen Grundlagen für diesen Erwerb nicht letztlich an anderer Stelle zu suchen sind. Denkbar ist, daß eine arbeitsrechtliche Betrachtung hier bessere Ergebnisse erbringt, als dies die zuvor angestellten sachenrechtlichen Überlegungen vermochten. Die Bestimmungen der römischen Dienstmiete könnten in dieser Hinsicht aufschlußreich sein. Wie bereits dargelegt, handelt es sich hierbei um dasjenige Rechtsinstitut, das im römischen Recht für die vertragliche Begründung von Arbeitsverhältnissen zur Verfügung stand und das nachhaltigen Einfluß auf das Dienstvertragsrecht des BGB genommen hat. Nachfolgend sollen daher die von der rechtshistorischen Forschung erarbeiteten Erkenntnisse dahingehend ausgewertet werden, ob innerhalb der locatio conductio auch Erwerbsfragen geregelt waren und wenn ja, ob die dort anzutreffenden Lösungen in das heutige Dienstvertragsrecht übernommen worden sind.

2. Die Bedeutung des Einflusses der römischen Dienstmiete auf das Dienstvertragsrecht für die Anerkennung des Fremdwirkungsgrundsatzes

a) Die Zuordnung des Produktionseigentums innerhalb der römischen Dienstmiete

Im Verlauf der vorangegangenen Abschnitte ist bereits darauf hingewiesen worden, daß der suo-nomine-Vorbehalt in den Digesten als subjektive Erwerbsvoraussetzung, die zumindest für das justinianische Recht auf den Ausschluß des spezifizierenden Lohnarbeiters ausgerichtet war, angesehen wird. Hinweise auf andere Stellen — beispielsweise innerhalb der locatio conductio —, die weiteren Aufschluß[205] über die Regelung dieses Verarbeitungsproblems geben, konnten dagegen nicht gefunden werden. Wenn man berücksicht, daß die Grundsätze des römischen Rechts im wesentlichen aus der Lösung praktischer Fälle durch die Juristen hervorgegangen sind[206], dann ist aus der skizzierten Quellenlage zu schließen, daß dieser Fall einer Verarbeitung für die Praxis nur geringe Bedeutung gehabt hat. Dafür kann einerseits verantwortlich gewesen sein, daß die Dienstmiete wegen der ausgedehnten Sklavenwirtschaft keine weite Verbreitung erfahren hat und daß daher aus diesem Bereich insgesamt nur wenige Anfragen an die Juristen gerichtet worden sind[207]. Ursächlich wird insoweit aber

[205] Es läßt sich allenfalls eine Bestätigung des Grundsatzes finden: Ulp. D. 19, 2, 39; vgl. dazu *De Robertis*, I rapporti di lavoro, S. 155 f.; *Mayer-Maly*, SZ 73 (1956), 130.

[206] *Dulckeit / Schwarz / Waldstein*, § 24 II 7, S. 149; *Kaser*, RPR I, § 1 II 2, S. 2 f. und III 1, S. 4.

[207] Das vermutet *Mayer-Maly*, RdA 1967, 282; zust. *Nörr*, SZ 82 (1965), 91.

auch gewesen sein, daß die Verarbeitung als solche gegenüber anderen Eigentumserwerbsarten nur von nachrangiger praktischer Bedeutung gewesen ist[208]. Dieser negative Befund in Verbindung mit dem bereits geschilderten wenig befriedigenden Aussagegehalt des suo-nomine-Vorbehalts machen es erforderlich, für die Konkretisierung der Verarbeitungsregelung bei der römischen Dienstmiete andere Gesichtspunkte beizuziehen.

aa) Die Wertschätzung der Arbeit als Anhaltspunkt für die Konfliktlösung

Beachtlich ist in diesem Zusammenhang zunächst, welche Wertschätzung der Arbeit der Rechtsordnung zugrundelag, die die Dienstmieteregelungen hervorgebracht hat. Eine Beteiligung des Dienstverpflichteten am Produktionseigentum verlangt eine positive Einstellung zur menschlichen Arbeit und die Anerkennung ihrer eigentumschaffenden Kraft[209]. Für das klassische römische Recht und die nachfolgenden Entwicklungen bis hin zu Justinian lassen sich jedoch keine Anhaltspunkte finden, die auf die Existenz einer entsprechenden Einstellung hinweisen. Insoweit gewinnen die Ausführungen zu den Grundlagen der römischen Spezifikationstheorien nochmals Bedeutung. Wie dort im einzelnen erläutert worden ist, wurden die Verarbeitungslehren von philosophischen, materiellen und prozessualen Grundsätzen getragen. Anhaltspunkte dafür, daß die Arbeit als eigentumschaffende Kraft anerkannt worden wäre, haben sich dagegen nicht ergeben. Vielmehr scheinen die Quellen zur Spezifikation geeignet zu sein, das Gegenteil, nämlich die Ablehnung der eigentumschaffenden Kraft der Arbeit, zu belegen. Dies hat Bechmann in einer Abhandlung aus dem Jahre 1864[210] nachzuweisen versucht. Für seinen Nachweis hat er die einzelnen Spezifikationsentscheidungen ausgewertet[211]. Dabei ist er zu dem Ergebnis gelangt, daß die eigentumschaffende Kraft deshalb nicht anerkannt gewesen sein könne, weil die Entscheidungen nicht auf den schöpferischen Gehalt der jeweiligen Tätigkeit abgestellt hätten[212]. Nur die schöpferische Arbeit, die dem Produkt den Stempel der Persönlichkeit aufdrücke, rechtfertige den Produktionserwerb[213]. Die römischen Juristen hätten hier jedoch nicht differenziert und einmal schöpferischen und dann wieder nichtschöpferischen Tätigkeiten das Ar-

---

[208] *Thielmann*, Festgabe für v. Lübtow, S. 229.

[209] Vgl. *Leist*, S. 167, der an dieser Stelle den römischen Juristen gleichzeitig eine entsprechende Einsicht zuerkennt.

[210] Über den Rechtsgrund des Eigenthumserwerbs durch Specification, AcP 47 (1864), 25.

[211] Ebd., 31 ff.

[212] Ebd., insbes. S. 34.

[213] Ebd., 30.

beitsprodukt zugesprochen[214]. Dies lasse sich nicht mit einem Mangel an praktischem Verständnis für die volkswirtschaftlichen Zusammenhänge bei den Juristen erklären; die römischen Juristen würden ja sonst gerade wegen ihrer praktischen Vernunft gelobt[215]. Der Grund sei vielmehr darin zu sehen, daß bei der Entscheidungsfindung ein sozial-wertendes Arbeitsprinzip keine Beachtung erfahren habe[216]. Zur Unterstützung seiner Auffassung verweist Bechmann auch auf tatsächliche Gründe. So ist seiner Ansicht nach für die Anerkennung des Grundsatzes, daß dem Arbeiter das Produkt seiner Arbeit als Lohn für dieselbe zustehe, eine blühende Industrie mit bedeutendem sozialen Gewicht erforderlich[217]. Die römische Wirtschaft habe jedoch eine völlig andere Struktur gehabt. Die soziale Grundlage des römischen Staates seien Grundbesitz und Ackerbau gewesen; soziale Reformen und Revolutionen hätten bei diesen Größen angesetzt. Dagegen fehle es an Anhaltspunkten dafür, daß es im römischen Staat einen sozialen Kampf der Arbeit gegen Kapital und Grundbesitz gegeben hat[218].

Der Argumentation Bechmanns kann nicht in allen Punkten gefolgt werden. Vorbehalte sind beispielsweise gegenüber der Kennzeichnung der sozialen Auseinandersetzungen in Rom angebracht, die Bechmann zur Unterstützung seiner Ansicht mit herangezogen hat. Zwar ist es angesichts der unzulänglichen Quellenlage offenbar schwierig, sich über diesen Bereich gesellschaftlicher Entwicklungen im römischen Staat ein genaues Bild zu verschaffen[219]. Die hierzu vorhandenen Untersuchungen vermitteln jedoch nicht den Eindruck, als hätten sich die sozialen Auseinandersetzungen in Rom auf die Verteilung von Grund und Boden beschränkt. Zwar wird man diesen Kampf als ein soziales Kernproblem ansehen müssen[220]. Daneben gab es jedoch auch noch andere Mißstände, die die Angehörigen unterschiedlicher gesellschaftlicher Gruppen zu teilweise erbitterten Gegnern werden ließen. Man denke beispielsweise an die armseligen Verhältnisse, unter denen die vermögenslosen Schichten der römischen Stadtbevölkerung leben mußten. Die gesetzgeberisch verordneten Zinserlasse bei Pacht und Wohnungsmiete[221] und das Ablenkungsmanöver der staatlichen Gewährung von Brot und Spielen[222]

---

[214] Ebd., 32.

[215] Ebd., 31 und 36.

[216] Ebd., 34; ebenso *Wieacker*, Festschrift für Rabel, Bd. 2, S. 265.

[217] *Bechmann*, AcP 47 (1864), 28; zur Bedeutung sozialer Verhältnisse für die Regelung des Produktionserwerbs vgl. auch *Leist*, S. 120.

[218] *Bechmann* (Fn. 217).

[219] Vgl. *Pöhlmann*, S. 474, 476 f.

[220] *Kaufmann*, S. 33; *Siber*, Verfassungsrecht, S. 62.

[221] Vgl. hierzu Ulp. D. 19, 2, 15, 3—5; ferner Sueton, De vita Caesarum 1, 38 und dazu *Mayer-Maly*, Locatio, S. 140 ff.; *Pöhlmann*, S. 477 f.

[222] *Pöhlmann*, S. 549 und 556 f., jew. m. w. N.

zeigen, daß weitere Unruheherde vorhanden waren, für deren Entstehung die Eigentumsverhältnisse an Grund und Boden jedoch allenfalls mittelbare Bedeutung hatten[223]. Ähnliches gilt für die Sklavenaufstände, die aus der Geschichte des römischen Staates bekanntgeworden sind. Hier waren es wohl vorrangig die teilweise grausamen Ausbeutungsmethoden der Sklavenbesitzer, die zum Aufruhr führten[224]. Angesichts der soeben geschilderten Vorgänge ist es eine problematische Vereinfachung, die sozialen Auseinandersetzungen in Rom auf den Verteilungskampf an Grund und Boden zu reduzieren. Dennoch behält die für den vorliegenden Zusammenhang wichtige Schlußfolgerung Bechmanns, daß es in Rom einen Kampf der Arbeit gegen Kapital und Grundbesitz nicht gegeben habe, ihre Bedeutung. Trotz vorhandener Parallelen im tatsächlichen Bereich ist es nämlich nicht möglich, die geschilderten historischen Vorgänge mit den sozialen Auseinandersetzungen, wie sie das Industriezeitalter mit sich gebracht hat, gleichzusetzen. Ein wesentlicher Unterschied besteht darin, daß sich eine ideologische Grundlage für jene Auseinandersetzungen nicht finden läßt. Anhaltspunkte für eine Theorie, gerichtet auf eine grundsätzliche Umgestaltung der vorhandenen staatlichen und gesellschaftlichen Strukturen, sucht man im Zusammenhang mit den geschilderten Kämpfen vergeblich. Dafür wird man nicht nur die ungünstige Quellenlage verantwortlich machen können. Es scheint vielmehr so gewesen zu sein, daß ein entsprechender ideologischer Unterbau tatsächlich nicht vorhanden war. Die Hinweise zu den Hintergründen der geschilderten sozialen Auseinandersetzungen sprechen für die Richtigkeit dieser Annahme. So wird als auslösender Faktor für die bekanntgewordenen Aufstände eine durch wirtschaftliche und soziale Mißstände hervorgerufene Unzufriedenheit angenommen, die die Benachteiligten und Unterdrückten zu einem gewaltsamen Angriff auf das Vermögen der wohlhabenden Unterdrücker veranlaßt habe[225]. Für die fehlende ideologische Vorbereitung bzw. Begleitung der sozialen Auseinandersetzungen spricht ferner, daß in der Überlieferung die Verhaltensweisen der Aufständischen lediglich als kriminell gebrandmarkt werden[226]. Eine über die Abwertung hinausgehende Auseinandersetzung mit etwaigen

---

[223] Eine Verbindung wird man insoweit annehmen können, als der durch die Eroberungskriege eingeleitete Niedergang des freien mittelständischen Bauerntums zu gesellschaftlichen Veränderungen (Vermehrung des besitzlosen Stadtproletariats) führte, die ihrerseits die geschilderten sozialen Probleme nach sich zogen; vgl. dazu *Dulckeit / Schwarz / Waldstein,* § 18, S. 95 ff.; *Kunkel,* RRG, S. 48.

[224] Vgl. hierzu und zum folgenden *Dulckeit / Schwarz / Waldstein,* § 18 II 4, S. 98.

[225] *Pöhlmann,* S. 557 f.; zum Charakter innenpolitischer Auseinandersetzungen in Rom und zur fehlenden politischen Motivation der Sklavenaufstände *Kunkel,* RRG, S. 50 bzw. S. 49 Anm. 5.

[226] *Pöhlmann,* S. 479 ff.

Leitideen, von denen die aufrührerischen Bewegungen getragen worden wären, fehlt dagegen.

Wenn demzufolge auch Vorbehalte gegenüber einzelnen Argumentationspunkten Bechmanns angebracht sind[227], so bleiben sein Urteil hinsichtlich der Einschätzung der Arbeit in Rom und seine Auffassung von der fehlenden Anerkennung eines sozial-wertenden Arbeitsprinzips für die hier zu untersuchenden Zusammenhänge dennoch beachtenswert. Dafür, daß ihm hinsichtlich dieser Schlußfolgerungen gefolgt werden kann, spricht die Tatsache, daß jüngere Untersuchungen zur Bewertung der Arbeit in Rom[228] die noch immer herrschende Meinung[229] von der geringen sozialen Wertschätzung der Arbeit durch das römische Volk nicht grundsätzlich zu widerlegen versuchen, sondern sich darum bemühen, die Notwendigkeit von Differenzierungen darzutun[230]. Die Ansichten darüber, wie weit diese Differenzierungen gehen müssen, sind allerdings uneinheitlich. De Robertis geht z. B. für „die Zentralepoche der römischen Geschichte"[231] von einer Geringschätzung der Arbeit in den Oberschichten aus, während bei den Angehörigen der gehobenen Mittelschicht eine durchaus positive Einstellung zur menschlichen Arbeit vorhanden gewesen sei, die jedoch in der Literatur mangels entsprechender Einflußmöglichkeiten keinen Niederschlag habe finden können[232]. Nörr hält diese Differenzierung nach gesellschaftlichen Klassen zwar für beachtlich, aber nicht für ausreichend. Er verlangt weitere zeitliche Differenzierungen und eine genauere Analyse der Hintergründe bei den zur Arbeitsbewertung vorliegenden Äußerungen[233]. Als Ergebnis einer noch ausstehenden genaueren Untersuchung prognostiziert er die Auffindung eines Kerns von grundsätzlichen Tendenzen und einen weiten Bereich von Variationsmöglichkeiten in dessen Umgebung[234].

Angesichts der zur Bewertung der Arbeit in Rom bislang vorliegenden Äußerungen erscheint es gerechtfertigt, bei den einflußreichen Oberschichten der römischen Gesellschaft während der für die Ent-

[227] Nicht ohne weiteres einsichtig ist auch das von ihm für den Arbeitserwerb genannte Erfordernis des schöpferischen Charakters der Arbeit; hier hätte es näherer Darlegungen bedurft. Zu abweichenden Begründungsansätzen für den Produktionserwerb vgl. *Fabricius*, Marktwirtschaft und Mitbestimmung, Rz. 208 ff.

[228] Vgl. die bereits mehrfach herangezogenen Untersuchungen von *Beck*, *De Robertis* und *Nörr* (Fn. 19, I. Teil, 1. Kap.).

[229] Vgl. *Nörr*, SZ 82 (1965), 69.

[230] Ebd.

[231] Vgl. ebd., 71; die Aussagen von De Robertis zur Wertschätzung der Arbeit betreffen im wesentlichen den Zeitraum von 200 v. Chr. bis 250 n. Chr.

[232] *De Robertis*, vgl. die Angaben oben unter Fn. 112.

[233] *Nörr*, SZ 82 (1965), 71 ff.

[234] Ebd., 85.

wicklung des römischen Staats- und Rechtslebens bedeutsamen Geschichtsepochen von einer negativen Grundhaltung gegenüber der Arbeit auszugehen. Zumindest für diese Epoche fehlte es damit an der erforderlichen Wertschätzung der Arbeitsleistung, ohne die eine Gestaltung der Verarbeitungsregeln zugunsten des produzierenden Arbeitnehmers nicht denkbar ist.

Anhaltspunkte für einen durchgreifenden Gesinnungswandel in nachklassischer Zeit sind nicht ersichtlich. Vielmehr ist ein Indiz vorhanden, welches geeignet ist, eine weitere Abwertung menschlicher Arbeit anzuzeigen. Insoweit gewinnen die bereits erwähnten Verschlechterungen bei den Arbeitsverhältnissen im Zuge nachklassischer Entwicklungen Bedeutung. Wie zuvor bereits näher erläutert worden ist[235], wurde die locatio conductio zur Begründung von Arbeitsverhältnissen insbesondere in Westrom mehr und mehr zugunsten sklavereiähnlicher Unterwerfungsverhältnisse zurückgedrängt. Auch das Wiederaufgreifen der klassischen locatio conductio durch Justinian hat diese Erscheinungsformen offenbar nicht verdrängt.

bb) Weitere Anhaltspunkte und zusammenfassende Bewertung

Versucht man, aufgrund der bisher gewonnenen Einblicke in die Behandlung der Arbeit im römischen Recht von der Klassik bis zu Justinian die Regelung des Produktionserwerbs bei der locatio conductio für diese Zeit zu rekonstruieren, so ist hier nicht nur die feststellbare geringe Wertschätzung menschlicher Arbeit von Bedeutung. Zu berücksichtigen ist auch, daß sich angesichts der vorhandenen Erkenntnisse zu den Grundlagen der römischen Spezifikationslehren keine Anhaltspunkte für eine Anerkennung der eigentumschaffenden Kraft der Arbeit ergeben haben. Nicht übergangen werden darf ferner die Tatsache, daß die Ausgestaltung der locatio conductio keine Möglichkeit eröffnete, den Wert der Arbeit im Rahmen eines Arbeitsverhältnisses produktionsbezogen zu realisieren, sondern die Vergütungsbestimmung der freien Parteivereinbarung überlassen blieb. Nimmt man die genannten Aspekte zusammen, dann erscheint es gerechtfertigt, in der Sinngebung, die für den suo-nomine-Vorbehalt angenommen wird, nicht nur die justinianische Regelung des fremdwirkenden Verarbeitungserwerbs im Arbeitsverhältnis zu sehen, sondern den diesem Vorbehalt zugeschriebenen Ausschluß des spezifizierenden Lohnarbeiters auch als die Lösung anzuerkennen, die in den davor liegenden Entwicklungsepochen für den Locationsvertrag Gültigkeit hatte. Auch wenn bislang — soweit ersichtlich — für jene Epochen eine ausdrückliche Behandlung dieser Problematik weder im Spezifikationsrecht noch im Recht der locatio conductio sichtbar gemacht wor-

---

[235] Vgl. in diesem Kapitel unter I., 1., b), dd).

den ist, läßt sich das angenommene Ergebnis jedenfalls widerspruchsfrei in das Spektrum der vorhandenen Erkenntnisse zur Behandlung der Arbeit einfügen.

b) Anhaltspunkte für das Fortwirken römischer Produktionserwerbsgrundsätze im Dienstvertragsrecht des BGB

Ausgehend von der zuvor entwickelten Annahme des Ausschlusses des spezifizierenden Lohnarbeiters vom Produktionserwerb während der maßgeblichen Entwicklungsphasen des römischen Rechts bis hin zu Justinian, kommt es für das Fortwirken dieser Regelung im Dienstvertragsrecht des BGB darauf an, ob sich Anhaltspunkte finden lassen, die diesen Vorgang belegen.

Die Absicht, im BGB zur Regelung des Produktionserwerbs im Arbeitsverhältnis justinianische oder sonstige Verarbeitungsgrundsätze fortschreiben zu wollen, ist weder bei der Gestaltung des Dienstvertragsrechts noch bei der Ausformung der Verarbeitungsbestimmungen des BGB ausdrücklich geäußert worden. Es verbleibt daher die Aufgabe festzustellen, ob sich an anderer Stelle Hinweise auf die Art der Behandlung dieses Problems ergeben.

Beachtlich sind in diesem Zusammenhang zunächst drei Gesichtspunkte aus der Zeit der Schaffung des BGB, die im Verlauf der vorangegangenen Ausführungen bereits aufgezeigt worden sind und die für das Arbeitsverhältnis die Fortschreibung römischer Verarbeitungsgrundsätze in ihrer bis zu Justinian gültigen Ausformung wahrscheinlich machen. Zum einen ist dies der Umstand, daß der justinianische suo-nomine-Vorbehalt z. Z. der Schaffung des BGB noch gesetzlich festgeschrieben bzw. in der Pandektenwissenschaft anerkannt war. Dem an vorhandenen Regelungen sich ausrichtenden BGB-Gesetzgeber stand daher ein den Ausschluß des spezifizierenden Lohnarbeiters bewirkendes übernahmefähiges Vorbild zur Verfügung. Für die Annahme, daß es zu einer Übernahme — allerdings beschränkt auf das Ergebnis — gekommen ist, sprechen zwei Vorgänge. Unterstützt wird sie einmal durch die in den Gesetzesberatungen hervorgetretene Selbstverständlichkeit, mit der man die Fremdwirkung von Verarbeitungshandlungen beim Produktionserwerb grundsätzlich anerkannte. Mit dieser Anerkennung wurde einerseits auch für Arbeitsverhältnisse die Möglichkeit des Produktionserwerbs durch den nicht selbst arbeitenden Initiator des Verarbeitungsprozesses aufrecht erhalten. Die Art der Behandlung dieses Problems läßt andererseits den Schluß zu, daß hier ein Grundsatz fortgeschrieben worden ist, welcher fest in der rechtlichen Überzeugung derjenigen verankert war, die seinerzeit an der Gestaltung des neuen Gesetzbuches beteiligt gewesen sind. Die insoweit feststellbare Einmütigkeit hinsichtlich des Ergebnisses könnte aus dessen langandauerndem unangefochtenen Bestand resultieren. Dazu werden nachfolgend jedoch noch einige Überlegungen anzustellen sein.

Zuvor sei jedoch auf den zweiten Vorgang hingewiesen, der die Annahme von der Beibehaltung des Ausschlusses des spezifizierenden Lohnarbeiters vom Produktionserwerbs im Dienstvertragsrecht des BGB wahrscheinlich macht. Es ist dies die bereits erwähnte damals z. Z. der Schaffung des BGB — wie auch heute noch — absolut herrschende Meinung, daß der Arbeiter nicht Produktionserwerber werden könne. Es gibt keine Anhaltspunkte, die auf ein Abrücken der BGB-Gesetzgeber von diesem Standpunkt hindeuten. Für die gegenteilige Annahme sprechen dagegen die bereits erwähnte grundsätzliche Behandlung der Fremdwirkungsproblematik und die Tatsache, daß nach dem Inkrafttreten des BGB intensive Bemühungen einsetzten, um den Nichterwerb des Arbeitnehmers systematisch und domatisch in das BGB zu integrieren, ohne daß der Bestand dieses Ergebnisses unter der Geltung des BGB selbst in Zweifel gezogen worden wäre.

Für die Annahme, daß das in seiner Struktur entscheidend vom römischen Recht geprägte Dienstvertragsrecht des BGB auch hinsichtlich des Ausschlusses des Arbeiters vom Produktionserwerb von dort beeinflußt worden ist, bedeuten die soeben dargestellten Vorgänge erste Rechtfertigungsansätze. Weitere unterstützende Gesichtspunkte ergeben sich angesichts der Behandlung, die arbeitsrechtliche Problemstellungen in den auf Justinian folgenden Epochen der Fortgeltung des römischen Rechts bis zur Schaffung des BGB erfahren haben.

Von dem noch immer weit verbreiteten Standpunkt aus, den Beginn der Geschichte des Arbeitsrechts mit dem Einsetzen der industriellen Revolution weitgehend gleichzusetzen[236], mag es wenig aussichtsreich erscheinen, in juristischen Werken der davor liegenden Zeiträume einer Beschäftigung mit einem aktuell-arbeitsrechtlichen Problem wie der Frage des Produktionserwerbs des Arbeitnehmers zu begegnen. Daß es grundsätzlich nicht abwegig ist, in vorindustriellen Epochen nach einer wissenschaftlichen Aufbereitung arbeitsrechtlicher Fragestellungen zu suchen, hat in neuerer Zeit Mayer-Maly aufzuzeigen versucht[237]. In seiner Abhandlung geht es ihm um den Nachweis arbeitsrechtlicher Leistungen der Jurisprudenz des späten Mittelalters und der frühen Neuzeit. Für diese Aufgabe hat er die Werke der Glossatoren und Kommentatoren und die Texte der Humanisten und des Usus modernus untersucht und eine Reihe von Ansätzen zu Tage

236 Vgl. Fn. 15, I. Teil, 1. Kapitel.

237 Elemente der Entwicklung des Arbeitsrechts, in: La formazione storica del diritto moderno in Europa, S. 1321 ff.

gefördert, die seiner Ansicht nach für ein „verwissenschaftliches Arbeitsrecht“ bereits zu jener Zeit sprechen[238].

Für den vorliegenden Zusammenhang sind die Darlegungen Mayer-Malys zur Behandlung des gerechten Lohn in den betrachteten Zeiträumen[239] von besonderem Interesse, ein Gegenstand, zu dem weitere beachtenswerte Abhandlungen vorhanden[240] sind, die allerdings nicht von einem speziell arbeitsrechtsbezogenen Ansatz ausgehen. Von Bedeutung ist zunächst, daß die in der Antike verbreitete geringe Wertschätzung menschlicher Arbeit im Mittelalter von einer — wohl im wesentlichen von christlichen Anschauungen geprägten — Hochachtung vor der Arbeit verdrängt wurde. Trusen[241] weist in diesem Zusammenhang darauf hin, daß dann, wenn irgendeine Arbeitsleistung feststellbar gewesen sei, auch der Nutzen aus anderen Dingen, beispielsweise aus Geld, als gerechtfertig anerkannt worden wäre. Trotz dieses Wandels in der Einstellung zur Arbeit vermitteln die vorhandenen Untersuchungen zur Behandlung der Lohngerechtigkeit in jener Zeit nicht den Eindruck, als habe das Spannungsverhältnis zwischen Arbeitsleistung und Produktionserwerb für das Problem des gerechten Lohns eine Rolle gespielt. Offenbar ging es vielmehr darum, die Bestimmung des Verhältnisses von Leistung und Gegenleistung an objektive Kriterien zu binden und der Beeinflussung durch die subjektiven Interessen der Vertragsparteien weitgehend zu entziehen. Obrigkeitlich festgelegte Taxordnungen spielten in diesem Zusammenhang eine wichtige Rolle[242]. Für die Lohnbestimmung gewann überdies auch der nach kanonistischer Lehre für das Kaufrecht geltende Grundsatz der subsidiären Geltung des Parteiwillens Bedeutung. Danach war Parteivereinbarung hinsichtlich der Entgeltbestimmung insoweit möglich, als der objektiv zu bestimmende gemeine Wert einen Festsetzungsspielraum eröffnete[243].

Die von der rechtshistorischen Forschung sichtbar gemachten Lösungsansätze bei der Behandlung der Lohngerechtigkeit machen deutlich, daß bereits im späten Mittelalter und in der frühen Neuzeit ein entsprechendes Problembewußtsein vorhanden war, das dazu führte, die Parteivereinbarung als Mittel zur Bestimmung des gerechten Lohns in Zweifel zu ziehen und sie durch andere Bemessungsgrundsätze zu

---

238 *Mayer-Maly,* Elemente, S. 1345.

239 Ebd., S. 1332 ff.

240 Vgl. aus dem deutschsprachigen Raum insbes. *Endemann,* Wirtschafts- und Rechtslehre II, S. 34 ff.; *Trusen,* S. 44 ff.

241 *Trusen,* S. 46; vgl. auch *Endemann,* Wirtschafts- und Rechtslehre II, S. 43.

242 *Endemann,* Wirtschafts- und Rechtslehre II, S. 38 ff.; *Trusen,* S. 47 f.

243 *Endemann,* Wirtschafts- und Rechtslehre II, S. 41; *Mayer-Maly,* Elemente, S. 1333 f.

ersetzen. Ein produktionsbezogener Ansatz bei der Vergütungsbestimmung ist jedoch — soweit ersichtlich — für jene Epochen nicht feststellbar. Die zur Lohngerechtigkeit entwickelten Lösungen bedeuten daher keine Gefahr für den Fortbestand des Ausschlusses des Arbeiters vom Produktionserwerb zu jener Zeit. Daß aus dieser Richtung kein Anstoß für ein Überdenken der Produktionserwerbsregelung im Arbeitsverhältnis gekommen ist, wird aber nicht nur durch die Eigenart der feststellbaren Lösungsansätze wahrscheinlich gemacht. Von mindestens gleich großer Bedeutung ist die Tatsache, daß die vormals zur Bestimmung des gerechten Lohns entwickelten Grundsätze z. Z. der Schaffung des BGB insoweit abgelöst waren, als inzwischen die Parteivereinbarung ihre vorrangige Stellung als Mittel zur Bestimmung der Lohnhöhe wiedererlangt hatte. Die Favorisierung der Parteivereinbarung entsprach der liberalistischen Wirtschaftsauffassung des 19. Jahrhunderts. Zwar erkannte man auch die Mißbrauchsgefahren, die die Wiederherstellung der Vertragsfreiheit mit sich bringen würde; man schätzte sie jedoch von ihrem Ausmaß her als gering ein oder verwies darauf, daß die früher entwickelten Grundsätze, mit denen die Parteivereinbarung eingeschränkt worden war, Mißbräuche auch nicht hätten verhindern können[244].

Die Gestaltung der Vergütungsregelungen der §§ 611 Abs. 1, 612 Abs. 2 BGB macht deutlich, daß die allgemeine Tendenz der Abkehr von den vormaligen Verhältnissen objektiver Wertfestsetzung hin zur Wertfestsetzung durch Parteivereinbarung sich auch im Bereich des Dienstvertragsrechts hat durchsetzen können. Die locatio conductio in ihrer justinianischen Ausformung bot sich für die Verwirklichung dieser Bestrebungen an. Auch dort war die Vergütungsbestimmung grundsätzlich[245] der Parteivereinbarung überlassen, ohne daß sich diese an vorgegebenen Größen hätte ausrichten müssen. Indem man diesem Regelungsvorbild folgte und für den Fall fehlender Parteivereinbarung eine Lösung wählte, die für die Vergütungsbestimmung nicht das Arbeitsprodukt, sondern eine bestehende Taxe oder die „übliche Vergütung" in Bezug nahm, bestanden in systematischer und dogmatischer Hinsicht auch keine Schwierigkeiten, an der für jenes Regelungsvorbild geltenden Produktionserwerbsregelung festzuhalten.

Nimmt man die in den vorangegangenen Abschnitten aufgezeigten Aspekte zusammen, so läßt sich darauf für die Frage, woher der im Dienstvertragsrecht geltende Ausschluß des Arbeitnehmers vom Produktionserwerb stammt, keine unumstößlich sichere Antwort ableiten. Die zusammengestellten Anhaltspunkte, d. h.: die Existenz einer dem suo-nomine-Vorbehalt entsprechenden Regelung, der z. Z. der Schaf-

[244] Vgl. nur *Endemann*, Wirtschafts- und Rechtslehre II, S. 73 f.

[245] Ebenso *Trusen*, S. 72 f.; für Ausnahmen vgl. oben Fn. 47.

fung des BGB im Grundsatz unumstritten anerkannte fremdwirkende Verarbeitungserwerb, die einhellige Überzeugung vom Nichterwerb des produzierenden Arbeitnehmers, die — hier allerdings nur in den wesentlichen Zügen skizzierte — Entwicklung des Lohngerechtigkeitsgedankens, die im 19. Jahrhundert anzutreffende Favorisierung der Vertragsfreiheit zur Bestimmung des Verhältnisses von Leistung und Gegenleistung und die dementsprechende, justinianisch beeinflußte Lösung im Dienstvertrag des BGB bilden jedoch eine tragfähige Basis für die Annahme, daß der Ausschluß des Arbeitnehmers vom Produktionserwerb — auch ohne ausdrückliche Regelung — als Fortschreibung der entsprechenden Regelung der justinianischen locatio conductio angesehen werden kann.

3. Anmerkungen zu den bisher gezogenen Schlußfolgerungen und den nachfolgenden Betrachtungen

Mit den vorangegangenen Überlegungen sollte versucht werden, die Hintergründe für die Geltung des Grundsatzes des fremdwirkenden Verarbeitungserwerbs im Arbeitsverhältnis zu rekonstruieren. Das Ergebnis ist ein zwar nicht eindeutig zu beweisender, aber gedanklich nachvollziehbarer Entwicklungsgang, der aus den für die Problematik beachtlichen rechtshistorischen Erkenntnissen abgeleitet worden ist. Es mag sein, daß die Einbeziehung anderer, hier unberücksichtigt gebliebener Aspekte eine Konkretisierung oder aber auch eine Modifizierung der hier gezogenen Schlußfolgerungen ermöglicht. Diese Möglichkeit kann und will der hier unternommene Rekonstruktionsversuch nicht ausschließen. Da entsprechende Bemühungen aber bislang — soweit ersichtlich — nicht eingesetzt haben, werden die hier angenommenen Verbindungslinien die Grundlage der nachfolgenden Erörterungen bilden.

Im Verlauf der bisherigen Erörterungen konnte ein Weg wahrscheinlich gemacht werden, auf dem der Grundsatz des fremdwirkenden Verarbeitungserwerbs in das Dienstvertragsrecht des BGB hineingelangt ist. Ausgehend von dem hier vertretenen Standpunkt, daß insoweit die justinianische Lösung des Problems im Grundsatz übernommen worden ist, fehlen jedoch bislang noch Erkenntnisse darüber, auf welchen rechtlichen Grundlagen der Produktionserwerb durch den Initiator des Verarbeitungsprozesses beruht. Wie bereits aufgezeigt, haben die BGB-Gesetzgeber seinerzeit auf eine eigene Lösung dieses Anschlußproblems verzichtet und diese Aufgabe an Wissenschaft und Praxis überwiesen. Dort ist aber bislang keine dogmatisch und systematisch befriedigende rechtliche Konstruktion entwickelt worden. Es stellt sich daher die Frage, wie dieses Problem bei dem übernommenen Regelungsvorbild gelöst war. Bei ihrer Beantwortung könnten sich Kriterien für die noch ausstehende Problemlösung im BGB ergeben.

Zuvor ist bereits angemerkt worden, daß der suo-nomine-Vorbehalt nur unvollkommen geeignet ist, für die justinianische Zeit die rechtlichen Grundlagen für den fremdwirkenden Produktionserwerb zu erschließen. Angesichts der in der rechtshistorischen Forschung geäußerten Bedenken gilt diese Einschätzung für die davor liegenden Epochen, während der nach dem hier vertretenen Standpunkt der Nichterwerb des Arbeiters ebenso gegolten hat, in gleicher Weise. Es wird daher nachfolgend darum gehen, von anderen Ansatzpunkten den gesuchten Antworten näher zu kommen. Angesichts des Umstandes, daß das Ergebnis, d. h. der Ausschluß des Lohnarbeiters vom Produktionserwerb von der klassischen Zeit bis hin zu Justinian, nur in der Form einer auf verschiedene sachbezogene Gesichtspunkte gestützten Annahme entwickelt werden konnte, steht zu vermuten, daß bei der nunmehr zu lösenden Aufgabe ein ähnliches Vorgehen erforderlich sein wird.

III. Rechtsgrundlagen des fremdwirkenden Verarbeitungserwerbs bei der römischen Dienstmiete

1. Problematik

Wie bereits erwähnt, gab es im römischen Recht Verhältnisse persönlicher Unfreiheit, in denen auch Arbeitsleistungen zu erbringen waren und in denen aufgrund der persönlichen Abhängigkeit alle Erwerbshandlungen Fremdwirkung hatten. Man könnte daran denken, daß sich der Produktionserwerb bei der römischen Dienstmiete, bei der es ja auch um die Erbringung von Arbeitsleistungen ging, nach ähnlichen Grundsätzen wie in jenen Abhängigkeitsverhältnissen vollzogen hat. Diese Vermutung ist auch geäußert worden, gestützt auf die Annahme, daß die römische Dienstmiete ja letztlich aus der Vermietung von Sklaven entstanden sei[246].

Es gibt einige Gründe, die für die Richtigkeit dieser Vermutung zu sprechen scheinen. Hierzu gehört u. a. die Tatsache, daß das römische Arbeitsleben in klassischer Zeit von einer ausgeprägten Sklavenwirtschaft bestimmt war[247], wodurch die tatsächliche und rechtliche Entwicklung des freien Arbeitsvertrages in den Hintergrund gedrängt

[246] Vgl. die dahingehenden Überlegungen von *Fabricius*, Naturrecht, S. 93; *ders.*, Marktwirtschaft und Mitbestimmung Rz 245; *ders.*, Festschrift für Gleitze, S. 489.

[247] Vgl. *Kaser*, RPR I, § 67 I, S. 283.

wurde[248]. Es ist daher grundsätzlich nicht abwegig anzunehmen, daß man sich bei der Lösung praktischer Probleme aus dem Bereich der freien Dienstmiete durch die Übernahme von Grundsätzen aus dem Sklavenrecht behalf. Die früher bereits dargelegte Einheitskonzeption des Locationsvertrages[249], der in der Form der Sachmiete auch die entgeltliche Überlassung von Sklaven zu Arbeitszwecken regelte[250], könnte ebenfalls für eine Übernahme sprechen, ebenso die feststellbare Geringschätzung der menschlichen Arbeitsleistung. Es ist nicht unwahrscheinlich, daß diese Bewertung der Arbeitsleistung neben den bereits genannten politischen Bestimmgründen[251] auch daraus resultierte, daß Arbeitsleistungen in der Mehrzahl der Fälle von Sklaven erbracht wurden. Da diese Personengruppe zumindest in klassischer Zeit nicht geachtet war, ist es möglich, daß die Geringschätzung[252], die den Sklaven entgegengebracht wurde, auf die Bewertung der von ihnen geleisteten Arbeit übergegangen ist und fortbestanden hat, auch wenn die Arbeit von Freien verrichtet wurde[253]. Dieser von der rechtshistorischen Forschung für nicht unwahrscheinlich gehaltene Vorgang einer Einwirkung der Sklavenwirtschaft auf das freie Arbeitsverhältnis kann für die rechtlichen Grundlagen der fremdwirkenden Verarbeitung nicht in gleicher Weise angenommen werden. Gegen die Auffassung, insoweit seien Erwerbsregeln aus der zeitlich früher entstandenen Sklavenvermietung übernommen worden, bestehen aus mehreren Gründen Bedenken:

Zweifelhaft ist einmal, ob man überhaupt von einem zeitlichen Vorrang der Sklavenvermietung vor der Selbstverdingung Freier ausgehen kann. Kaufmann[254] hat sich eingehend mit dieser Problematik aus dem Bereich der Entstehungsgeschichte der locatio conductio beschäftigt. Seine Ergebnisse lassen die noch immer weit verbreitete[255] Auffassung vom sklavenrechtlichen Ursprung der römischen Dienstmiete angreifbar erscheinen. Diese Auffassung basiert auf der Theorie von der einheitlichen Konzeption der römischen locatio conductio für Miete, Pacht, Dienst- und Werkvertrag. Danach soll die römische Dienstmiete in der Weise entstanden sein, daß zunächst Sklaven wie

---

[248] Vgl. ebd., § 132.2 IV 1, S. 568; *Nörr*, SZ 82 (1965), 88; ähnlich auch *Mayer-Maly*, RdA 1967, 282.

[249] Vgl. oben II. Teil, 2. Kapitel, I., 1., b), bb).

[250] *Kaser*, RPR I, § 132.2 III 1, S. 565 m. w. N.

[251] Vgl. dazu *Nörr*, SZ 82 (1965), 81 f.; ähnlich auch *Beck*, Festschrift für Lewald, S. 5.

[252] Zum sozialen Abstieg der Sklaven im Verlauf der Republik vgl. *Kaser*, RPR I, § 67 I, S. 283 f.

[253] Ähnlich *Nörr*, SZ 82 (1965), 74 und 82.

[254] Die altrömische Miete, S. 148 ff.

[255] Vgl. die Angaben *Kaufmanns* zu den zahlreichen Vertretern der Sklaventheorie, S. 148 Anm. 73.

Sachen vermietet worden seien, bis es dann von der zweiten Hälfte des 3. Jahrhunderts v. Chr. ab zur Dienstmiete freier Personen gekommen sei[256]. Kaufmann ist demgegenüber darum bemüht, bereits sehr frühe Fälle der Selbstverdingung Freier wahrscheinlich zu machen[257]. Außerdem versucht er aufzuzeigen, daß die Sklaventheorie seiner Ansicht nach auf recht angreifbaren Grundlagen steht[258]. So wendet er sich beispielsweise gegen die angenommene Gleichsetzung der Sklaven mit den Sachen. Kaufmann ist der Ansicht, daß man für die Frühzeit eine solche Gleichsetzung, die selbst in klassischer Zeit nicht konsequent durchgeführt worden sei, nicht annehmen könne[259]. Man müsse davon ausgehen, daß im römischen Staat vor dessen Ausdehnung über die Grenzen Italiens hinaus ein Mangel an Sklaven geherrscht habe. Diese wenigen Sklaven, die in aller Regel als Italiker Sprache und sonstige Kulturmerkmale mit ihren Herren gemeinsam gehabt hätten, seien wohl auch in ihren sonstigen Persönlichkeitsäußerungen, d. h. auch bezüglich ihrer Arbeitskraft, wie Menschen und nicht wie Sachen behandelt worden[260]. Der soziale Abstieg der Sklaven habe erst mit den Eroberungskriegen eingesetzt, als Sklaven in großer Zahl nach Rom kamen. Mit der zunehmenden Zahl von eigenen Sklaven seien diese dann für ihre Eigentümer anonym und unpersönlich geworden[261]. Zur Unterstützung seiner Auffassung, daß die Sklaven ursprünglich als Personen behandelt worden seien, verweist Kaufmann u. a. auf die unterschiedliche Behandlung der Körperverletzung bei einem Sklaven während verschiedener Zeiträume. Er führt die lex Aquilia[262] an, die im 3. Jahrhundert v. Chr. diesen Sachverhalt im Rahmen der Sachbeschädigung abgehandelt hat. Gegen diese Regelung hält er die Zwölftafeln[263], die diesen Fall noch als Verletzung eines Menschen eingestuft hatten, der allerdings mit einer minder schweren Bußpflicht belegt worden war[264].

Mit seinen Ausführungen hat Kaufmann aber nicht nur darzulegen versucht, daß die in klassischer Zeit feststellbare Gleichsetzung der Sklaven mit den Sachen die Annahme eines sklavenrechtlichen Ursprungs der römischen Dienstmiete nicht unterstützt. Er hat auch Be-

---

[256] Vgl. ebd., S. 148 m. w. N.

[257] Ebd., insbes. S. 58—99; zustimmend, was die Existenz von Mietsachverhalten in jener Zeit angeht, *Mayer-Maly*, RdA 1967, 283.

[258] S. 150 ff.

[259] Ebd., S. 150 f.

[260] Ebd., S. 152; ebenso *Kaser*, RPR I, § 29 I, S. 112 f.

[261] *Kaufmann*, S. 151; ebenso *Kaser*, RPR I, § 67 I, S. 283.

[262] Gai. D. 9, 2, 2 pr.; Ulp. D. 9, 2, 27, 5; Inst. 4, 3 pr. u. 13.

[263] Tab. 8, 3.

[264] *Kaufmann*, S. 151; auf diesen Unterschied verweisen auch *Dulckeit / Schwarz / Waldstein*, § 11 II 6, S. 54 und *Kaser*, RPR I, § 29 I, S. 113.

denken gegenüber der wirtschaftsgeschichtlichen Fundiertheit der Sklaventheorie geäußert und auf seiner Meinung nach vorhandene Widersprüche aufmerksam gemacht[265]. Der Sklaventheorie liegt die Vorstellung zugrunde, daß die Wirtschaftsform in der Frühzeit die geschlossene Hauswirtschaft gewesen sei. Jedes Familienoberhaupt habe für die laufende Bewirtschaftung seines Grundstückes über Arbeitskräfte (Sklaven, Familienangehörige) in der erforderlichen Zahl verfügt. Lediglich während der landwirtschaftlichen Saison hätten sich die römischen Bauern gegenseitig durch die Vermietung von Sklaven und Arbeitstieren ausgeholfen[266]. Kaufmann hält dieses Bild für widersprüchlich. Er macht geltend, daß bei gleichartigen geschlossenen Hauswirtschaften die Saison für alle Bauern zusammengefallen sein müsse. Wenn aber jeder Bauer ohnehin nur die für die laufende Bewirtschaftung erforderliche Anzahl von Arbeitskräften besessen habe, dann seien in der Saison wohl kaum Sklaven oder Tiere zur Vermietung frei gewesen[267]. Kaufmann lehnt daher aufgrund seiner Untersuchungsergebnisse die Theorie vom sklavenrechtlichen Ursprung der römischen Dienstmiete ab und geht bereits für die Frühzeit vom Vorhandensein freier Lohnarbeiter aus[268]. Es gelingt ihm allerdings nicht aufzuzeigen, wie man sich die rechtliche Gestaltung jener Arbeitsverhältnisse und deren Entwicklung bis zur Ausbildung des Rechtsinstituts der locatio conductio vorzustellen hat[269]. Für die Frage nach einer Verbindung zwischen den Erwerbsgrundsätzen des Sklavenrechts und den Rechtsgrundlagen des fremdwirkenden Verarbeitungserwerbs bei der Dienstmiete ist das jedoch zunächst noch unbeachtlich. Die Ergebnisse Kaufmanns nötigen jedenfalls dazu, der zuvor erwähnten Auffassung, die eine entsprechende Verbindung bejaht, wegen des zweifelhaften zeitlichen Vorrangs der Sklavenvermietung mit Zurückhaltung zu begegnen.

Der in der rechtshistorischen Forschung bestehende Meinungsgegensatz bezüglich des zeitlichen Ansatzes der Sklavenvermietung kann jedoch hier unentschieden bleiben. Für die beabsichtigte Ermittlung der Rechtsgrundlagen des fremdwirkenden Verarbeitungserwerbs führt diese Kontroverse letztlich nicht weiter. Zu berücksichtigen ist nämlich, daß im römischen Recht die Fremderwerbsgrundsätze nur zwischen dem Herrn und den eigenen Sklaven und den sonstigen eigenen

---

[265] S. 149 f.

[266] So insbes. *De Robertis*, I rapporti di lavoro, S. 122.

[267] *Kaufmann*, S. 149; ebenso *Gummerus*, S. 25, der im übrigen gleichfalls von einem zeitlich frühen Vorhandensein freier Lohnarbeiter auszugehen scheint.

[268] S. 150; Vorbehalte gegenüber der Sklaventheorie auch bei *Nörr*, SZ 82 (1965), 99.

[269] Kritisch insoweit auch *Mayer-Maly*, RdA 1967, 283.

Gewaltunterworfenen galten. Dagegen konnte man durch fremde Gewaltunterworfene und durch Gewaltfreie regelmäßig nichts erwerben[270]. Hierin liegt nun ein Problem, denn selbst wenn die Erwerbsregelung bei der Dienstmiete den für die Sklavenvermietung geltenden Grundsätze gefolgt ist, bleibt zunächst zu klären, wie denn bei der Sklavenvermietung der Fremderwerb mit dem oben genannten Grundsatz in Einklang gebracht werden kann. Der vermietete Sklave arbeitete für einen fremden Herrn, den Mieter. Dagegen bestand das besondere Herrschaftsverhältnis, auf dem die Fremdwirkung der Erwerbshandlungen des Sklaven beruhte, zwischen ihm und seinem Eigentümer, dem Vermieter. Wenn nun der vermietete Sklave das, was er während der Mietzeit aufgrund seiner Arbeitsleistung erwarb, dennoch für den fremden Herrn erwarb, dann müßte der Mieter Herrengewalt über den Sklaven besessen haben, denn nur dann konnten ihm die Erwerbshandlungen des gemieteten Sklaven zugerechnet werden. Der Mietvertrag, der die Rechtsgrundlage für die Überlassung des Sklaven zur Arbeit in fremden Diensten bildete, könnte diese Unterstellung unter die Gewalt des Mieters bewirkt haben.

An dieser Stelle wird deutlich, daß sich die Problematik der rechtlichen Grundlagen des fremdwirkenden Verarbeitungserwerbs bei der römischen Dienstmiete mit Betrachtungen über die tatsächliche Entwicklung der römischen Arbeitsverhältnisse allein nicht lösen läßt. Feststellungen darüber, ob die Sklavenvermietung zeitlich früher anzusetzen ist als die Selbstverdingung Freier und ob sie deren Gestaltung beeinflußt hat, sind für diesen Fragenkomplex von nachrangiger Bedeutung. Das Problem der rechtlichen Begründung der Fremdwirkung von Verarbeitungshandlungen zugunsten des Mieters stellt sich für beide Arten von Mietverhältnissen in ähnlicher Weise. Für die Entwicklung einer Lösung ist vielmehr anzusetzen bei der Frage, ob die römische Dienstmiete als Erscheinungsform der locatio conductio nicht nur schuldrechtliche Wirkungen hatte, sondern daneben die Rechtsstellung des Arbeitenden derart veränderte, daß seine Erwerbshandlungen Fremdwirkung zugunsten des Dienstberechtigten hatten.

Die Erwerbsgrundsätze des Sklavenrechts bzw. der übrigen Verhältnisse persönlicher Unfreiheit werden durch diesen Ansatz nun allerdings nicht völlig ausgeklammert. Sie bleiben als Rechtsgrundlage für die Fremdwirkung bei der Dienstmiete dann von Bedeutung, wenn sich im folgenden ergeben sollte, daß der zur Arbeitsleistung Verpflichtete durch den Locationsvertrag in seiner personenrechtlichen Stellung in einer Weise berührt wurde, daß er — wie die eigenen Sklaven und die sonstigen eigenen Gewaltunterworfenen — unter die Herrschaftsgewalt des Dienstberechtigten gelangte.

---

[270] PS 5, 2, 2; Gai. 2, 95; D. 13, 7, 11, 6; C. 4, 27, 1 pr.

2. Auswirkungen des Arbeitsverhältnisses auf die Rechtsstellung des Arbeitenden

a) Die These von der statusverändernden Wirkung der locatio conductio des klassischen römischen Rechts

Mit der Frage, ob die römische Dienstmiete den rechtlichen Status des Arbeitnehmers veränderte, hat sich De Robertis[271] beschäftigt. In seiner Untersuchung zu Problemen des römischen „Arbeitsrechts" gelangt er u. a. für die klassische römische Zeit zu dem Ergebnis, daß der Abschluß eines Dienstvertrages für den Arbeitnehmer nicht nur schuldrechtliche, sondern auch personenrechtliche Wirkungen gehabt habe[272]. Die Auffassung von De Robertis beruht im wesentlichen auf einer Stelle aus den Paulus-Sentenzen[273]:

> „Homo liber qui statum suum in potestate habet, et peiorem eum et meliorem facere potest: atque ideo operas suas diurnas nocturnasque locat."

Die Auslegung dieser Stelle ist in der rechtshistorischen Forschung umstritten. De Robertis hat sich daher darum bemüht, sein Ergebnis durch den Nachweis weiterer Wesensmerkmale, von denen das Verhältnis zwischen Dienstberechtigtem und Dienstverpflichtetem geprägt gewesen ist und die seiner Meinung nach für eine Statusveränderung sprechen, zu unterstützen. Besondere Bedeutung scheint er dabei dem Eintritt des Dienstverpflichteten in die familia des Dienstberechtigten beizumessen[274], ohne daß allerdings eindeutig erkennbar wird, ob jedes Dienstverhältnis diese Familienzugehörigkeit begründete. Unklar bleibt auch, wie es sich mit der Statusänderung bei fehlendem Eintritt in die familia verhält[275].

Könnte man sich der Auffassung von der statusverändernden Wirkung der römischen Dienstmiete anschließen, dann ließe sich das Problem der Rechtsgrundlagen des fremdwirkenden Verarbeitungserwerbs lösen. Wenn man mit De Robertis annehmen würde, daß der Dienstverpflichtete für die Dauer der Dienstleistung in den Hausverband des Dienstberechtigten eingegliedert wurde, dann wäre für den Produktionserwerb die umfassende Herrschaftsgewalt des Familienoberhaupts[276] maßgeblich gewesen. Der Dienstverpflichtete wäre dieser Gewalt durch den Eintritt in die familia für die Dauer des Dienstverhältnisses unterstellt gewesen, genauso wie die übrigen zum Hausverband gehörenden Personen und Sachgüter. Während der Gewaltunterwor-

---

[271] Lavoro e lavoratori nel mondo romano, Bari 1963.

[272] *De Robertis*, Lavoro, S. 143 ff., S. 173; ebenso *Beck*, Festschrift für Lewald, S. 4.

[273] PS 2, 18, 1.

[274] *De Robertis*, Lavoro, S. 102 ff.

[275] Kritisch ebenso *Nörr*, SZ 82 (1965), 86.

[276] Vgl. oben Fn. 183.

fenheit wäre dann der Erwerb des Dienstverpflichteten — wie bei den anderen Familienangehörigen — dem Familienoberhaupt aufgrund seiner Herrschaftsgewalt zugeflossen.

Es ist jedoch offenbar problematisch, sich der These von der statusverändernden Wirkung der römischen Dienstmiete, die De Robertis vertritt, anzuschließen. Das zeigt die Abhandlung Nörrs über die rechtliche und soziale Bewertung der Arbeit in Rom[277]. Nörr hat sich darin eingehend mit der Untersuchung von De Robertis und mit den von diesem entwickelten Ergebnissen auseinandergesetzt[278] und darüber hinaus einen eigenen Lösungsansatz skizziert. Seine Ausführungen lassen erkennen, daß er die Annahme, die Dienstmiete des klassischen römischen Rechts habe die personenrechtliche Stellung des Dienstverpflichteten beeinträchtigt, für äußerst angreifbar hält. Nörr wendet sich insbesondere gegen den von De Robertis unterstellten Eintritt des Lohnarbeiters in den Hausverband des Dienstberechtigten. Seiner Ansicht nach wird dieses Ergebnis von den vorhandenen Quellen nicht unterstützt, sondern eher widerlegt[279]. Überdies sprächen auch die tatsächlichen Verhältnisse im Bereich des römischen Arbeitslebens gegen diese Annahme. Man habe wohl in der Mehrzahl der Fälle von gelegentlichen kurzfristigen Arbeitsverhältnissen Freier auszugehen, zu denen jedoch eine enge Bindung an die Familie nicht passe[280].

Die bestehende Kontroverse hinsichtlich der statusverändernden Wirkung der klassischen locatio conductio macht es für denjenigen, der gesicherte rechtshistorische Erkenntnisse für die Lösung einer aktuellen Problemstellung nutzbar machen möchte, unmöglich, sich für einen der beiden Standpunkte als Grundlage für die weiteren eigenen Erörterungen zu entscheiden. Die erforderliche Überprüfung der gegensätzlichen Auffassungen muß der rechtshistorischen Forschung überlassen bleiben. Für die Fortsetzung der Bemühungen um eine Annäherung an die rechtlichen Grundlagen des fremdwirkenden Verarbeitungserwerbs bedeutet die bislang — soweit ersichtlich — fehlende Bewältigung dieser Aufgabe jedoch kein unüberwindbares Hindernis. Bei aller Gegensätzlichkeit weisen die geschilderten Ansichten auch Gemeinsamkeiten auf, die für die Weiterverfolgung des hier ins Auge gefaßten Zieles förderlich zu sein scheinen.

---

277 Vgl. oben Fn. 19, I. Teil, 1. Kapitel.

278 *Nörr*, SZ 82 (1965), 90 ff.

279 *Nörr* verweist auf Ulp. D. 39, 4, 1, 5 und Ulp. D. 43, 16, 1, 20, vgl. SZ 82 (1965), 91 f.; für den schuldrechtlichen Charakter der vorh. Arbeitsverträge auch *Macqueron*, S. 186 ff.

280 *Nörr*, SZ 82 (1965), 90; vom Gelegenheitsarbeiter als Grundtypus des freien Lohnarbeiters geht auch *Beck* aus, vgl. Festschrift für Lewald, S. 4; ebenso Macqueron, S. 10.

b) Personenrechtliche Elemente innerhalb römischer Arbeitsverhältnisse und ihre möglichen Ursachen

Nörr gibt De Robertis zu[281], daß im römischen Recht bei Rechtsverhältnissen, die durch die locatio conductio begründet wurden, einzelne Merkmale anzutreffen sind, die sich als Folgen eines Vertrages mit rein schuldrechtlichen Wirkungen, als den man die locatio conductio grundsätzlich einzustufen hat, nicht erklären lassen.

Hierzu gehört einmal das Züchtigungsrecht, das dem Lehrherrn gegenüber den Lehrlingen zustand[282]. Zwar wurde der Lehrvertrag in der Form des Werkvertrages und nicht als Dienstvertrag abgeschlossen[283]. Das ist für den vorliegenden Zusammenhang jedoch ohne Bedeutung, insbesondere deshalb, weil die Abgrenzung zwischen Dienstvertrags- und Werkvertragssachverhalten bei der locatio conductio nicht streng durchgeführt wurde[284]. Wesentlich ist, daß mit diesem Züchtigungsrecht dem Lehrherrn innerhalb eines Arbeitsverhältnisses eine Befugnis zukam, die sich aus dem schuldrechtlichen Pflichtengefüge der locatio conductio nicht ableiten läßt[285].

Eine ähnliche Feststellung kann man im Zusammenhang mit der Regelung machen, die bei einem Diebstahl des Lohnarbeiters galt. Wie aus den Quellen[286] entwickelt worden ist, stand dem Dienstherrn gegenüber dem stehlenden mercennarius keine Diebstahlsklage zu. Da man nicht davon ausgehen könne, so wird gefolgert, daß der Diebstahl eines Lohnarbeiters ungeahndet bleiben sollte, könne die Vorenthaltung einer Klagemöglichkeit nur darin ihren Grund gehabt haben, daß der Dienstherr eigene Befugnisse besessen habe, um den Dieb zu bestrafen[287]. Ein schuldrechtlicher Vertrag hätte ein solches Selbsthilferecht nicht begründen können, auf der Grundlage eines personenrechtlichen Unterwerfungsverhältnisses zwischen Dienstberechtigtem und Dienstverpflichtetem wäre es dagegen denkbar.

Schließlich ist noch auf den Gladiatorenvertrag hinzuweisen, der ein Unterfall der Dienstmiete war[288]. Er wirkte auf die personenrechtliche

---

[281] Vgl. SZ 82 (1965), 94 und 96 ff.

[282] Ulp./Jul. D. 9, 2, 5, 3; D. 19, 2, 13, 4.

[283] *Nörr*, SZ 82 (1965), 95; allerdings ist im klassischen Recht wohl nur der Sklavenlehrlingsvertrag von der locatio conductio erfaßt worden; ausführlich *Cugia*, Profili del tirocinio industriale und dazu die Besprechung von *Stoll*, SZ 47 (1927), 531; vgl. auch *Kaser*, RPR I, § 132.2 V 1, S. 570.

[284] Vgl. auch *Kaufmann*, S. 205 f.

[285] *De Robertis* glaubt, aus diesem Züchtigungsrecht des Lehrherrn auf ein entsprechendes Recht des Dienstberechtigten schließen zu können; dagegen *Nörr*, SZ 82 (1965), 95 f.

[286] Paul. D. 47, 2, 90; Marcian. D. 48, 19, 11, 1; *Nörr*, SZ 82 (1965), 97; ähnlich *Kaser*, RPR I, § 132.2 IV 1, S. 569.

[287] *Nörr*, SZ 82 (1965), 97; ähnlich *Kaser*, RPR I, § 132.2 IV 1, S. 569; *ders.*, SZ 58 (1938), 103; a. A. *Mommsen*, S. 759.

Stellung des Tierkämpfers insofern ein, als mit dem Abschluß des Vertrages eine Ehrminderung verbunden war, durch die die gesellschaftliche und die rechtliche Stellung des Gladiators beeinträchtigt wurde[289].

Die vorgenannten Erscheinungen im Bereich des römischen „Arbeitsrechts“, die von De Robertis zur Unterstützung seiner Auffassung von der statusverändernden Wirkung der römischen Dienstmiete herangezogen worden sind, werden von seinen Kritikern nicht als tragfähige Basis für den von ihm eingenommenen Standpunkt angesehen[290]. Es wird in diesem Zusammenhang darauf verwiesen, daß den aufgezeigten personenrechtlichen Elementen gegenüber den schuldrechtlichen Merkmalen der locatio conductio nur eine Ausnahmestellung zukomme[291]. Da ihre Existenz jedoch offenbar nicht zu übersehen ist, stellt sich für denjenigen, der die von De Robertis entwickelte Lösung ablehnt, die Aufgabe, eine andere Erklärung für ihr Vorhandensein zu geben. Nörr hat im Rahmen seiner Abhandlung dieses Problem erörtert, ohne es allerdings lösen zu wollen. Dabei hat er für die locatio conductio einen möglichen Entwicklungsgang entworfen, der die Existenz der personenrechtlichen Merkmale innerhalb der schuldrechtlichen locatio conductio erklären würde. Er hat in diesem Zusammenhang die Vermutung geäußert, daß der Vorgänger der Dienstmiete in archaischer Zeit möglicherweise ein Rechtsverhältnis gewesen sei, welches dem Dienstberechtigten eine quasi-dingliche Gewalt über den Dienstverpflichteten einräumte[292]. Die bei der klassischen locatio conductio feststellbaren personenrechtlichen Elemente seien Reste dieses dinglichen Unterwerfungsverhältnisses, die man bei der Unterstellung der Arbeitsverhältnisse unter die Regeln eines schuldrechtlichen Vertrages beibehalten hätte[293].

Sollte die Vermutung Nörrs zutreffen, daß in frührömischer Zeit Arbeitsverhältnisse gekennzeichnet waren durch die Begründung einer personenrechtlichen Herrschaftsbefugnis des Dienstberechtigten über den Dienstverpflichteten, dann wäre damit gleichzeitig ein Weg zu den Rechtsgrundlagen des fremdwirkenden Verarbeitungserwerbs bei der klassischen und der spätrömischen Dienstmiete eröffnet. Wie bereits erwähnt, war mit der personenrechtlichen Abhängigkeit von einem Gewalthaber regelmäßig eine Minderung der Erwerbsfähigkeit verbunden. Der Gewaltunterworfene konnte nichts für sich selbst erwerben; seine Erwerbshandlungen wirkten vielmehr grundsätzlich[294] für

---

[288] Ulp. D. 3, 1, 1, 6; vgl. *Nörr*, SZ 82 (1965), 96.

[289] Ulp. (Fn. 288); vgl. auch *Kaser*, RPR I, § 64 III 2, S. 274.

[290] *Nörr*, SZ 82 (1965), 100 und 104; vgl. auch *Kaser*, RPR I, § 71 I, S. 301 f.; *Mayer-Maly*, RdA 1967, 285.

[291] Vgl. *Nörr*, SZ 82 (1965), 96 und 97.

[292] Ebd., 89, 96 f., 104.

[293] Ebd., 89 f., 98.

den Gewalthaber. Diese durch die Gewaltunterworfenheit bedingte Erwerbsregelung könnte die Erwerbszuordnung innerhalb von Arbeitsverhältnissen beeinflußt haben, wenn der freie Lohnarbeiter ursprünglich unter die personenrechtliche Gewalt des Dienstberechtigten gelangte.

Bislang steht jedoch der Nachweis aus, daß der dem Schuldrecht angehörende freie Arbeitsvertrag in seinen Anfängen ein die persönliche Freiheit des Dienstverpflichteten einschränkendes Unterwerfungsverhältnis war. Nörr hat seine diesbezüglichen Vermutungen zum rechtlichen Ursprung der römischen Dienstmiete nicht weiter belegt. Mit den nachfolgenden Überlegungen soll daher untersucht werden, ob sich Anhaltspunkte finden lassen, die geeignet sind, die angenommene rechtliche Entwicklung der Dienstmiete und der Fremdwirkungsregelung zu unterstützen.

3. Überlegungen zur rechtlichen Gestaltung frührömischer Arbeitsverhältnisse und zu ihrer Bedeutung für die Rechtsgrundlagen des fremdwirkenden Verarbeitungserwerbs bei der Dienstmiete nachfolgender Epochen

Es hat bereits zahlreiche Versuche gegeben, den rechtlichen Ursprung der römischen Dienstmiete aufzufinden. Innerhalb der Herkunftstheorien, die dabei entwickelt worden sind, lassen sich im wesentlichen drei Lösungen unterscheiden.

a) Die Theorien zum rechtlichen Ursprung der römischen Dienstmiete

Ein Versuch, den Ursprung der Selbstverdingung Freier zu erklären, ist die bereits erwähnte Sklaventheorie, die die freie Dienstmiete als eine der Sklavenvermietung nachgebildete Einrichtung ansieht.

Mommsen[295] hat sich demgegenüber bemüht, die Herkunft der privaten Dienstmiete aus dem Bereich des öffentlichen Rechts darzulegen. Danach soll die Vergabe von Dienstleistungen durch den Staat als Vorbild für die Selbstverdingung Freier gedient haben[296].

Die dritte Lösung geht von der Annahme aus, daß die freie Dienstmiete aus dem Klientelverhältnis hervorgegangen sei[297]. Das Klientel-

---

294 Eine Ausnahme bildete insoweit der Pekuliarerwerb; vgl. dazu *Kaser,* RPR I, § 14 IV 4, S. 64, § 29 IV 2, S. 114, § 67 III 5, S. 287 f.

295 „Die römischen Anfänge von Kauf und Miete", SZ 6 (1885), 260.

296 *Mommsen,* SZ 6 (1885), 268.

297 Insbes. *Mayer-Maly,* Locatio, S. 15; ähnlich auch *Kaser,* RPR I, § 132.2 IV 1, S. 568.

verhältnis[298] war in der Zeit des patrizischen Adelsstaates ein Gefolgschaftsverhältnis zwischen dem adligen Patron und Angehörigen ärmerer oder verarmter Bevölkerungsschichten, den clientes. Es wird angenommen, daß für das Entstehen des Klientelverhältnisses ursprünglich wirtschaftliche Gründe verantwortlich gewesen seien, und zwar habe der patrizische Großbauer Ackerlose, die er nicht selbst bewirtschaften konnte, an landarme oder landlose Kleinbauern oder Siedler vergeben. Die Zuteilung war jederzeit widerruflich. Die Klienten waren ihrem Patron zur Heeresfolge und zu Arbeitsleistungen verpflichtet, genossen dafür aber dessen Schutz und Beistand. Die Rechtsstellung der clientes war dadurch gekennzeichnet, daß sie zwar gemeinfrei waren[299], in privatrechtlicher Hinsicht jedoch unter der Treugewalt (patronatus) ihres Patrons standen. Die Patronatsgewalt war wohl ursprünglich — wie die anderen privatrechtlichen Gewalten — eine Vollgewalt über die Person des Klienten, die allerdings durch die Schutz- und Beistandspflichten gemildert war[300]. Die wirtschaftliche Bedeutung des Klientelverhältnisses fiel den Änderungen im Bereich des wirtschaftlichen Lebens, insbesondere der einsetzenden Verstädterung, zum Opfer. Gleichzeitig verkümmerte mit zunehmender rechtlicher Verselbständigung der Klienten auch seine Bedeutung als personenrechtliches Abhängigkeitsverhältnis. Dagegen blieb dieses Institut als Schutz- und Treueverhältnis für das politische und soziale Leben bis zum Ende der Republik von Bedeutung[301]. Die Überlegungen zur Entwicklungsgeschichte der locatio conductio gehen nun dahin, daß mit dem Verfall der Klientel als personenrechtlichem Abhängigkeitsverhältnis für die Entstehung von vertraglich vereinbarten Miet-, Pacht- und Dienstverhältnissen zwischen Patron und Klienten Raum geschaffen worden sei[302].

Die bereits erwähnte Untersuchung Kaufmanns über die altrömische Miete hat gegenüber den hergebrachten Ursprungstheorien eine Reihe von Bedenken angemeldet. Die Vorbehalte, die dort gegenüber der Annahme eines sklavenrechtlichen Ursprungs der freien Dienstmiete gemacht werden, sind bereits an früherer Stelle aufgezeigt worden. Aber auch die anderen Lösungsversuche scheinen an Überzeugungskraft verloren zu haben, nachdem Kaufmann versucht hat, ein sehr hohes Alter bei den Mietsachverhalten wahrscheinlich zu machen. Immerhin ist festzustellen, daß ihre Verfechter ihren bis dahin einge-

---

298 Vgl. zum folgenden *Dulckeit / Schwarz / Waldstein*, § 4 IV, S. 24; *Kaser*, RPR I, § 30 IV, S. 119 m. w. N.

299 *Dulckeit / Schwarz / Waldstein*, § 4 IV 1, S. 24; *Kaser*, RPR I, § 30 IV, S. 11.

300 *Kaser*, RPR I, § 30 III 1, S. 118; vgl. auch *Macqueron*, S. 109.

301 *Dulckeit / Schwarz / Waldstein* und *Kaser* (Fn. 298).

302 So insbes. *Kaser*, RPR I, § 132.2 II und IV 1, S. 564 f. und S. 568.

nommenen Standpunkt zu überdenken beginnen. So hat beispielsweise Mayer-Maly, der in früherer Zeit für ein Hervorgehen der locatio conductio aus dem Klientelverhältnis eingetreten ist[303], seine Auffassung vor dem Hintergrund der Untersuchungsergebnisse, die Kaufmann entwickelt hat, nunmehr abgeschwächt[304]. Angesichts der gründlichen Durcharbeitung und Auswertung des vorhandenen Quellenmaterials durch Kaufmann beginnt die Einsicht vorzudringen, daß man auch schon für die Frühzeit mit verschiedenen Sachverhalten der Personen- und Sachmiete zu rechnen habe[305]. Allerdings reichten die Quellen nicht aus, um die rechtliche Gestaltung jener Verhältnisse und die Entwicklung bis zur Ausformung der schuldrechtlichen locatio conductio erkennen zu können. Man müsse wohl davon ausgehen, daß letztlich verschiedene Faktoren für die Schaffung dieses Vertragstyps verantwortlich gewesen seien[306]. Aus dieser Sicht heraus wird den genannten Ursprungstheorien insoweit Bedeutung beigemessen, als Einflußnahmen durch die verschiedenen dort angenommenen Entwicklungen für möglich gehalten werden. So gehen beispielsweise Jörs-Kunkel[307] davon aus, daß die im Rahmen der Staatsverwaltung gebräuchlichen Pacht- und Arbeitsverträge für die begriffliche Gestaltung der locatio conductio verantwortlich gewesen seien.

Der soeben geschilderte Meinungsstand zeigt, daß die rechtshistorischen Forschungsarbeiten zu den Vorläufern der klassischen Dienstmiete bislang zu keinem als gesichert zu betrachtenden Ergebnis geführt haben und daß angesichts der insoweit vorhandenen Einschätzungen ein solches auch für die Zukunft nicht zu erwarten ist. Das bedeutet, daß Überlegungen, die bei der Gestaltung frührömischer Selbstverdingungsverhältnisse ansetzen wollen, lediglich auf Annahmen aufbauen können, mit der Folge, daß sich in diesen Anschlußüberlegungen die Unsicherheiten der gedanklichen Ausgangsbasis fortsetzen. Trotz dieser Risiken soll der begonnene Versuch einer entwicklungsgeschichtlichen Annäherung an die Rechtsgrundlagen des fremdwirkenden Verarbeitungserwerbs bei der locatio conductio nicht an dieser Stelle abgebrochen werden. Zwar werden die Fortschritte, die bei einer Weiterführung der Arbeiten erzielt werden können, auch nur die Qualität von Annahmen haben. Da mit einer Verbesserung der Erkenntnislage jedoch nicht zu rechnen ist und die Attraktivität der Fragestellung zu einer Fortsetzung der Bemühungen anregt, soll der begonnene Versuch fortgeführt werden. Die zuvor dargestellten Überlegungen zu den rechtlichen Anfängen freiwilliger Selbstverdingung lassen dieses Vor-

303 *Mayer-Maly*, Locatio, S. 15.

304 *Mayer-Maly*, RdA 1967, 283.

305 *Kaser*, RPR I, § 132.2 II, S. 564; *Mayer-Maly* (Fn. 304).

306 *Kaser* und *Mayer-Maly* (Fn. 305).

307 § 146 Anm. 5, S. 236 f.

haben — allerdings mit den aufgezeigten Einschränkungen hinsichtlich des Anspruchs der Ergebnisse — nicht aussichtslos erscheinen. Immerhin spielen innerhalb des Spektrums der Ursprungstheorien Rechtsverhältnisse eine nicht unerhebliche Rolle, die von ihrer Ausgestaltung her für die personenrechtlichen Elemente bei der locatio conductio einschließlich des fremdwirkenden Verarbeitungserwerbs verantwortlich gewesen sein könnten. In den nachfolgenden Untersuchungsabschnitten wird es daher darum gehen, Anhaltspunkte zu ermitteln, die es zulassen, die Möglichkeit einer Einflußnahme jener personenrechtlichen Rechtsverhältnisse genauer einzuschätzen.

b) Anhaltspunkte für eine Prägung der Dienstmiete durch altrömische Rechtsinstitute mit personenrechtlichen Wirkungen

Es sprechen verschiedene Gesichtspunkte dafür, daß von den angenommenen vielfältigen Wurzeln der locatio conductio die Verhältnisse mit personenrechtlichen Elementen Einfluß auf die Entwicklung der Dienstmiete genommen haben könnten[308].

aa) Das Klientelverhältnis als einer der möglichen Vorgänger der Dienstmiete

Anläßlich der Erörterung des Ursprungs der locatio conductio ist bereits auf eine mögliche entwicklungsgeschichtliche Verbindung zwischen einem frührömischen personenrechtlichen Gewaltverhältnis und der Dienstmiete hingewiesen worden. Wie oben dargelegt, wird die freie Dienstmiete u. a. als Folge des Verfalls des altrömischen Klientelverhältnisses angesehen, welches als ein ursprünglich durch die Treuepflicht des Patrons gemildertes umfassendes personenrechtliches Abhängigkeitsverhältnis eingestuft wird. Zwar kann man die Klientel angesichts des entwicklungsgeschichtlichen Erkenntnisstandes wohl nicht als alleinige Wurzel der vertraglich vereinbarten Miet- und Pachtverhältnisse ansehen. Eine Mitursächlichkeit für deren Entstehung und Gestaltung wird jedoch nicht ausgeschlossen. Die oben geschilderte Entwicklung des Klientelverhältnisses von einem personenrechtlichen Abhängigkeitsverhältnis mit erheblicher wirtschaftlicher Bedeutung zu einer nur noch politisch und sozial bedeutsamen Beziehung läßt eine solche Mitverantwortung denkbar erscheinen.

bb) Weitere für die Erbringung von Arbeitsleistungen bedeutsame Beziehungen mit personenrechtlicher Prägung

Die Annahme, daß die Vorläufer der römischen Dienstmiete insbesondere bei den frührömischen personenrechtlichen Abhängigkeits-

---

[308] Vgl. auch *Mayer-Maly*, RdA 1967, 283.

verhältnissen zu suchen sind, wird nicht allein durch die vom Entwicklungsverlauf her nicht unwahrscheinliche Verbindung zur altrömischen Klientel unterstützt. Maßgeblich ist vielmehr, daß, soweit vor der Ausbildung der locatio conductio Rechtsverhältnisse für die Erbringung von Arbeitsleistungen vorhanden waren, diese durchweg von einer Unterstellung unter fremde Gewalt gekennzeichnet waren[309].

Dies gilt zunächst für Arbeitsleistungen, die innerhalb des Familienverbandes von Sklaven und eigenen Hauskindern erbracht wurden. Beide Personengruppen standen unter der umfassenden Gewalt des Familienoberhaupts; sie waren rechtlich von ihm abhängig, was sich insbesondere auch auf die Zuordnung ihrer Erwerbshandlungen auswirkte.

Des weiteren ist auf die dem Klientelverhältnis ähnliche Beziehung zwischen dem Herrn und den von ihm Freigelassenen[310] zu verweisen. Die Freilassung, manumissio, war ein förmlicher Rechtsakt, um gewaltunterworfenen Personen die Freiheit zu geben, z. B. Sklaven für treue Dienste[311]. Für die Erbringung von Arbeitsleistungen war die Freilassung deshalb von Bedeutung, weil es offenbar üblich war, daß sich der Herr schon vor der Freilassung von dem Freizulassenden die künftige Erbringung von Dienstleistungen in bestimmtem Umfang (operae = Tagewerke) eidlich versprechen ließ[312]. Die Wirkungen der Freilassung in privatrechtlicher und öffentlich-rechtlicher Hinsicht sind für die altrömische Zeit in ihren Einzelheiten umstritten[313]. Dies ist für den vorliegenden Zusammenhang jedoch unbeachtlich. Wesentlich ist, daß der Freigelassene zunächst privatrechtlich von seinem ehemaligen Herrn abhängig blieb. Er unterstand insoweit — ähnlich wie die Klienten — dessen Patronatsgewalt[314]. Im Laufe der Zeit schritt die rechtliche Verselbständigung der Freigelassenen jedoch voran und die rechtliche Abhängigkeit bestand in klassischer Zeit nur noch in Einzelerscheinungen, wie z. B. einer umfassenden Zuchtgewalt, fort[315].

Neben den Freigelassenen gab es noch eine weitere Personengruppe, die Arbeitsleistungen zu erbringen hatte und dabei unter der personenrechtlichen Gewalt des Dienstberechtigten stand. Es waren dies die zuvor schon erwähnten fremden Hauskinder in mancipio[316]. Bereits

---

309 Ebd.

310 Liberti, libertini; Einzelheiten zum Begriff bei *Kaser*, RPR I, § 30 II 2, S. 118 Anm. 26 m. w. N.

311 *Kaser*, RPR I, § 30 I, S. 175.

312 Ebd., § 30 III 1, S. 119.

313 Vgl. die Angaben bei *Kaser*, RPR I, § 30 II 1, S. 117.

314 Ebd., § 30 II 2, S. 118.

315 Ebd., § 30 III 1, S. 118.

316 Vgl. oben Fn. 186.

im altrömischen Recht scheint die Möglichkeit genutzt worden zu sein, eigene Kinder zum Zwecke der Arbeitsleistung gegen Entgelt in fremde Dienste zu geben[317]. Begründet wurde das Arbeitsverhältnis durch die mancipatio des Hauskindes, ein Verkaufsgeschäft mit dinglichen Wirkungen, durch die das eigene Kind in die Vollgewalt des Erwerbs fiel und dort einen den Sklaven vergleichbaren Status bekam[318]. Hatte das Kind den Kaufpreis abgearbeitet, mußte es der Erwerber aus seiner Gewalt entlassen und an den Familienvater zurückübertragen[319].

cc) Überlegungen zur rechtlichen Gestaltung von Selbstverdingungsverhältnissen in der Frühzeit

Versucht man, aufgrund der entwicklungsgeschichtlichen Erkenntnisse über die rechtliche Gestaltung frührömischer unfreier Arbeitsverhältnisse der rechtlichen Gestaltung freier Arbeitsverhältnisse in jener Zeit näherzukommen, so mag zunächst ein Anknüpfen bei dem zuletzt geschilderten Kinderverkauf naheliegen. Dieser Kinderverkauf auf Zeit ist nicht nur deshalb von Interesse, weil damit die Anzahl der personenrechtlich geprägten Arbeitsverhältnisse aus frührömischer Zeit vermehrt wird. Er kommt darüber hinaus von seiner tatsächlichen Erscheinung her — dem Arbeiten gegen Entgelt in fremden Diensten — den tatsächlichen Merkmalen der Selbstverdingung sehr nahe, näher als die anderen geschilderten Abhängigkeitsverhältnisse. Das könnte zu der entwicklungsgeschichtlichen Vermutung verleiten, daß sich in frührömischer Zeit die Selbstverdingung, von deren Existenz man angesichts des gegenwärtigen Meinungstandes in der rechtshistorischen Forschung ausgehen kann, rechtlich in ähnlicher Weise vollzogen haben könnte wie der Kinderverkauf.

Es wird nicht ausgeschlossen, daß sich freie Bürger durch Selbstmanzipation in fremde Dienste begeben haben und dadurch beim Dienstberechtigten eine ähnliche Stellung erhielten wie die manzipierten fremden Hauskinder[320]. Allerdings wird es für unwahrscheinlich gehalten, daß dieses Rechtsgeschäft regelmäßig zur Begründung freier Verdingungsverhältnisse benutzt worden sei. Man habe für die Frühzeit mit ihrer geschlossenen Hauswirtschaft wohl davon auszugehen, daß wegen der aus dem eigenen Familienverband verfügbaren Arbeitskräfte nur gelegentlich Bedarf an fremden Lohnarbeitern herrschte. Für die Begründung von kurzfristigen Aushilfs- oder Ge-

---

[317] Gai. 3, 199; grundlegend *Kunkel*, Symb. Taubenschlag III., 210; zust. *Kaser*, RPR I, § 16 III 1, S. 70, § 71 II, S. 302 und § 132.2 II, S. 564; *Kaufmann*, S. 44 ff.; *Mayer-Maly*, RdA 1967, 283; *Nörr*, SZ 82 (1965), 89.

[318] Vgl. oben Fn. 186.

[319] *Kaser*, RPR I, § 16 III 1, S. 70.

[320] Vgl. ebd., § 132.2 II, S. 564 Anm. 11 und § 43 II, S. 166 f., insbes. Anm. 5; vgl. auch *Beck*, Festschrift für Lewald, S. 7.

legenheitsarbeitsverhältnissen aber sei die mancipatio mit ihrer strengen Formgebundenheit jedoch zu schwerfällig[321]. Es fragt sich also, in welcher Weise dann die Selbstverdingung freier Bürger in frührömischer Zeit rechtlich gestaltet gewesen sein könnte.

Bei der Suche nach einer Antwort ist nicht nur zu bedenken, daß die in Frage kommenden Rechtsinstitute aus jener Zeit für die Selbstverdingung als Alltagsgeschäft mit Gelegenheitscharakter zu umständlich waren. Zu berücksichtigen ist auch, daß die Zwölftafeln kein eigenes Rechtsinstitut für diese Sachverhalte überliefern[322]. Nimmt man beide Gesichtspunkte zusammen, dann kann man wohl davon ausgehen, daß in der Frühzeit für die Selbstverdingung Freier kein spezialisiertes Rechtsinstitut vorhanden war[323]. Dennoch dürfte eine gewisse Ordnung innerhalb jener Verhältnisse gewährleistet gewesen sein, insbesondere was die Absicherung des Vergütungsanspruchs angeht. Solange der fides-Gedanke[324] eine stabile Größe innerhalb der römischen Gesellschaft war, brauchte sich der Lohnarbeiter um die Erfüllung seines Entgeltanspruchs, auch wenn dieser nicht einklagbar war, nicht zu sorgen. Mit der Treuepflicht, durch die das Verhältnis zwischen gehobenen und niederen sozialen Schichten innerhalb des römischen Staates bis in die Zeit der Republik hinein bestimmt worden ist, wäre es nicht vereinbar gewesen, dem „kleinen Mann", der sich als Lohnarbeiter verdingen mußte, eine Bezahlung für seine Dienste zu versagen[325].

Wenn somit auch der Vergütungsanspruch der freien Lohnarbeiter gesichert gewesen sein dürfte, so unterschied sich ihr Verhältnis zum Dienstberechtigten im übrigen wohl kaum von den zuvor geschilderten unfreien Arbeitsverhältnissen. Für eine rechtliche Gleichbehandlung sprechen mehrere Gründe. Zum einen dürften sich die freien Tagelöhner in tatsächlicher Hinsicht, insbesondere was die Art der zu leistenden Arbeiten angeht, kaum vom übrigen aus Hauskindern, Sklaven, Freigelassenen und Klienten bestehenden Gesinde abgehoben haben. Hinzu kommt, daß die Verhältnisse jener Personengruppen zu ihrem Herrn rechtlich institutionalisiert waren und von ihrer praktischen Bedeutung her über das Gewicht der freien Lohnarbeit hinausgingen. Berücksichtigt man überdies die standesmäßig „niedere"

---

[321] *Beck* und *Kaser* (Fn. 320).

[322] *Mayer-Maly*, RdA 1967, 284.

[323] Vgl. *Beck*, Festschrift für Lewald, S. 7; *Mayer-Maly*, RdA 1967, 284.

[324] Zur Bedeutung der fides als Grundbegriff des römischen Lebens vgl. *Wieacker*, SZ 80 (1963), 20 ff.; vgl. auch *Beck*, Festschrift für Lewald, S. 8 mit weiterführenden Literaturangaben in Anm. 22.

[325] *Beck*, Festschrift für Lewald, S. 8; ähnlich *Kaser*, RPR I, § 132.2 II, S. 565; für Einklagbarkeit des Lohnanspruchs dagegen *Mayer-Maly*, RdA 1967, 283.

Herkunft der freien Lohnarbeiter[326], so bilden die skizzierten Gesichtspunkte zusammengenommen eine tragfähige Basis für die Annahme, daß diese Arbeiter für die Dauer ihrer tatsächlichen Zugehörigkeit zum Gesinde des Dienstberechtigten wie die personenrechtlich unfreien Hausangehörigen behandelt wurden[327].

Die damit verbundene Annahme einer Minderung der personenrechtlichen Freiheit eines römischen Bürgers bedeutet für die altrömische Zeit kein Problem. Ein vergleichbarer Vorgang ist bei der zuvor beschriebenen altrömischen Klientel festzustellen. Dort begaben sich ebenfalls Freie in die personenrechtliche Abhängigkeit von einem Dritten. Des weiteren gab es im altrömischen Recht auch noch an anderer Stelle die Erscheinung, daß einem Dienstberechtigten im Zusammenhang mit der Begründung eines Arbeitsverhältnisses eine Gewalthaberstellung eingeräumt wurde. Insoweit ist nochmals auf den oben genannten Kinderverkauf auf Zeit hinzuweisen, der von der Zielsetzung her der Selbstverdingung sehr ähnlich ist. Das fremde Hauskind gelangte für die Zeit, in der es den für ihn bezahlten Kaufpreis abzuarbeiten hatte, unter die personenrechtliche Gewalt des Erwerbers.

dd) Zwischenergebnis

Die vorstehend erörterten Gesichtspunkte sind geeignet, die Annahme, daß eine entwicklungsgeschichtliche Verbindung zwischen der freien Dienstmiete und personenrechtlichen Abhängigkeitsverhältnissen besteht, zu unterstützen. Zwar ist ein solches Verhältnis als unmittelbare rechtliche Wurzel nicht erkennbar, wie sich überhaupt die Frage nach dem rechtlichen Vorläufer angesichts des unzulänglichen Quellenmaterials nicht aufklären läßt. Es konnten vielmehr Anhaltspunkte dafür gefunden werden, daß die Dienstmiete, bevor sie als Erscheinungsform der locatio conductio ein mit Klageschutz ausgestattetes Rechtsinstitut wurde, der rechtsfreien Sozialsphäre[328] angehörte. Gleichzeitig haben sich jedoch Hinweise ergeben, die eine auf tatsächlichen Gründen beruhende personenrechtliche Prägung jener Verhältnisse wahrscheinlich machen[329]. Die Umstände, unter denen es später zur Verrechtlichung der freien Arbeitsverhältnisse kam, lassen sich in ihren Einzelheiten allerdings nicht mehr erkennen[330]. Recht einleuchtend, weils in das bisher gewonnene entwicklungsgeschichtliche Bild passend, klingen Überlegungen, die Beck[331] zu dieser Frage ange-

[326] In den gehobenen Gesellschaftsschichten galt — wie erwähnt — die Selbstverdingung als nicht standesgemäß; vgl. auch *Nörr*, SZ 82 (1965), 88.

[327] Zu ähnlichen Erscheinungen innerhalb der mittelalterlichen freien Gesindeverträge vgl. *Willoweit*, JuS 1977, 574.

[328] *Beck*, Festschrift für Lewald, S. 7.

[329] So auch die Vermutung *Nörrs*, vgl. Fn. 292.

[330] Vgl. *Mayer-Maly*, RdA 1967, 283.

stellt hat. Er ist der Ansicht, daß es notwendig wurde, Arbeitsverhältnisse auf eine rechtliche Grundlage zu stellen, als sich im Verlauf der Republik das Klima zwischen den gesellschaftlichen Schichten verschlechterte. Dieser Vorgang hätte auch die überkommenen familienrechtlichen Gefolgschaftsgrundsätze aufgeweicht und sie als Grundlage für eine Beziehung wie das Arbeitsverhältnis unbrauchbar gemacht[332].

Die zuvor angestellten Überlegungen zur rechtlichen Entwicklung freiwillig begründeter Arbeitsverhältnisse sollten dazu dienen, den Rechtsgrundlagen des fremdwirkenden Verarbeitungserwerbs näherzukommen. Wie sich gezeigt hat, ist es möglich, mit Hilfe verschiedener entwicklungsgeschichtlicher Aspekte einen gedanklich nachvollziehbaren Entwicklungsgang für Selbstverdingungsverhältnisse zu rekonstruieren. Es fehlt dagegen die Möglichkeit, ihn sicher zu belegen. Damit ist zwar ein Ansatzpunkt vorhanden, um der Frage nach Herkunft und Gestaltung des fremdwirkenden Verarbeitungserwerbs im Arbeitsverhältnis weiter nachgehen zu können. Die Besonderheit der Ausgangsbasis läßt jedoch insoweit lediglich die Entwicklung eines Denkmodells zu.

c) Überlegungen zur rechtlichen Entwicklung der Fremdwirkung von Erwerbshandlungen in Selbstverdingungsverhältnissen

An früherer Stelle ist die Ansicht geäußert worden, daß die Fremdwirkung von Erwerbshandlungen bei der römischen Dienstmiete möglicherweise ein Relikt aus einem personenrechtlichen Herrschaftsverhältnis ist, welches in frührömischer Zeit für die freiwillige Begründung von Arbeitsverhältnissen maßgeblich war.

Das Ergebnis des zuvor unternommenen Versuchs, die rechtliche Entwicklung freiwillig vereinbarter Arbeitsverhältnisse zu rekonstruieren, ist geeignet, diese Annahme zu unterstützen.

aa) Der Ausschluß des Eigenerwerbs des Arbeiters in frührömischer Zeit und seine Gründe

In den vorangegangenen Abschnitten ist aufgezeigt worden, daß in frührömischer Zeit Arbeitsleistungen überwiegend innerhalb personenrechtlicher Gewaltverhältnisse erbracht wurden und daß eine Reihe von Anhaltspunkten dafür spricht, daß die Selbstverdingung Freier vor der Ausformung der schuldrechtlichen Dienstmiete wahrscheinlich dem Regelungsmuster jener Verhältnisse folgte. Legt man diesen Entwicklungsgang, dem bislang — soweit ersichtlich — keine überzeugenderen Alternativkonzeptionen entgegengehalten werden,

---

[331] Festschrift für Lewald, S. 7 ff.

[332] Ebd., S. 9.

zugrunde, dann läßt sich daran anschließend eine Erklärung für die Fremdwirkung der Verarbeitung in jener Zeit entwickeln.

Wenn freiwillig eingegangene Arbeitsverhältnisse in der Frühzeit faktisch als personenrechtliche Abhängigkeitsverhältnisse gestaltet waren, dann hat damit die Selbstverdingung ihren Anfang genommen bei einem Verhältnis, das geeignet war, auf die Erwerbsfähigkeit des freien Lohnarbeiters einzuwirken und seinen Erwerbshandlungen ohne weitere Voraussetzungen Fremdwirkung zugunsten des Dienstberechtigten zu verleihen. Innerhalb personenrechtlicher Gewaltverhältnisse galt ja von je her der Grundsatz, daß aller Erwerb der Gewaltunterworfenen dem Inhaber der personenrechtlichen Gewalt zufiel, d. h., bei jenen Verhältnissen war die Fremdwirkung von Erwerbshandlungen die Regel. Wenn nun die freien Lohnarbeiter in frührömischer Zeit rein tatsächlich wie die übrigen zum Hausverband gehörenden Gewaltunterworfenen behandelt wurden, wovon hier aus den bereits dargelegten Gründen ausgegangen werden soll, dann ergibt sich als mögliche Erklärung für die Fremderwerbsregelung, daß die freien Lohnarbeiter im Zuge der Gleichbehandlung auch in die Erwerbsgrundsätze, die für die Hausangehörigen galten, einbezogen worden sein könnten.

Angesichts der vorhandenen sehr unergiebigen Erkenntnislage für die altrömische Zeit, die für die Ergebnisfindung ein Ausweichen auf Rekonstruktionsversuche unumgänglich macht, ist es nicht möglich, hinsichtlich der Erwerbsregelung weitere Konkretisierungen anzufügen. Betroffen ist davon im vorliegenden Zusammenhang die Frage, welchem der seinerzeit vorhandenen Gewaltverhältnisse wohl der entscheidende Einfluß auf die tatsächliche Abwicklung freier Arbeitsverhältnisse zuzusprechen ist, ob es die Verhältnisse der eigenen Familienangehörigen und Klienten waren, bei denen die Vollgewalt des Familienoberhaupts vorwiegend familienrechtlichen Charakter hatte oder ob insoweit den rein vermögensmäßig bestimmten Herrschaftsverhältnissen über die Sklaven und über die manzipierten fremden Hauskinder größere Bedeutung beizumessen ist. Die Unaufklärbarkeit dieser Frage hat die weitere Folge, daß ein für diese Untersuchung interessantes Anschlußproblem ebenfalls unbeantwortet bleiben muß. An vorangegangener Stelle ist die Möglichkeit angedeutet worden, daß der Erwerb für den Gewalthaber durch die verschiedenen Gruppen von Gewaltunterworfenen entsprechend den Differenzierungen bei der Herrschaftsgewalt auf unterschiedlichen Rechtsgrundlagen beruht haben könnte. Da es nicht möglich ist, einem der vorhandenen Gewaltverhältnisse die Vorbildwirkung für die Abwicklung der Arbeitsverhältnisse ursprünglich freier Lohnarbeiter bestimmt zurechnen zu können, muß auf die Vertiefung dieser Anschlußproblematik verzichtet werden.

Mit den vorangegangenen Überlegungen sollte deutlich gemacht werden, daß die vorhandenen Aussagen zu den rechtlichen Anfängen der Selbstverdingungsverhältnisse im römischen Recht geeignet sind, einen Weg aufzuzeigen, auf dem der Grundsatz des fremdwirkenden Verarbeitungserwerbs in diese Verhältnisse hineingelangt sein könnte. Die Annahme, daß die freien Lohnarbeiter in Erwerbsfragen wie auch hinsichtlich der übrigen Erscheinungsmerkmale ihrer Arbeitsverhältnisse wie die zu Arbeitsleistungen verpflichteten unfreien Hausangehörigen behandelt worden sind, bedeutet insoweit einen Begründungsversuch, der sich in das Gesamtbild der vorhandenen, die Thematik berührenden rechtshistorischen Erkenntnisse einfügt. Im Hinblick auf die tatsächliche und rechtliche Abwicklung der angenommenen Gleichbehandlung sind jedoch noch einige ergänzende Anmerkungen erforderlich.

Man wird wohl nicht davon ausgehen dürfen, daß die Erwerbshandlungen der freien Lohnarbeiter, insbesondere ihre Verarbeitungshandlungen, bewußt dem Dienstberechtigten zugeordnet worden sind. Zwar werden die ebenfalls auf Gewaltunterworfenheit beruhenden Züchtigungs- und Strafverfolgungsrechte bereits in archaischer Zeit im wesentlichen so praktiziert worden sein, wie sie später bei der schuldrechtlichen Dienstmiete auch noch gehandhabt wurden. Dagegen kann für die Lösung von Erwerbsfragen ein entsprechender Vorgang wohl nicht angenommen werden. Es muß nämlich bezweifelt werden, daß das auf vorwissenschaftlicher Stufe befindliche Rechtsdenken der Frühzeit die Problematik des Eigentumserwerbs durch Verarbeitung überhaupt erkannt hatte. Jene Epoche mit ihrem nur wenig differenzierten Eigentumsbegriff[333] war sicherlich noch nicht in der Lage, an die Verarbeitung eines Stoffes den Beginn oder die Beendigung von Eigentumsrechten anzubinden[334]. Immerhin ist die Diskussion über die Verarbeitungsproblematik erst Gegenstand des vorklassischen und klassischen römischen Rechts gewesen[335]. Angesichts dessen wird man die Folgen der Abwicklung der Selbstverdingungsverhältnisse nach dem Muster der personenrechtlichen Abhängigkeitsverhältnisse wohl dahingehend konkretisieren müssen, daß der freie Lohnarbeiter einen Status erhielt, der den Gedanken an einen Eigenerwerb im Zusammenhang mit der zu leistenden Arbeit gar nicht aufkommen lassen konnte.

---

[333] Zu Wesen und Inhalt des Eigentums im altrömischen Recht vgl. beispielsweise *Kaser*, RPR I, § 31, S. 119 f.

[334] Vermutungen über die Fassung des Verarbeitungsproblems in der Frühzeit bei *Wieacker*, Festschrift für Rabel, Bd. 2, S. 264 f.; vgl. auch *Kaser*, RPR I, § 35 I 3, S. 139 Anm. 7.

[335] Die Einflußnahme der griechischen Philosophie auf die Erörterung der Verarbeitungsfrage ist wohl dem ersten vorchristlichen Jahrhundert zuzuschreiben, vgl. *Thielmann*, Festgabe für v. Lübtow, S. 228; *Wieacker*, Festschrift für Rabel, Bd. 2, S. 280; zweifelnd *Mayer-Maly*, SZ 73 (1956), 128.

Damit läßt sich die Fremdwirkung von Verarbeitungshandlungen bei Selbstverdingungsverhältnissen zwar nicht als eine Regelung kennzeichnen, die — wie Züchtigungs- und Strafverfolgungsrechte — unmittelbar aus den personenrechtlichen Abhängigkeitsverhältnissen übernommen worden ist. Die für die aufgegriffene Fragestellung verwertbaren Anhaltspunkte unterstützen jedoch die Annahme, daß aufgrund einer tatsächlichen Verbindung der freiwillig begründeten Arbeitsverhältnisse zu den personenrechtlichen Gewaltverhältnissen die Vorstellung von einer Minderung der Erwerbsfähigkeit für die eigene Person, die mit personenrechtlicher Abhängigkeit regelmäßig verbunden war, in die Selbstverdingungsverhältnisse hineingelangt ist.

Verfolgt man die Entwicklung weiter, so muß man zwar feststellen, daß sich bei der Selbstverdingung in der Folgezeit ein Strukturwandel vollzogen hat. Die freie Lohnarbeit wurde nicht mehr nach Grundsätzen abgewickelt, die für Gewaltunterworfene galten, sondern sie wurde den Regeln der schuldrechtlichen[336] locatio conductio unterstellt. Jedoch besteht Grund zu der Annahme, daß der Gedanke einer Beeinträchtigung der Erwerbsfähigkeit des freien Lohnarbeiters verbunden mit der Vorstellung vom alleinigen Erwerb des Dienstberechtigten diesen Strukturwandel unbeschadet überdauert hat. Es sprechen mehrere Gesichtspunkte dafür, daß sich hinsichtlich der Erwerbsfrage Änderungen zugunsten des Lohnarbeiters wohl kaum haben durchsetzen können.

bb) Die Chancenlosigkeit einer Verbesserung der Rechtsstellung des Arbeitnehmers im Hinblick auf Erwerbsregelungen

An vorangegangener Stelle ist bereits darauf hingewiesen worden, daß die römische Dienstmiete insgesamt nur dürftig geregelt war und insbesondere einen Schutz des sozial schwachen Vertragspartners vermissen läßt.

In dieses Erscheinungsbild fügt sich die Beibehaltung der aus personenrechtlichen Abhängigkeitsverhältnissen übernommenen Erwerbsstrukturen nahtlos ein. Hinzu kommt, daß die Gründe, die wahrscheinlich für die unzulängliche rechtliche Durchformung der Dienstmiete verantwortlich gewesen sind, auch einer Neuorientierung hinsichtlich der Rechtsstellung des freien Lohnarbeiters in Erwerbsfragen entgegengestanden haben dürften. Wie bereits erwähnt, hatte die ausgeprägte Sklavenwirtschaft, die im Zuge der Eroberungspolitik des römischen Staates möglich geworden war, zur Folge, daß die freie Lohnarbeit nicht zu einem gewichtigen Faktor innerhalb des wirtschaftlichen Lebens werden konnte. Für die Juristen dürfte es daher an praktischen

[336] Vgl. die Angaben oben unter Fn. 290.

Anlässen für eine eingehende Beschäftigung mit der Dienstmiete gefehlt haben. Geregelt wurde daher nur das Notwendigste. Das war im Hinblick auf den Lohnarbeiter die Sicherung seines Geldlohnanspruchs, denn von seiner Zwecksetzung her sollte dieser Vertragstyp wohl dazu dienen, die Verhältnisse derjenigen Bevölkerungsschichten, die aufgrund ihrer Vermögensverhältnisse und ihrer sozialen Herkunft auf Arbeitseinkünfte angewiesen waren, auf eine rechtliche Grundlage zu stellen. Angesichts der geschilderten Umstände ist es verständlich, daß sich die Bestimmungen der Dienstmiete im wesentlichen auf das Pflichtengefüge von Arbeitsleistung und Lohnzahlung beschränkten.

Daß es darüber hinaus zu keiner gründlichen rechtlichen Durchformung dieses Vertragstyps kam und insbesondere die hergebrachten Erwerbsstrukturen unangetastet blieben, dürfte aber auch noch andere Gründe gehabt haben. Einer Aufwertung der Rechtsstellung des Arbeitnehmers im Hinblick auf Erwerbsfragen standen sicherlich auch die Geringschätzung der menschlichen Arbeitsleistung und die Nichtanerkennung ihrer eigentumsschaffenden Kraft entgegen. Im Zusammenhang mit den Grundlagen der römischen Verarbeitungslehren ist erläutert worden, daß eine entsprechende Haltung insbesondere bei den gehobenen Gesellschaftsschichten des römischen Volkes anzutreffen war, die gleichzeitig auf die Gestaltung des Rechtslebens maßgeblichen Einfluß nahmen. Gerade diese Kreise waren aber aufgrund ihrer ethischen und politischen Ideale darauf angewiesen, mit dem Einsatz fremder Arbeitskraft Vermögen zu erwirtschaften, um sich selbst dem Dienst für den Staat widmen zu können. Mit einer Auflockerung der alten Erwerbsstrukturen hätten sie die Verfolgung ihrer ideellen Ziele jedoch erheblich gefährdet, so daß bei ihnen die Bereitschaft zu einem Abrücken von den überkommenen Erwerbsgrundsätzen sicherlich nicht vorhanden war[337]. Daß die Arbeiter ein Nachgeben der besitzenden und einflußreichen Gesellschaftsschichten in Erwerbsfragen hätten erzwingen können, kann ebenfalls nicht angenommen werden. Einmal ist zweifelhaft, ob bei den freien Lohnarbeitern im römischen Staat jemals entsprechende Absichten vorhanden waren. Der Kampf um Produktionseigentum und Gewinnverteilung ist eine für das Industriezeitalter typische Erscheinung. Der römische Staat war dagegen vorwiegend Agrarstaat[338]. Bei den sozialen Auseinandersetzungen, die sich dort abspielten, ging es daher auch nicht um den Verteilungskampf zwischen Kapital und Arbeit. Im Zentrum gesellschaftlicher Gegensätze stand vielmehr die Verteilung des Eigentums an Grund und Boden[339]. Aber selbst wenn man unterstellte, daß die römischen Arbeiter eine Ver-

[337] Vgl. auch *Kaser*, RPR I, § 132.2 I 1, S. 563.
[338] Vgl. auch *Brentano*, S. 87 f.
[339] Vgl. Bechmann, AcP 47 (1864), 28.

besserung ihrer Erwerbssituation angestrebt hätten, dann fehlten ihnen in jedem Falle die Mittel, um entsprechenden Forderungen Nachdruck zu verleihen. Ihre wirtschaftliche Stellung war dafür zu schwach, denn als Arbeitskräfte konkurrierten die billigen, massenhaft vorhandenen Sklaven mit ihnen[340].

Zusammenfassend läßt sich feststellen, daß es zahlreiche Anhaltspunkte gibt, die dafür sprechen, daß man bei der Verrechtlichung der freien Arbeitsverhältnisse an der — hier angenommenen — überkommenen Vorstellung von der Beschränkung der Erwerbsfähigkeit des Dienstverpflichteten zugunsten eines Erwerbs für den Dienstberechtigten festgehalten hat. Daneben gibt es jedoch auch einen Gesichtspunkt, der das Festhalten an den alten Strukturen zweifelhaft zu machen scheint. In der Entwicklung des römischen Staates lassen sich nämlich Tendenzen feststellen, die für ein wachsendes Bewußtsein von der personenrechtlichen Freiheit eines römischen Bürgers und ihrer Unantastbarkeit sprechen[341]. Diese Tendenzen werden an verschiedenen Punkten sichtbar. In diesem Zusammenhang ist einmal die Tatsache zu erwähnen, daß man Miet- und Verdingungsverhältnisse grundsätzlich von ihrer Verknüpfung mit personenrechtlichen Abhängigkeitsverhältnissen löste und sie den Regeln eines schuldrechtlichen Vertrages unterstellte. Auf diese Weise wurde — zumindest formal — eine rechtliche Gleichstellung der Vertragspartner erreicht[342]. Hinzuweisen ist ferner auf die bereits angedeutete Entwicklung innerhalb der personenrechtlichen Abhängigkeitsverhältnisse. Bei Klienten, Freigelassenen und auch bei den übrigen Familienangehörigen wurden die alten umfassenden personenrechtlichen Bindungen nach und nach gelockert zugunsten einer fortschreitenden rechtlichen Verselbständigung dieser Personengruppen[343].

Die aufgezeigten Entwicklungen spiegeln die Absicht wider, von der Möglichkeit der Unterstellung eines freien römischen Bürgers unter die personenrechtliche Gewalt eines anderen römischen Bürgers abrücken zu wollen[344]. Es fragt sich, ob die Annahme eines Festhaltens an den überkommenen Erwerbsstrukturen innerhalb der römischen Dienstmiete mit dieser Tendenz vereinbar ist. Immerhin würde ein Aufrechterhalten dieser Annahme bedeuten, daß man der schuldrecht-

---

340 Vgl. *Pöhlmann*, S. 541.

341 Diesen Bestrebungen ist wohl auch das Verbot der Tötung und Fesselung des Schuldners zuzurechnen, das in der lex Poetelia (326 v. Chr.) enthalten war; zu dem ansonsten nicht ganz eindeutigen Inhalt dieser lex vgl. *Kaser*, RPR I, § 40 II 5, S. 154 Anm. 36; ferner *Dulckeit / Schwarz / Waldstein*, § 14 II 3 d, S. 73 f.

342 *Mayer-Maly*, RdA 1967, 283.

343 Vgl. *Kaser*, RPR I, § 71 I, S. 301, § 82 I und IV, S. 341 bzw. S. 343 f.

344 Vgl. *Beck*, Festschrift für Lewald, S. 5.

lichen locatio conductio die Fortführung des Gedankens der Gewaltunterworfenheit und der damit verbundenen Beeinträchtigung der Rechtsstellung einer an sich freien Person zuschreibt.

cc) Die Vereinbarkeit des Fremdwirkungsgrundsatzes mit der gewandelten Vorstellung von der Unantastbarkeit der persönlichen Freiheit

Zwar läßt sich angesichts der oben dargelegten Entwicklungen ein Wandel hinsichtlich der Vorstellungen von der Bedeutung der persönlichen Freiheit eines römischen Bürgers nicht verkennen. Mit dieser Entwicklung ist der angenommene Fortbestand von Erwerbsgrundsätzen, die von personenrechtlicher Unfreiheit geprägt sind, jedoch nicht unvereinbar. Das zeigen Regelungen, die — wenn auch in anderen Zusammenhängen — dazu dienten, Erwerbsinteressen zu schützen und gleichzeitig Konflikte mit den Grundsätzen über die Rechte an einer Person, d. h. der Eigenzuständigkeit bzw. der Zuständigkeit eines fremden Gewalthabers, zu vermeiden. Zu nennen sind hier die Fälle des Nießbrauchsklaven[345], des gutgläubig besessenen fremden Sklaven und des irrtümlich für einen Sklaven gehaltenen Freien[346]. In allen diesen Fällen hätte der Nießbraucher bzw. der gutgläubige vermeintliche Herr durch die genannten Personen grundsätzlich nichts selbst erwerben können[347], weil die Freiheit bzw. die Gewalthaberstellung des Eigentümers entgegenstanden. Wie bereits mehrfach erwähnt, galt der Grundsatz, daß man durch Freie und durch fremde Gewaltunterworfene nichts erwerben konnte. Dennoch kam es in den dargestellten Fällen zum Erwerb des Nießbrauchers bzw. des vermeintlichen Gewalthabers. Eine Erwerbsvermittlung fand einmal statt hinsichtlich der Dinge, welche der Nießbrauchsklave bzw. der gutgläubig Besessene durch Sachen erworben hatte, die dem Nießbraucher bzw. dem vermeintlichen Herrn gehörten. Bedeutsamer für den vorliegenden Zusammenhang ist jedoch die Tatsache, daß dem Nießbraucher und dem gutgläubigen Besitzer auch der Arbeitserwerb der genannten Personen zugesprochen wurde[348]. Erklären läßt sich dieses Ergebnis damit, daß man die Arbeit von den übrigen Persönlichkeitsäußerungen abspaltete[349] und dadurch die Erwerbsinteressen desjenigen sicherte, für den die Arbeitsleistung erbracht worden war[350]. Diese Differenzierungsmöglichkeiten könnten als Vorbild gedient haben, um auch für sonstige

---

345 Servus usufructuarius; Gai. 2, 91 f.; 3, 164 f.; Pap. D. 41, 2, 49 pr.; Ulp. D. 7, 1, 25, 3; PS 5, 7, 3.

346 z. B. Gai. 2, 92; 3, 164; Pomp. D. 41, 1, 19; Ulp. D. 41, 1, 23.

347 Vgl. auch *Kaser*, RPR I, § 62 III 1, S. 262 f.

348 Für beide vgl. oben Fn. 345, 346; ferner *Kaser*, RPR I, § 62 III 1, S. 262 f.

349 *Kaufmann*, S. 197 ff.

350 Vgl. auch die Kritik an dieser Regelung bei *Sokolowski*, Bd. 1, Anm. 252.

Arbeitsverhältnisse die Vorstellung von der persönlichen Freiheit eines römischen Bürgers mit den Erwerbsinteressen der Gesellschaftsschichten, die Dienstleistungen in Anspruch nehmen konnten, in Einklang zu bringen: Die Person blieb im Rahmen der schuldrechtlichen Dienstmiete grundsätzlich frei, ihre Rechtstellung wurde nur im Hinblick auf die Arbeitsleistung beeinträchtigt, die weiterhin „gewaltunterworfen" blieb[351].

4. Zusammenfassung der bisherigen Überlegungen

Die zuvor angestellten Betrachtungen zum Ursprung und zum entwicklungsgeschichtlichen Werdegang der römischen Dienstmiete lassen sich folgendermaßen zusammenfassen:

Die rechtlichen Anfänge der Selbstverdingung freier Lohnarbeiter können letztlich nicht ermittelt werden. Das hat zur Folge, daß sich von diesem Ansatz aus sichere Erkenntnisse bezüglich Ursprung und rechtlicher Ausgestaltung des Grundsatzes des fremdwirkenden Verarbeitungserwerbs bei der römischen Dienstmiete nicht entwickeln lassen. Auf der Grundlage der vorhandenen rechtshistorischen Erkenntnisse und Überlegungen, welche die hier ins Auge gefaßten Bereiche berühren, läßt sich jedoch für die locatio conductio ein möglicher Entwicklungsgang rekonstruieren, der gleichzeitig die angesprochenen Probleme des Fremdwirkungsgrundsatzes aufhellt und der etwa folgendermaßen verlaufen könnte:

Vor der rechtlichen Ausformung der locatio conductio gab es für die Regelung freiwillig begründeter Arbeitsverhältnisse kein spezielles Rechtsinstitut. Die Lohnzahlung war zu jener Zeit gesichert durch die aus der „fides" resultierende Verpflichtung der vornehmen Gesellschaftsschichten gegenüber dem „kleinen Mann". Im übrigen nahmen die personenrechtlichen Abhängigkeitsverhältnisse der Hauskinder, Sklaven, Klienten und Freigelassenen auf die Ausgestaltung freier Arbeitsverhältnisse Einfluß. Die freien Lohnarbeiter wurden faktisch wie die genannten Gewaltunterworfenen behandelt. Durch diese Gleichbehandlung sind personenrechtliche Elemente in das freie Arbeitsverhältnis hineingelangt. Zu ihnen gehört die mit personenrechtlicher Abhängigkeit regelmäßig verbundene Minderung der Erwerbsfähigkeit für die eigene Person verbunden mit einer Zuordnung der Rechtsfolgen von Erwerbshandlungen zugunsten des Gewalthabers.

Diese faktisch bedingte personenrechtliche Prägung haben die freien Arbeitsverhältnisse auch nach ihrer Unterstellung unter die locatio

---

[351] Zu einem entsprechenden Vorgang bei der Schuldknechtschaft vgl. *Kaufmann*, S. 195; zuvor schon *Kaser*, Altröm. ius, S. 243 f. Anm. 53.

conductio nie völlig abgelegt. Zu den Strukturelementen, die den Übergang vom personenrechtlich zum schuldrechtlich gestalteten Arbeitsverhältnis überdauert haben, gehören neben Züchtigungsrecht und Strafgewalt auch die archaischen Erwerbsgrundsätze. Begünstigt wurde der Fortbestand der Erwerbsregelungen einerseits durch die von der Sklavenwirtschaft geprägten Verhältnisse auf dem römischen „Arbeitsmarkt“. Andererseits entsprach das Fortwirken auch der negativen Einstellung zum Wert der menschlichen Arbeitsleistung, die in den für die Gestaltung des Rechtslebens zuständigen Gesellschaftsschichten vorherrschte.

Das gewandelte Bewußtsein von der Bedeutung der Freiheit eines römischen Bürgers stand der Weitergeltung der Erwerbsregeln, die von personenrechtlicher Gewaltunterworfenheit ausgehen, nicht entgegen. Für diese Einschätzung sprechen mehrere Beispiele, in denen die Arbeitsleistung von den übrigen Persönlichkeitsfunktionen abgelöst und einem selbständigen rechtlichen Schicksal zugeführt wurde, um die Erwerbsinteressen derjenigen, die Ansprüche auf Arbeitsleistungen hatten, zu schützen.

Der soeben skizzierte Entwicklungsgang kann und will keinen Anspruch auf Anerkennung als gesicherte Erkenntnis erheben. Zurückhaltung ist einmal wegen der bereits geschilderten Begrenzung der Erkenntnismöglichkeiten erforderlich. Sie ist jedoch auch deshalb angebracht, weil innerhalb dieser Untersuchung zur Erreichung des angestrebten Zieles nur einer der gangbaren Wege eingeschlagen worden ist. Vorliegend ist überwiegend auf die einschlägigen Bestimmungen des römischen Privatrechts abgestellt worden. Auf diese Weise konnten Einblicke in die rechtliche Stellung derjenigen erzielt werden, die im römischen Staat Arbeit für andere zu leisten hatten. Der dabei festgestellte privatrechtliche Status der Arbeitenden ist jedoch möglicherweise nicht isoliert entstanden. Es wird hier u. U. Verbindungen zu den Grundprinzipien der damaligen staatlichen Ordnung geben.

Sicherlich wäre es interessant, insbesondere um das bisherige Bild abzurunden, auch diesen Zusammenhängen nachzugehen. Angesichts des zu erwartenden Umfangs derartiger Erörterungen muß im Rahmen dieser Untersuchung jedoch auf ein solches Vorhaben verzichtet werden. Stattdessen soll die im Hinblick auf die hier abgesteckten Ziele nunmehr noch verbleibende Aufgabe angegangen werden. Sie besteht darin, die zuvor skizzierten Entwicklungslinien hinsichtlich ihrer Bedeutung für die Gestaltung des Verhältnisses von Arbeitsleistung und Arbeitsvergütung im BGB zu bewerten.

IV. Ursprung und Wesensmerkmale der Vergütungsregelungen des Dienstvertragsrechts des BGB — Versuch einer Konkretisierung anhand des festgestellten bzw. angenommenen Entwicklungsverlaufs

Die vorausgegangenen Untersuchungsabschnitte haben ergeben, daß das Dienstvertragsrecht des BGB trotz einiger eigener Ansätze in seiner Grundstruktur von der römischen Dienstmiete geprägt worden ist. Der römisch-rechtliche Einfluß betrifft insbesondere die Gestaltung des Verhältnisses von Arbeitsleistung und Arbeitsvergütung. Die Leistungsbeziehung ist beim Dienstvertrag wie bei der römischen Dienstmiete als schuldrechtlicher Austauschvertrag mit deutlichen mietrechtlichen Bezügen ausgeformt worden. Als Arbeitslohn ist in beiden Fällen eine frei zu vereinbarende Vergütung vorgesehen, die nicht an den Wert des durch die Arbeitsleistung hergestellten Produkts gebunden ist. Darüber hinaus gleichen sich beide Rechtsinstitute noch in einem anderen Punkt, der in enger sachlicher Beziehung zur Bewertung der Arbeitsleistung im Arbeitsverhältnis steht. Beim Dienstvertrag des BGB bleibt der Arbeiter vom Eigentum an den Gegenständen, die er durch seine Arbeitsleistung hergestellt hat, ausgeschlossen. Das Produktionseigentum fällt „automatisch“, d. h. ohne besondere Vereinbarung zwischen den am Arbeitsverhältnis Beteiligten, dem Dienstberechtigten zu. Ihm werden insoweit die Arbeitsleistung des Dienstverpflichteten und die ihr zukommende eigentumschaffende Kraft zugeordnet. Für das römische Recht konnten Anhaltspunkte gefunden werden, die zu der Annahme berechtigten, daß bei der locatio conductio seit der klassischen Zeit bis hin zu Justinian der Lohnarbeiter ebenfalls vom Produktionserwerb ausgeschlossen war. Es hat sich zudem gezeigt, daß die römischrechtliche Erwerbsregelung zur Zeit der Schaffung des BGB noch fortgalt und zudem das Ergebnis, d. h. der Nichterwerb des produzierenden Arbeiters, auch sonst einhellig anerkannt war. Abgesehen von diesem Meinungs- und Regelungsstand haben sich für die Zeit der Entstehung des BGB noch einige andere Gesichtspunkte ergeben, die die Auffassung unterstützen, daß das Dienstvertragsrecht des BGB auch hinsichtlich seines Verarbeitungsgrundsatzes von der römischen Dienstmiete in ihrem justinianischen und damit weitgehend klassischen Erscheinungsbild beeinflußt worden ist. Der zuvor erwähnten Annahme, der Dienstvertrag des BGB sei eine eigenständige Schöpfung der Rechtswissenschaft des 19. Jahrhunderts[352], kann daher nicht gefolgt werden.

Während sich die Herkunft der für die Arbeitsvergütung maßgeblichen Bestimmungen des Dienstvertragsrechts bis zu dem vorbezeichneten Punkt auf einer insgesamt tragfähigen Grundlage zurückverfol-

[352] So insbes. *Wolf*, S. 62.

gen läßt und auf diesem Wege die Merkmale der Lohnregelungen und deren Gestaltungshintergründe zumindest teilweise erschlossen werden können, gestaltet sich das entsprechende Vorhaben beim Grundsatz des fremdwirkenden Verarbeitungserwerbs ungleich schwieriger. Feststellbar ist, daß bei der Schaffung des BGB für die Fremdwirkungsproblematik keine neue Rechtsgrundlage entwickelt worden ist. Vom Gesetzgeber lediglich im Grundsatz anerkannt, sollte die Beurteilung der Vertretung in der produktiven Tätigkeit im übrigen Wissenschaft und Praxis überlassen bleiben. Da von dort eine systematisch und dogmatisch befriedigende neue Lösung nicht entwickelt worden ist, wird die Fremdwirkung im Arbeitsverhältnis gegenwärtig noch immer von den Regelungsmerkmalen geprägt, die für das übernommene römisch-rechtliche Regelungsvorbild kennzeichnend waren. Diese Merkmale lassen sich jedoch, wie die vorangegangenen Überlegungen gezeigt haben, nicht sicher ermitteln. Die Unaufklärbarkeit der rechtlichen Anfänge freier Arbeitsverhältnisse ist hierfür eine wesentliche Ursache. Es ist insoweit lediglich eine Annäherung möglich, die zu einem wahrscheinlich anmutenden, jedoch nicht sicher zu belegenden Ergebnis führt. Die bestehenden Unsicherheiten lassen sich zwar nicht von der Hand weisen. Es gibt jedoch Faktoren, die das angenommene Ergebnis stabilisieren. Hierzu gehört einmal der Umstand, daß für die Annäherung eine Reihe von rechtshistorisch aufbereiteten Anhaltspunkten zur Verfügung steht. Ferner ist von Bedeutung, daß sich mit Hilfe der vorhandenen Anhaltspunkte ein in sich geschlossenes Bild von den Anfängen und der rechtlichen Entwicklung der Selbstverdingung und der dort geltenden Erwerbszuordnung rekonstruieren läßt. Als Ergebnis dieses Rekonstruktionsversuchs konnte für die fremdwirkende Verarbeitung im historischen Arbeitsverhältnis eine ursprüngliche Beeinflussung durch Erwerbsregelungen wahrscheinlich gemacht werden, die innerhalb personenrechtlicher Abhängigkeitsverhältnisse galten, den Gewalthaber begünstigten und auf der durch die Gewaltunterworfenheit bedingten Unfreiheit beruhten.

Der Umstand, daß sich für das römische Recht Gestaltung und Entwicklung des Verarbeitungsgrundsatzes nur im Wege eines Rekonstruktionsversuchs wahrscheinlich machen lassen, hat nachteilige Auswirkungen auf die Konkretisierung der Verarbeitungsmerkmale im BGB. Mit der Annahme, daß dem Fremdwirkungsgrundsatz im BGB mangels einer Ablösung durch eine neu entwickelte Rechtsgrundlage noch immer die Regelungsmerkmale des historischen Vorbildes anhaften, werden die Unsicherheiten, mit denen die Aussagen über jene Merkmale belastet sind, zwangsläufig fortgeschrieben. Dementsprechend kann die Feststellung, daß die Fremdwirkung von Verarbeitungshandlungen im Arbeitsverhältnis gegenwärtig noch immer letztlich auf den Erwerbsgrundsätzen personenrechtlicher Abhängigkeitsverhältnisse beruht, nur als Fortführung des zuvor unternommenen Rekonstruktionsversuchs angesehen werden.

Es gibt allerdings mehrere Gesichtspunkte, die geeignet sind, die diesem Rekonstruktionsversuch anhaftenden Unsicherheiten weiter auszugleichen. Beachtlich ist hier zunächst, daß — wie an vorangegangener Stelle erwähnt — verschiedentlich die Ansicht geäußert worden ist, der im Arbeitsverhältnis geltende Fremdwirkungsgrundsatz sei ein Überbleibsel vormaliger personenrechtlicher Abhängigkeitsverhältnisse. Die Annahme einer Verbindung zwischen dem fremdwirkenden Verarbeitungserwerb und den für personenrechtliche Gewaltverhältnisse geltenden Erwerbsgrundsätzen ist demnach ein Lösungsansatz, der schon früher ins Auge gefaßt, dort allerdings nicht weiterverfolgt worden ist.

Hinzuweisen ist ferner auf die Einhelligkeit, mit der die Fremdwirkung im Arbeitsverhältnis bis in die Gegenwart hinein anerkannt wird. Nach dem hier angenommenen Entwicklungsgang hat dieser Grundsatz eine bis weit in die Geschichte zurückreichende Tradition. Die lange Geltungsdauer ist eine einleuchtende Erklärung für seinen nahezu unangefochtenen Bestand.

Erklären läßt sich mit Hilfe des hier angenommenen Verlaufs der Entwicklung aber noch eine weitere Auffälligkeit, die während der vorangegangenen Erörterungen festgestellt werden konnte. Wie zuvor im einzelnen näher dargelegt worden ist, haben die seit der Schaffung des BGB zu registrierenden Bemühungen, für den Grundsatz der fremdwirkenden Verarbeitung eine Rechtsgrundlage zu entwickeln, die sich systematisch und dogmatisch in das BGB einfügt, bislang zu keinem befriedigenden Ergebnis geführt. Die hier angenommene Rückführbarkeit der Produktionserwerbsregelung auf die Erwerbsgrundsätze personenrechtlicher Abhängigkeitsverhältnisse macht die Unvermeidbarkeit dieser Schwierigkeiten deutlich. Das BGB kennt — abgesehen von einigen familienrechtlichen Ausnahmen[353] — keine Rechtssubjekte mit grundsätzlich verminderter persönlicher Freiheit, wie sie die Gewaltunterworfenen früherer Rechtsordnungen besaßen. Notwendige Folge der Abkehr von derartigen Gewaltverhältnissen ist, daß sich Erwerbsgrundsätze, die auf dieser Gewaltunterworfenheit basieren, nur schwer oder vielleicht auch gar nicht in die neue Rechtsordnung integrieren lassen.

Auch die zuletzt angeführten Gesichtspunkte wollen und können nicht daran vorbeiführen, daß der für die fremdwirkende Verarbeitung im Arbeitsverhältnis skizzierte Entwicklungsgang nur ein auf zahl-

[353] Man denke z. B. an die Bestimmungen über Beschränkungen in der Geschäftsfähigkeit, über Vormundschaft oder Pflegschaft, §§ 106 ff., 1773 ff., 1909 ff. BGB.

reiche Anhaltspunkte gestützter Rekonstruktionsversuch ist. Zuvor konnte jedoch bereits gezeigt werden, daß sich die für die Fremdwirkung angenommene Entwicklung in die rechtshistorischen Erkenntnisse und Überlegungen einfügt, die die hier behandelte Problematik thematisch berühren. Mit Hilfe der soeben dargelegten Gesichtspunkte konnte zudem deutlich gemacht werden, daß der rekonstruierte Entwicklungsverlauf überdies geeignet ist, Auffälligkeiten bei der Behandlung der Fremdwirkungsproblematik im BGB zu erklären. Diese Eigenschaften und der bis jetzt erreichte rechtshistorische Erkenntnisstand lassen es gerechtfertigt erscheinen, für den Ursprung und die Regelungsmerkmale der im BGB fortwirkenden Fremderwerbsregelung gegenwärtig die hier skizzierten Verbindungslinien zu Grunde zu legen. Sollten neue themabezogene Erkenntnisse gewonnen werden können, wird der hier eingenommene Standpunkt gegebenenfalls überdacht werden müssen. Äußerungen in der rechtshistorischen Literatur lassen jedoch die Aussichten auf eine nachhaltige Verbesserung des Erkenntnisstandes auf den für diese Untersuchung maßgeblichen Gebieten gering erscheinen.

Dritter Teil

Stellung des Arbeitnehmers und Struktur des Arbeitsverhältnisses — zusammenfassende Zustandsanalyse und kritischer Ausblick

Es war das Anliegen der vorausgegangenen Abschnitte, die Merkmale der Vergütungsregeln sichtbar zu machen und ihren rechtsdogmatischen und rechtspolitischen Bestimmgründen nachzugehen. Nachdem dies geschehen ist, verbleibt für den letzten Teil dieser Untersuchung die Aufgabe, die erzielten Ergebnisse im Hinblick auf ihre Bedeutung für die Stellung des Arbeitnehmers und die Struktur des Arbeitsverhältnisses auszuwerten. Dabei sollen nicht nur die gegenwärtigen Verhältnisse gekennzeichnet und kritisch gewürdigt werden. Soweit es der Rahmen dieser Untersuchung zuläßt, soll darüber hinaus erörtert werden, ob das Arbeitsverhältnis in dem hier näher betrachteten Bereich der Vergütungsregeln neu gestaltet werden muß und welchen Anforderungen die Umgestaltung gegebenenfalls genügen müßte.

Erstes Kapitel

Merkmale der Arbeitnehmerstellung als Folgewirkungen der rechtlichen Behandlung der Arbeit

I. Rechtliche Einordnung und Bewertung der Arbeitskraft im Arbeitsverhältnis

An vorangegangener Stelle konnte aufgrund der Gestaltungsmerkmale der Regelungen, die das Verhältnis von Arbeitsleistung und Arbeitsvergütung im Dienstvertragsrecht des BGB bestimmen, bereits ein vorläufiger Eindruck von der rechtlichen Bewertung der Arbeitskraft vermittelt werden. Nachdem inzwischen die theoretische Konzeption, die den maßgeblichen Regelungen zugrundeliegt, im Rahmen der insoweit vorhandenen Möglichkeiten weiter aufgehellt worden ist, können die zuvor formulierten Ergebnisse ergänzt werden. Danach ergibt sich folgendes Bild:

Aus den Merkmalen der Vergütungsregelungen der §§ 611 ff. BGB einerseits und der Gestaltung des Grundsatzes des fremdwirkenden Verarbeitungserwerbs andererseits ließ sich bislang schon ableiten, daß die Arbeitskraft im Rahmen des Arbeitsverhältnisses weitgehend wie ein der Gebrauchsüberlassung fähiger Gegenstand behandelt wird und daß sie darüber hinaus ihre eigentumschaffende Kraft für den Arbeitnehmer unabhängig von dessen Willen verliert, so daß der Arbeitnehmer von einer gleichberechtigten Beteiligung am Ertrag der Produktion ausgeschlossen bleibt. Begibt man sich nun daran, die Bewertung der Arbeit anhand der erkennbar gewordenen Gestaltungshintergründe der maßgeblichen Regelungen zu konkretisieren, so werden unterschiedliche Akzentuierungen sichtbar.

1. Wertmaßstäbe der §§ 611 ff. BGB

Differenzierungen sind geboten, soweit es um die Feststellung der in den §§ 611 ff. BGB enthaltenen Einstufung der Arbeitskraft geht. Im Hinblick auf die Konzeption des historischen Vorbilds, das für die Gestaltung der §§ 611 ff. BGB verantwortlich gewesen ist, wäre eine einseitige Qualifizierung dieser Regelungen als Ausdruck eines negativen Werturteils über die menschliche Arbeit problematisch. Gegen eine solche Deutung sprechen sowohl die Hintergründe, die zur Verrechtlichung freiwillig begründeter entgeltlicher Arbeitsverhältnisse geführt haben, als auch die Motive für die Art und Weise der Gestaltung, soweit sich beides angesichts der ungünstigen Quellenlage noch erkennen läßt. Mit der Unterstellung freiwillig begründeter Arbeitsverhältnisse unter die Regeln eines schuldrechtlichen Vertrages wollte man wohl u. a. der persönlichen Freiheit des Arbeiters Rechnung tragen, mit der sich die Fortgeltung der von personenrechtlicher Abhängigkeit geprägten rechtlichen Vorläufer nicht mehr vereinbaren ließ. Zudem sollte mit der Klagbarmachung des Vergütungsanspruchs die Entlohnung der Arbeitsleistung sichergestellt werden. Angesichts dieser beiden Ziele kommt man nicht umhin, in den Regelungen das Bemühen um eine annehmbare Behandlung freiwillig geleisteter entgeltlicher Arbeit zumindest der Tendenz nach anzuerkennen. Dieser Eindruck wird auch nicht dadurch beeinträchtigt, daß die Bestimmungen inhaltlich die Arbeitskraft mit Gegenständen, die vermietet oder verpachtet werden können, weitgehend gleich behandeln. Diese Gleichbehandlung könnte dann als Abwertung der menschlichen Arbeitskraft angesehen werden, wenn sie auf der Vorstellung von der Gleichwertigkeit menschlicher Arbeit und körperlicher Gegenstände beruhte. Dies läßt sich jedoch nicht eindeutig feststellen. Zumindest ebenso wahrscheinlich ist die Annahme, daß eine Übereinstimmung im tatsächlichen Erscheinungsbild, nämlich die vorübergehende Einräumung einer faktischen Verfügungsmacht, für die weitgehend einheitliche Behandlung von Miet-, Pacht-, Dienstvertrags- und Wertvertragssachverhalten verantwortlich gewesen ist.

Den soeben aufgezeigten positiven Ansätzen stehen jedoch Positionen entgegen, die für eine weniger günstige Haltung der Rechtsordnung gegenüber der Arbeitskraft sprechen. Hierzu gehört einmal die Feststellung, daß man sich mit den gewählten Regelungsmechanismen für Gestaltungsmittel entschieden hat, die im Hinblick auf die Erreichung der angestrebten Ziele wenig erfolgversprechend sind. Der freie Vertrag, der überdies dem Muster von Sachnutzungsverträgen folgt, ist angesichts der ungleich starken Verhandlungspositionen der am Arbeitsverhältnis Beteiligten kein geeignetes Mittel, die gleichmäßige und sachgerechte Durchsetzung der beiderseitigen Interessen der Arbeitsvertragsparteien zu gewährleisten. Der locatio conductio als dem historischen Vorbild der §§ 611 ff. BGB kann man insoweit zugute halten, daß es angesichts der überragenden Bedeutung der Sklavenwirtschaft für die Bereitstellung von Arbeitskräften vermutlich an Anstößen aus der Praxis fehlte, sich mit der Brauchbarkeit der gewählten Regelungen auseinanderzusetzen. Eine derartige „Entschuldigung" können die Vorschriften der §§ 611 ff. BGB jedoch nicht für sich beanspruchen. Sie sind zu einer Zeit geschaffen worden, als sich die wirtschaftlichen und gesellschaftlichen Verhältnisse im Vergleich zu den Gegebenheiten in Rom wesentlich verändert hatten. Bemühungen um eine angemessene praktikable rechtliche Lösung für die entgeltliche Überlassung der eigenen Arbeitskraft wären angesichts der gewandelten praktischen Bedeutung dieser Sachverhalte dringend geboten gewesen[1]. Das ist jedoch nicht geschehen. Man hat vielmehr Grundsätze fortgeschrieben, die eine für den Arbeitnehmer günstige Verwertung seiner Arbeitskraft nicht gewährleisten können. Dies muß — unabhängig von den Gründen für die gesetzgeberische Zurückhaltung — als eine zumindest mittelbare Abwertung der Arbeitskraft eingestuft werden, denn mit der Fortschreibung der überkommenen Regelungen ist eine vorhersehbare Benachteiligung des Vertragsgegenstandes Arbeit in Kauf genommen worden.

---

[1] Kritisch auch *Endemann*, Behandlung der Arbeit, S. 88 f.

2. Bewertungstendenzen des Fremdwirkungsgrundsatzes

Weitaus deutlicher und in ihren Merkmalen klarer erkennbar ergibt sich eine für den Arbeitnehmer ungünstige Behandlung der Arbeit aus dem zweiten Regelungskomplex, der neben den §§ 611 ff. BGB für den Rahmen der Vergütung und damit für die tatsächliche und rechtliche Einordnung der Arbeitskraft bestimmend ist. Dabei knüpfen die Bewertungstendenzen, die sich aus der theoretischen Konzeption des Grundsatzes des fremdwirkenden Verarbeitungserwerbs entnehmen lassen, teilweise bei ähnlichen Betrachtungsweisen an, wie sie im Ansatz auch innerhalb der §§ 611 ff. BGB vorhanden sind.

Der Fremdwirkungsgrundsatz wird nach dem hier zugrundegelegten Werdegang geprägt von dem Bestreben, die Arbeit als Persönlichkeitsfunktion aus der Rechtszuständigkeit des Arbeitnehmers herauszulösen, um das Ergebnis ihrer eigentumschaffenden Kraft unmittelbar dem Arbeitgeber zuordnen zu können. Dabei stellt sich dieser Vorgang nach den gegenwärtigen Erkenntnismöglichkeiten dar als Konservierung von Bestandteilen einer Rechtsordnung, die die Möglichkeit anerkennt und gewährleistet, Personen bzw. einzelne Persönlichkeitsfunktionen derart der Gewalt eines Dritten zu unterstellen, daß sämtliche bzw. die von der Unterstellung betroffenen Funktionen, soweit ihre Ausübung rechtlich bedeutsame Wirkungen hat, nicht dem Funktionsträger, sondern dem Gewalthaber zugute kommen. Ein auf diese Wirkungen gerichteter Wille des Funktionsträgers ist nicht erforderlich, ein entgegenstehender Wille ist nicht schädlich. Daher läßt sich der Grundsatz der fremdwirkenden Verarbeitung als eine Regelung, die die Arbeitskraft als Persönlichkeitsfunktion eines rechtlich freien Individuums nicht anerkennt[2], kennzeichnen.

3. Ergebnis

Faßt man die bei der Auswertung der rechtstheoretischen Grundlagen der Vergütungsregelung gefundenen Einzelergebnisse zusammen, so läßt sich zunächst kein geschlossenes Bewertungskonzept erkennen. Die maßgeblichen Regelungen enthalten neben negativen auch positive Ansätze, was die Einstellung zur menschlichen Arbeit betrifft.

Wägt man allerdings die herausgearbeiteten unterschiedlichen Tendenzen gegeneinander ab, so ergibt sich gleichwohl ein Schwerpunkt in der Bewertung der Arbeitsleistung. Sowohl von der Anzahl als auch von der Bedeutung her kommt denjenigen Regelungselementen ein Übergewicht zu, die Bemühungen um die rechtliche Anerkennung und

---

[2] Ähnlich die eingangs erwähnte Vermutung *Sinzheimers*, vgl. oben Fn. 97, II. Teil, 1. Kapitel.

Absicherung von Eigenart und Wert der Arbeitsleistung, die in einem Arbeitsverhältnis erbracht wird, vermissen lassen. Zu dieser Einschätzung zwingt insbesondere die zuvor sichtbar gemachte rechtliche Einordnung der Arbeit im Rahmen des Fremdwirkungsgrundsatzes.

II. Die Bedeutung der rechtlichen Bewertung der Arbeit für die Arbeitnehmerstellung

1. Grundlage der Analyse

Für die Beantwortung der Frage nach der Stellung des Arbeitnehmers im Arbeitsverhältnis kommt den Vergütungsregelungen der §§ 611 ff. BGB nur eine nachrangige Bedeutung zu. Von ihrer Anlage und von ihrem Inhalt her bilden diese Vorschriften nicht den Schwerpunkt für die unbefriedigende rechtliche Behandlung der Arbeit. Die feststellbare Zurücksetzung der Arbeitskraft innerhalb der Produktionsfaktoren wird an dieser Stelle nicht unmittelbar festgeschrieben. Sie wird hier lediglich mittelbar begründet, weil die gewählten Bestimmungen zur Erreichung angemessener und sachgerechter Lösungen qualitativ ungeeignet sind. Sie vermögen insbesondere nicht, der sachlich nicht zu rechtfertigenden Benachteiligung des Arbeitnehmers bei der Beteiligung am Produktionsergebnis entgegenzuwirken.

Deutlicher konnte dagegen dem Fremdwirkungsgrundsatz als der für Arbeitsverhältnisse geltenden Erwerbsregelung ein Werturteil hinsichtlich entgeltlich geleisteter Arbeit entnommen werden. Demnach muß hier der entscheidende Ansatz für die Frage nach den Folgewirkungen liegen, die die dort feststellbare tatsächliche und rechtliche Abqualifizierung der Arbeit für die Stellung des Arbeitnehmers hat.

2. Kennzeichen der Arbeitnehmerstellung

Aus der Behandlung der Arbeitsleistung innerhalb des Fremdwirkungsgrundsatzes ergeben sich folgende Merkmale für die Stellung des Arbeitnehmers im Arbeitsverhältnis:

Was den Inhalt dieses Verarbeitungsgrundsatzes betrifft, der der Arbeitsleistung eine nachrangige Position innerhalb der Produktionsfaktoren zuweist, so werden hier die Weichen für die schwache Verhandlungsposition des Arbeitnehmers als Arbeitsvertragspartei gestellt. Die Regelung des Produktionserwerbs zum Vorteil der Arbeitgeberseite entzieht dem Arbeitnehmer die Grundlage, mit Hilfe der §§ 611 ff. BGB auf dem Verhandlungswege seine auf Sicherung der Existenz ausgerichteten Interessen gleichberechtigt neben den Interessen der Unternehmerseite verfolgen zu können. Als künftiger Miteigentümer an der Produktion hätte der Arbeitnehmer eine Größe in der Hand, deren Erwerb sich der Unternehmer nur durch entsprechende Gegenleistungen sichern könnte. Der Arbeitnehmer wäre sicherlich nicht bereit und könnte es sich im Interesse seiner Existenzsicherung auch nicht leisten, sein Eigentumsrecht ohne Ausgleich preiszugeben. Die Fremderwerbsregelung, die den Arbeitnehmer vom Produktionserwerb ausschließt, bewahrt den Unternehmer vor derartigen Ausgleichsleistungen und versetzt ihn in die Lage, dem Arbeitnehmer ein vom Wert der Produktion unabhängiges Vergütungsangebot zu unterbreiten. Gleichzeitig entfällt für den Arbeitnehmer die Möglichkeit, auf eine Veränderung dieses Angebots zu seinen Gunsten erfolgreich einwirken zu können.

Während damit durch den Inhalt des Fremdwirkungsgrundsatzes eine Schwächung der Stellung des Arbeitnehmers im tatsächlichen Bereich bewirkt wird, erfährt er darüber hinaus durch die theoretische Konzeption dieser Regelung eine Minderung seiner persönlichen Freiheit. Nach dem hier vertretenen Standpunkt wird die Arbeitsleistung innerhalb der Regelung des Produktionserwerbs im Arbeitsverhältnis nach Grundsätzen behandelt, die von der Vorstellung der Gewaltunterworfenheit dieser Persönlichkeitsfunktion als Überbleibsel vormaliger Gewaltunterworfenheit der gesamten Person des Arbeitnehmers getragen werden.

Man mag zwar versuchen, im Hinblick auf die Gewaltunterstellung lediglich auf eine bestimmte Funktion abzuheben. Dieser Versuch muß jedoch mißlingen, wenn eine eigenständige Existenz von Funktionen und Funktionsträger ausgeschlossen ist. Lassen sich beide wegen ihrer Eigenart nicht trennen, ist eine Beinträchtigung der Funktion eine Beeinträchtigung des Funktionsträgers selbst. Ein solcher Fall unauflöslicher Zusammengehörigkeit ist bei der aus der Natur der Sache folgenden Personengebundenheit der Arbeitsleistung gegeben. Das bedeutet, daß der Arbeitnehmer selbst — und nicht nur seine Arbeit — im Rahmen des Arbeitsverhältnisses eine von seinem Willen unabhängige Einschränkung seiner rechtlichen Selbständigkeit erfährt, wie sie den von der gegenwärtigen Rechtsordnung nicht mehr anerkannten personenrechtlichen Gewaltverhältnissen vergangener Epochen eigentümlich war.

3. Kritische Würdigung der gegenwärtigen Verhältnisse

Ein Festhalten an den Vergütungsregelungen, die die Arbeitnehmerposition in der dargelegten Art und Weise festschreiben, ist problematisch. Dabei richtet sich das Schwergewicht der Bedenken gegen die Vorenthaltung eines Beteiligungsrechts am Produktionsergebnis, die für die diskriminierende Stellung des Arbeitnehmers im Arbeitsverhältnis hauptsächlich verantwortlich ist.

Zu berücksichtigen ist in diesem Zusammenhang, daß nach der hier zu den Erwerbsvoraussetzungen des § 950 BGB vertretenen Auffassung auch für den Produktionserwerb des Unternehmers das Vorhandensein einer Verarbeitungshandlung unverzichtbar ist. Für den Unternehmer wird lediglich die Erfüllung dieser Voraussetzung erleichtert, weil § 950 BGB nicht die selbständige Vornahme der Spezifikationshandlung durch den Erwerber verlangt. Wenn also letztlich die Verarbeitungshandlung den Hauptgrund für den Spezifikationserwerb bildet, dabei aber gleichzeitig die Möglichkeit gewährleistet werden soll, die Erwerbswirkungen entweder in der Person des Verarbeitenden selbst oder bei einem nicht arbeitenden Dritten eintreten zu lassen, dann kann die letztgenannte Rechtsfolge nur dann gebilligt werden, wenn sie sich mit ihren Voraussetzungen in die Systematik des Zivilrechts und der übrigen Rechtsordnung einfügen läßt. Diesen Anforderungen wird der arbeitsrechtliche Grundsatz des fremdwirkenden Verarbeitungserwerbs jedoch nicht gerecht:

Mit der Anerkennung der Fremdwirkung der Verarbeitungshandlung des Arbeitnehmers werden einem durch schuldrechtlichen Vertrag begründeten Rechtsverhältnis personenrechtliche Wirkungen im Sinne einer rechtlichen Statusverschlechterung beigemessen. Ohne hier auf die Meinungsgegensätze über die Rechtsnatur des Arbeitsverhältnisses als personenrechtlichem Gemeinschaftsverhältnis näher eingehen zu müssen, läßt sich feststellen, daß damit der Rahmen der rechtsfolgenbegründenden Wirkung von Schuldverhältnissen, für die die wechselseitige Begründung von Forderungsrechten typisch ist, überschritten wird.

Dem Grundsatz des fremdwirkenden Verarbeitungserwerbs müssen jedoch nicht nur zivilrechtlich-dogmatisch begründete Bedenken entgegengehalten werden. Mindestens ebenso große Beachtung verdient in diesem Zusammenhang die Tatsache, daß die Konzeption dieses Grundsatzes nach der hier vertretenen Auffassung auf den Ordnungsprinzipien einer Rechtsordnung beruht, in der es Personengruppen mit geminderter persönlicher Freiheit gab. Derart benachteiligte Gruppierungen werden von der geltenden Rechtsordnung, die die Freiheit und Gleichheit aller ihrer Mitglieder zu einem ihrer tragenden Grundsätze[3] erhoben hat, jedoch nicht mehr anerkannt. Soweit Beschränkungen hinsichtlich der Fähigkeit, die von der Rechtsordnung gewährleisteten

[3] Zur Bedeutung des Grundrechtskatalogs als maßgeblichem Wertsystem für die gesamte Rechtsordnung vgl. insbes. BVerfGE 7, 198 (205); ferner für den Bereich des Arbeitsrechts vor allem *G. Müller*, RdA 1964, 121 m. w. N.

Rechte innezuhaben bzw. auszuüben, anzutreffen sind, beruhen sie entweder auf eigenem Willensentschluß oder auf Besonderheiten hinsichtlich der körperlichen oder geistigen Verfassung der Rechtsträger[4]. Eine darüber hinausgehende Vorenthaltung von Rechten aufgrund eines Status personenrechtlich geminderter Freiheit scheidet dagegen aus[5]. Mit diesen durch die Grundprinzipien unserer Rechtsordnung bedingten Gestaltungsmöglichkeiten läßt sich der Grundsatz des fremdwirkenden Verarbeitungserwerbs nicht in Einklang bringen. Er muß daher in seiner gegenwärtigen Ausprägung als systemwidrig abgelehnt werden.

---

[4] Vgl. Fn. 353, II. Teil, 2. Kapitel.

[5] Vgl. die Entscheidung des Bundesverfassungsgerichts BVerfGE 1, 104, in der die Versklavung als Verstoß gegen das Prinzip der Menschenwürde gekennzeichnet wird.

Zweites Kapitel

Neue Aspekte hinsichtlich der Struktur des Arbeitsverhältnisses

Zu Beginn dieser Untersuchung wurde darauf hingewiesen, daß von den verschiedensten Ansatzpunkten aus Versuche unternommen werden, die Struktur des Arbeitsverhältnisses aufzuhellen und daß die vorliegende Abhandlung einen eigenen Beitrag in dieser Richtung leisten möchte. In der Tat lassen sich aus den zuvor gewonnenen Ergebnissen über die rechtstheoretischen Grundlagen der Vergütungsregelungen Feststellungen ableiten, die die hergebrachten Grundsätze zur Struktur des Arbeitsverhältnisses nicht unwesentlich modifizieren.

I. Qualifizierung des Arbeitsverhältnisses als personenrechtliche Rechtsbeziehung — ein dogmatischer Fortschritt?

Die bisherigen Erkenntnisse nötigen einmal dazu, die eingangs angesprochene Charakterisierung des Arbeitsverhältnisses als personenrechtliche Rechtsbeziehung kritisch zu überdenken. Ansatzpunkt ist dabei nicht die Frage der Berechtigung dieser Kennzeichnung im Vergleich zum Gegenstandspunkt, der das Arbeitsverhältnis als reines Schuldverhältnis ansieht, oder gegenüber den dazwischen liegenden Meinungen. Die Kritik richtet sich gegen die Kennzeichnung „personenrechtlich" als solche, denn die bisherigen Feststellungen und Schlußfolgerungen lassen eine Konkretisierung dieses Begriffs zu, die es von ihrer Eigenart her dringend geraten erscheinen läßt, dieses Element aus der Diskussion über das Arbeitsverhältnis umgehend zu eliminieren.

Zuvor ist dargelegt worden, daß die Regelungen, die für den Rahmen der Arbeitsvergütung bestimmend sind, personenrechtliche Elemente enthalten, insbesondere der Grundsatz des fremdwirkenden Verarbeitungserwerbs. Der Begriff „personenrechtlich" hat sich dabei als ein Attribut erwiesen, welches für die teilweise Einschränkung der persönlichen Freiheit des Arbeitnehmers als willensunabhängige Folge der Begründung eines Arbeitsverhältnisses steht.

Wie oben näher erläutert worden ist, kann bei der Fremdwirkung nach dem gegenwärtigen Erkenntnisstand davon ausgegangen werden, daß es sich hierbei um das unreflektiert fortgeschriebene Relikt einer Rechtsordnung handelt, in der die persönliche Unfreiheit institutionalisiert war. Die von der herrschenden Meinung vorgenommene Kennzeichnung des Arbeitsverhältnisses als personenrechtliches Rechtsverhältnis trifft demnach zu, jedoch mit einer Sinngebung, die den Verfechtern dieser Ansicht sicher nicht bewußt ist. Anders läßt sich das Festhalten an diesem Begriff jedenfalls nicht erklären, denn wer die zuvor dargestellten Zusammenhänge erfaßt hat, die die tatsächliche Bedeutung der „Personenrechtlichkeit" erschließen, und gleichzeitig von sich behaupten will, mit seiner Rechtsüberzeugung auf dem Boden der Verfassung zu stehen, der kann die Kennzeichnung des Arbeitsverhältnisses als „personenrechtliches Rechtsverhältnis" nicht länger aufrechterhalten.

Die Minderung der persönlichen Freiheit des Arbeitnehmers, von der das Arbeitsverhältnis an entscheidender Stelle gegenwärtig noch immer geprägt wird, erfährt auch dadurch keinen Ausgleich, daß man das Arbeitsverhältnis mit einem Zusatzgefüge von Treue- und Fürsorgepflichten anreichert, wie es die herrschende Meinung tut. Das Gegenteil ist vielmehr richtig, denn dieses Pflichtengefüge unterstreicht noch den partiell freiheitsmindernden Charakter des Arbeitsverhältnisses. Die historischen Abhängigkeitsverhältnisse, von denen nach der hier vertretenen Auffassung der heutige Arbeitsvertrag im Hinblick auf seine Vergütungs- und Erwerbsregelungen geprägt wird, kannten ebenfalls Beistands-, Gefolgschafts- und Schutzpflichten. Beispielhaft seien hier die an vorangegangener Stelle erläuterten Klientel- und Freigelassenenverhältnisse erwähnt. Inhaltlich waren diese Verpflichtungen zwar den damaligen Verhältnissen entsprechend anders konkretisiert als heute, wo man sie — wie oben dargelegt — beispielsweise bemüht, um Urlaubs- oder Ruhegehaltsansprüche zu begründen. Von der Funktion her entsprechen sich jedoch das historische und das gegenwärtige Gefüge von Treue- und Fürsorgepflichten: in beiden Fällen soll es dazu dienen, die Folgen der Freiheitsminderung zu entschärfen. Für die Vergangenheit wird dieser Zweck aus der historischen Rückschau heraus inzwischen offen ausgesprochen[1]. Für die Gegenwart bleiben diese Funktionszusammenhänge dagegen verdeckt, weil man es vermeidet, den Bedeutungsgehalt der Personenrechtlichkeit, wie er durch die bisherige Entwicklung des Arbeitsverhältnisses vorgezeichnet ist, offenzulegen.

Soweit hinter der Kennzeichnung des Arbeitsverhältnisses als personenrechtlicher Rechtsbeziehung das Bemühen steht, seine Sonderstellung gegenüber den vorwiegend auf Sachaustausch ausgerichteten sonstigen Schuldverhältnissen zu dokumentieren, handelt es sich zwar

[1] Vgl. oben Fn. 300, II. Teil, 2. Kapitel.

um ein sachlich berechtigtes Anliegen. Für das angestrebte Ziel ist das gewählte Mittel angesichts der zuvor erläuterten Zusammenhänge jedoch eher schädlich als nützlich. Es hat sich überdies bislang als nur mäßig wirksam erwiesen, denn die Erfassung der Sonderstellung des Arbeitsverhältnisses innerhalb der Schuldverhältnisse hat bis jetzt nur zu Regelungsanpassungen in Teilbereichen geführt. Demgegenüber hat die Erkenntnis, daß es sich beim Arbeitsverhältnis um eine rechtliche Beziehung handelt, bei deren Ausgestaltung es die besondere Qualität des Vertragsgegenstandes „Arbeit" verlangt, daß der Schutz und die Entfaltung der Persönlichkeit des Arbeitnehmers vorrangig gewährleistet werden müssen, bislang nur zögernd vordringen können. Als Beispiel sei auf die an früherer Stelle angesprochene langwierige Entwicklung bis zur Anerkennung eines allgemeinen Beschäftigungsanspruchs des Arbeitnehmers verwiesen[2]. In die vorbezeichnete Richtung müssen die Bemühungen jedoch gehen, wenn man dem Anspruch gerecht werden will, daß die in Art. 1, 2 GG verankerten Grundsätze über Menschenwürde und Selbstentfaltung Grundentscheidungen sind, die auf allen Bereichen der Rechtsordnung ihre Wirkung entfalten und die von den drei Erscheinungsformen der staatlichen Gewalt gleichermaßen zu beachten sind[3]. Für den Bereich des Arbeitsrechts muß die Ernsthaftigkeit dieses Anspruchs so lange bezweifelt werden, wie Gesetzgebung und Rechtsprechung keinen Anstoß daran nehmen, daß im Rahmen des Arbeitsverhältnisses an maßgeblicher Stelle Grundsätze aus unfreien Abhängigkeitsverhältnissen vergangener Epochen fortgeschrieben werden.

II. Die dogmatische Ausgestaltung des Arbeitsverhältnisses seit der Schaffung des BGB — eine befriedigende Leistung?

Trotz der vorangegangenen kritischen Anmerkungen soll nicht übersehen werden, daß die dogmatische Entwicklung des Arbeitsverhältnisses seit dem Inkrafttreten des BGB — wenn auch unter unglücklicher Etikettierung — Fortschritte gemacht hat. Unverkennbar sind insbesondere die bereits angesprochenen Bemühungen, die Abweichungen dieses Rechtsverhältnisses von den auf den Austausch von Sachen gerichteten sonstigen Schuldverhältnissen in den Vordergrund zu rücken. Die eingangs erwähnte Betriebsrisikoregelung, für die schon bald nach dem Inkrafttreten des BGB eine eigenständige Lösung außer-

[2] Vgl. oben Fn. 10, I. Teil, 1. Kapitel.

[3] Vgl. die Angaben oben unter Fn. 3, III. Teil, 1. Kapitel; insbesondere das Bundesarbeitsgericht hat diesen Standpunkt nachdrücklich verfochten, vgl. BAG 1, 258 (262); 4, 240 (243); 4, 274 (276 ff.) und öfter.

halb der Bestimmungen des Dienstvertragsrechts entwickelt worden ist, war einer der ersten Schritte in diese Richtung. Die Lohnabhängigkeit des Arbeitnehmers, die sich angesichts ihrer Augenfälligkeit nicht ignorieren läßt, mag diesen Schritt begünstigt haben. Es hat jedoch den Anschein, als verlören die Bemühungen um eine der Persönlichkeit des Arbeitnehmers angemessene Weiterentwicklung des Arbeitsverhältnisses an Intensität, sobald der Bereich nichtumgehbarer Anpassungserfordernisse verlassen wird. In diesem Zusammenhang sei nochmals auf den schon erwähnten äußerst langwierigen Prozeß bis zur Anerkennung eines allgemeinen Beschäftigungsanspruchs für den Arbeitnehmer hingewiesen. Sicherlich ist es rationell, zunächst das zu verwirklichen, was deshalb am leichtesten durchzusetzen ist, weil man sich der insoweit bestehenden Notwendigkeiten vernünftigerweise kaum entziehen kann. Das darf jedoch den Blick für leichter verdrängbare Regelungsbereiche nicht versperren, die ebenfalls verbesserungsbedürftig sind, bei deren Umgestaltung jedoch mit erheblichen Widerständen zu rechnen ist. Der Grundsatz des fremdwirkenden Verarbeitungserwerbs gehört zu diesen Bereichen. Seiner Überwindung stehen seine erhebliche Tradition und der Umstand entgegen, daß mit seiner Umgestaltung wirtschaftliche und vermögensmäßige Umschichtungen verbunden sind. Mag sein, daß diese Abwehrblöcke auch die unmittelbar Betroffenen, d. h. die Arbeitnehmer bzw. ihre Interessenvertreter, bislang davon abgehalten haben, über diesen Grundsatz nachzudenken und an ihm zu rütteln. Allein die Widerstandskraft der genannten Faktoren darf jedoch langfristig nicht dazu verleiten, der Notwendigkeit der Beseitigung dieses Grundsatzes, der in seiner derzeitigen Ausgestaltung systemwidrig ist, auszuweichen.

Offenbar wird in diesem Zusammenhang verkannt, daß der Gesetzgeber selbst ein Einfallstor für eine Neuorientierung eröffnet hat. Bereits bei der Schaffung des BGB hätte die Möglichkeit bestanden, die Fortschreibung des Fremdwirkungsgrundsatzes in seiner jetzigen Form zu verhindern. Der Gesetzgeber hatte bekanntlich insoweit bewußt eine Regelungslücke gelassen, als er das Problem der Vertretung in der produktiven Tätigkeit der Wissenschaft und der Praxis zur Lösung überwies. Auch wenn das Ergebnis, d. h. die Möglichkeit des Fremderwerbs, vom Gesetzgeber gewollt war, so hatte er sich doch einer Ausgestaltung dieses Instituts ausdrücklich enthalten. Er hatte allenfalls anklingen lassen, in welche Richtung die zu entwickelnden Lösungen nicht gehen sollten. Aber auch mit dieser Haltung war keineswegs der Weg vorgezeichnet, den die Entwicklung anschließend genommen hat. D. h., eine Entwicklung im Sinne eines qualitativen Fortschritts hat nicht stattgefunden. Es ist vielmehr das überkommene Ergebnis fortgeschrieben worden, unterstützt von dem Bemühen, dieses Ergebnis in die Systematik des Bürgerlichen Gesetzbuchs zu integrieren.

Die Harmonisierung ist nicht gelungen; ihr Scheitern kann nicht verwundern. Das Spannungsverhältnis zwischen den Merkmalen des Spezifikationserwerbs einerseits und der Überleitung der Erwerbswirkung auf einen Dritten unter Vernachlässigung der Verarbeiterpersönlichkeit andererseits ließ sich so lange auflösen, wie diese Problematik in eine Rechtsordnung eingebettet war, in der die Anerkennung der Persönlichkeit und ihrer Ausstrahlungen nicht für alle Mitglieder gleichmäßig gewährleistet war. Zum Konflikt mußte es daher kommen, als die Rechtsordnung die Unterscheidung nach Rechtssubjekten minderen und besseren Rechts zwar aufgab, gleichzeitig aber Rechtsgrundsätze fortschreiben wollte, die gerade auf diesem Unterschied basierten.

Wer den Konflikt sach- und systemgerecht lösen wollte, mußte das Spannungsverhältnis erkannt und hinsichtlich seiner Ursachen erfaßt haben. Rechtswissenschaftliche Lehre und Praxis, denen vom Gesetzgeber die Konfliktlösung zugeschrieben worden war, haben jedoch erkennbar keine Bemühungen in dieser Richtung unternommen. Der an früherer Stelle geschilderte Entwicklungsstand der Arbeitsrechtswissenschaft zu jener Zeit läßt vermuten, daß für eine eigenständige zukunftsorientierte Leistung auf diesem Gebiet die erforderlichen dogmatischen Vorarbeiten fehlten. Die Verkennung der Bedeutung der Grundrechte für den Privatrechtsverkehr im 19. Jahrhundert[4] mag ein übriges getan haben, daß man die Möglichkeit, mit der Schaffung des BGB eine Neugestaltung der Erwerbswirkung im Arbeitsverhältnis zu verbinden, achtlos verstreichen ließ.

Das Auslassen der Möglichkeit für einen gänzlich neuen Regelungsansatz war bedauerlicherweise ein Vorgang mit weitreichenden Folgen. Auf diese Weise konnten sich die überkommenen Erwerbsstrukturen bis in die Gegenwart hinein behaupten und ihren Anspruch auf Fortbestand, das zeigt ihre nahezu kritiklose Anerkennung in der Gegenwart, zumindest tatsächlich weiter verfestigen. Gleichwohl hat sich an ihrer mangelnden rechtlichen Tragfähigkeit bis heute nichts geändert. Die Beurteilung der Vertretung in der produktiven Tätigkeit ist damit noch immer eine vom Gesetzgeber gestellte Aufgabe, die auf eine befriedigende Lösung durch Wissenschaft und Praxis wartet.

---

[4] *G. Müller*, RdA 1964, 125 f.

Drittes Kapitel

Orientierungsrahmen für eine Neuregelung

Das Anliegen dieser Untersuchung sollte es sein, die Strukturen der Vergütungsregelungen für Arbeitsverhältnisse aufzudecken und die in ihnen festgeschriebene Stellung des Arbeitnehmers zu ermitteln, um anschließend die Zulässigkeit des Fortbestands der derzeit geltenden Grundsätze beurteilen zu können.

Die vorangegangenen Untersuchungsabschnitte haben gezeigt, daß ein Festhalten an den gegenwärtigen Regelungen allein schon wegen ihrer Unvereinbarkeit mit den Grundentscheidungen unserer Rechtsordnung nicht möglich ist. Es stellt sich daher die Frage, wie denn die Vergütungsgrundsätze künftig gestaltet werden müßten, um für den Arbeitnehmer eine seiner Persönlichkeit, seiner Interessenlage und dem Wert seiner Arbeit als Produktionsfaktor angemessene Stellung im Arbeitsverhältnis zu gewährleisten. Eine Antwort darauf ist jedoch anhand der in dieser Untersuchung gewonnenen Einblicke allein nicht möglich. Es müßten zunächst noch weitere Überlegungen angestellt werden, insbesondere zur Bedeutung der Arbeit als Eigentumserwerbsgrund. Allein die Behandlung dieser Problematik verlangt angesichts ihrer Komplexität nach einer eigenständigen Untersuchung[1]. Im Rahmen dieser Abhandlung ist es daher nur möglich, Orientierungsdaten für eine Neuregelung aufzuzeigen. Dabei sind im wesentlichen zwei Gesichtspunkte hervorzuheben:

Zu den maßgeblichen Anforderungen, die an eine Umgestaltung der Vergütungsgrundsätze gestellt werden müssen, gehört einmal eine Neufestlegung der Rangstelle der Arbeit innerhalb der Produktionsfaktoren, die ihrer Eigenschaft als Persönlichkeitsfunktion mit eigentumschaffender Wirkung Rechnung trägt. Darüber hinaus muß die Regelung darauf bedacht sein, die gegenwärtig noch anzutreffende systemwidrige Minderung der persönlichen Freiheit des Arbeitnehmers zu beseitigen.

Ohne Zweifel wird es nicht einfach sein, neue Lösungen zu entwickeln, die die vorgenannten Anforderungen erfüllen und gleichzeitig

[1] Eingehend zu dieser Problematik *Decker*, Die Rechtsstellung des Arbeitnehmers im Unternehmen, 1980, insbes. Teil IV, S. 161 ff.

den Merkmalen der gegenwärtigen Wirtschafts- und Gesellschaftsordnung gerecht werden. Noch schwerer dürfte es sein, diese Lösungen anschließend gegen die zu erwartenden Widerstände durchzusetzen. Für die Entwicklung neuer Modelle wird zu berücksichtigen sein, daß wir heute in einem hochindustrialisierten Staat leben, dessen Wirtschaftsleben den Grundsätzen einer sozialen Marktwirtschaft folgt. Der fortschreitenden internationalen wirtschaftlichen Verflechtung kommt erhebliche Bedeutung zu. Großunternehmen und Konzerne prägen die wirtschaftliche Landschaft. Produziert wird in arbeitsteiliger Produktionsweise. Die Arbeitnehmer haben sich zu Gewerkschaften zusammengeschlossen, um der wirtschaftlichen Macht der Unternehmer wirksamer begegnen zu können und durch kollektives Vorgehen verbesserte Arbeits- und Wirtschaftsbedingungen durchzusetzen. Überdies wird die Arbeitnehmerschaft gekennzeichnet durch einen hohen Anteil an Bediensteten aus dem öffentlichen Bereich, deren Tätigkeit sich dadurch abhebt, daß sie von vornherein nicht auf die Schaffung von Produktivvermögen ausgerichtet ist. Insbesondere der zuletzt genannte Umstand reicht jedoch nicht aus, um der im Produktionsprozeß tätigen Arbeitnehmerschaft eine zumindest gleichberechtigte Beteiligung am Ertrag der produzierten Güter abzusprechen. Die Bemühungen haben vielmehr dahin zu gehen, für den privatwirtschaftlichen Bereich brauchbare und befriedigende Lösungen zu entwickeln und anschließend für die Beschäftigten des öffentlichen Dienstes eine angemessene Beteiligung daran sicherzustellen[2].

Die soeben skizzierten wirtschaftlichen und gesellschaftlichen Gegebenheiten lassen erkennen, daß die Entwicklung neuer Lösungsmodelle für eine gleichmäßige Verteilung des produzierten Vermögens kein leichtes Vorhaben sein wird. Auf die Anstrengungen, die zusätzlich erforderlich sein werden, um die Modelle mit ihren weitreichenden wirtschafts- und vermögenspolitischen Konsequenzen durchzusetzen, ist bereits verwiesen worden. Dennoch dürfen die zu erwartenden Schwierigkeiten nicht davon abhalten, die im Interesse einer Harmonisierung der Arbeitnehmerstellung mit den Grundprinzipien der gegenwärtigen Rechtsordnung gebotene Aufgabe anzugehen.

---

[2] Die Lösbarkeit dieses Problems offenbar auch bejahend *Gast*, BlStSozArbR 1979, 131.

Literaturverzeichnis

Andersen, Uwe: Einführung in die Vermögenspolitik, München 1976.

Arangio-Ruiz: Corso di Istituzioni di diritto romano, 14. Auflage 1960.

Ballerstedt: Probleme einer Dogmatik des Arbeitsrechts, RdA 1976, 5.

Baur: Lehrbuch des Sachenrechts, 10. Auflage 1978.

Bechmann: Über den Rechtsgrund des Eigenthumserwerbs durch Specification, AcP 47 (1864), 25.

Beck: Zur Entstehung des römischen Mietvertrages, in: Festschrift für Hans Lewald, Basel 1953, S. 3.

Benöhr: Wirtschaftsliberalismus und Gesetzgebung am Ende des 19. Jahrhunderts, ZfA 1977, 187.

Bernert: Arbeitsverhältnisse im 19. Jahrhundert, Marburg 1972.

Beseler: Et ideo — Declarare — Hic. SZ 51 (1931), 54.

Biondi: Il diritto romano cristiano, Band II, Milano 1952.

Blüm: Gewerkschaftliche Einkommenspolitik in der Sackgasse?, Frankfurter Hefte 1978, 22.

Blümner, H.: Der Maximaltarif des Diokletian, 2. Auflage 1958.

Bluntschli: Deutsches Privatrecht, 3. Auflage 1864.

Boldt / Röhsler: Mindesturlaubsgesetz für Arbeitnehmer (Bundesurlaubsgesetz), 2. Auflage 1968.

v. Bonin: Über den Eigentumserwerb des Herstellers, ArchbürgRecht 38 (1913), 117.

Brasiello: L'unitarietà del concetto di locazione in diritto romano, RISG 2 (1927), 529; 3 (1928), 3.

Brentano: Das Wirtschaftsleben in der antiken Welt, 2. unveränderte Auflage, Hildesheim 1961.

Bührig: Der Rechtscharakter des Urlaubsanspruchs, AuR 1954, 371.

Busch: Der Eigentumserwerb durch Dritte bei der Aneignung, dem Fruchterwerb und der Verarbeitung, Diss. Leipzig 1909.

Cosack: Das Sachenrecht im Entwurf eines bürgerlichen Gesetzbuchs, 13. Heft in den Beiträgen zur Erläuterung und Beurteilung des Entwurfs, Berlin 1889.

Cosack / Mitteis: Lehrbuch des bürgerlichen Rechts, 2. Band, 7./8. Auflage 1924.

Cugia: Profili del tirocinio industriale, Napoli 1921.

Dankwardt, H.: Der Arbeiter-Vertrag, IherJahrb 14 (1875), 228.

Decker, Günter: Die Rechtsstellung des Arbeitnehmers im Unternehmen und die Forderung nach einer Vermögensbildung in Arbeitnehmerhand, Berlin 1980.

Dernburg: Das bürgerliche Recht des Deutschen Reichs und Preußens, 3. Band, Sachenrecht, 4. Auflage 1908
(zit.: Das bürgerliche Recht).

De Robertis: I rapporti di lavoro nel diritto romano, Milano 1946
(zit.: I rapporti di lavoro).

— Lavoro e lavoratori nel mondo romano, Bari 1963
(zit.: Lavoro).

Dersch: Entwicklungslinien der Fürsorgepflicht des Arbeitgebers im Arbeitsverhältnis, RdA 1949, 325.

— Grundfragen des Urlaubsrechts, RdA 1954, 9.

Dersch / Neumann: Bundesurlaubsgesetz, 5. Auflage 1977.

Dilcher, Hermann: Die Theorie der Leistungsstörungen bei Glossatoren, Kommentatoren und Kanonisten, Frankfurt/Main 1960.

Dorndorf: Sozialplan im Konkurs: Der Zusammenhang von Betriebsänderung, Kündigung und Sozialplan im Konkurs und der Rang der Abfindungsansprüche, Baden-Baden 1978.

Dulckeit / Schwarz / Waldstein: Römische Rechtsgeschichte, 6. Auflage 1976.

Ebel: Zum Ursprung des Arbeitsvertrages, ZStW 1936, 319.

Endemann, F.: Lehrbuch des bürgerlichen Rechts, 1. Band, 9. Auflage 1903; 2. Band, 1. Abteilung, 8. und 9. Auflage 1905.

Endemann, Wilhelm: Die Behandlung der Arbeit im Privatrecht, Abdruck aus den Jahrbüchern für Nationalökonomie und Statistik, Dritte Folge, Band XII, Jena 1896
(zit.: Behandlung der Arbeit).

— Studien in der romanisch-kanonistischen Wirtschafts- und Rechtslehre bis gegen Ende des 17. Jahrhunderts, Band II, Neudruck der Ausgabe Berlin 1883, Aalen 1962
(zit.: Wirtschafts- und Rechtslehre).

Fabricius: Zur Dogmatik des „sonstigen Rechts" gemäß § 823 Abs. 1 BGB, AcP 160 (1961), 273.

— Leistungsstörungen im Arbeitsverhältnis, Tübingen 1970
(zit.: Leistungsstörungen).

— Mitbestimmung in der Wirtschaft, Frankfurt/Main 1970.

— Gesellschaftsrechtliche Unternehmensverbindungen und Arbeitgeberbegriff in der betrieblichen Krankenversicherung — Ein Beitrag zum Arbeits-, Konzern- und Sozialversicherungsrecht —, Neuwied und Berlin 1971
(zit.: Arbeitgeberbegriff).

— Kollision von Beschäftigungspflichten aus Doppelarbeitsverhältnissen, ZfA 1972, 35.

— Arbeitsverhältnis, Tarifautonomie, Betriebsverfassung und Mitbestimmung im Spannungsfeld von Recht und Politik — Gedanken zur Fortentwicklung des Arbeitsverhältnisses —, in: Festschrift für Erich Fechner, Tübingen 1973, S. 171.

— Naturrecht und Mitbestimmung, in: Mitbestimmung — Textausgabe mit 11 einführenden Aufsätzen, Neuwied und Darmstadt 1976, S. 79 (zit.: Naturrecht).

— Rechtstheoretische Grundfragen zum Problem Multinationaler Unternehmen, in: Gedächtnisschrift für Friedrich Klein, München 1977, S. 113.

— Zur Theorie des stückelosen Effektengiroverkehrs mit Wertpapieren aus Staatsanleihen, AcP 162 (1963). 456.

— Marktwirtschaft und Mitbestimmung, Sonderdruck aus: Fabricius (Hrsg.), Gemeinschaftskommentar zum Mitbestimmungsgesetz, Neuwied/Darmstadt 1977.

— Der Einfluß der Europäischen Sozialcharta auf nationale rechtliche Bewertungen von Streik und Aussperrung — an Grundsatzfragen dargestellt am Recht der Bundesrepublik Deutschland —, in: Festschrift für Bruno Gleitze, Berlin 1978, S. 463.

— Arbeitsrecht und die Methodenlehre vom „Vorverständnis", in: Fabricius / Naendrup / Schwerdtner, Arbeitsrecht und juristische Methodenlehre, Neuwied/Darmstadt 1980, S. 1.

Fischer: Das Problem der Identität und der Neuheit mit besonderer Berücksichtigung der Spezifikation, Breslau 1892.

Fitting: Die Spezifikation, AcP 48 (1865), 1 (Teil I); 149 (Teil II); 311 (Teil III).

Flume: Der verlängerte und erweiterte Eigentumsvorbehalt, NJW 1950, 841.

Föhl / Hennies: Vermögensbildung in Arbeitnehmerhand, Pfullingen 1966.

Froemer: Vermögensbildung in weiten Bevölkerungskreisen, Opladen 1973.

Gast: Arbeitsvertrag und Direktion, Berlin 1978.

— Zum Fortschritt des Mitbestimmungsrechts, BlStSozArbR 1979, 129.

v. Gierke, Otto: Der Entwurf eines Bürgerlichen Gesetzbuches und das deutsche Recht, Leipzig 1889 (zit.: Entwurf).

— Die soziale Aufgabe des Privatrechts, Frankfurt/Main 1889 (zit.: Die soziale Aufgabe).

— Das Bürgerliche Gesetzbuch und der Deutsche Reichstag, Berlin 1896 (zit.: Das Bürgerliche Gesetzbuch).

— Die Wurzeln des Dienstvertrages, in: Festschrift für Heinrich Brunner zum 50jährigen Doktorjubiläum, Leipzig 1914, S. 37.

Glück, Christian F.: Ausführliche Erläuterung der Pandecten nach Hellfeld, 17. Teil, erste Abteilung, Erlangen 1815.

Grossmann / Schneider: Arbeitsrecht, 4. Auflage 1976.

Grotius, Hugo: De iure Belli ac Pacis, hrsg. u. komm. von Heinrich und Samuel v. Cocceii, Band II, Lausanne 1758.

Güntner: Die Problematik der Urlaubsanrechnung, Rechtsformen und Rechtscharakter des Urlaubs, AuR 1963, 77.

Gummerus: Der römische Gutsbetrieb — als wirtschaftlicher Organismus nach den Werken des Cato, Varro und Columella, 2. unveränderte Auflage 1963.

Hägerström: Der römische Obligationsbegriff, Uppsala und Leipzig 1927.

Häussler: Jedem sein Eigentum. Vermögensbildung in der modernen Gesellschaft, Stuttgart 1965.

Heldrich: Der Arzt im römischen Recht, IherJahrb. 88 (1939/40), 139.

Hientzsch: Arbeitsrechtslehren im Dritten Reich und ihre historische Vorbereitung, Diss. Marburg 1970.

Hilger: Das betriebliche Ruhegeld, Heidelberg 1959.

Horn: Unternehmensbeteiligung der Arbeitnehmer und Gesellschaftsrecht, ZGR 1974, 133.

Hubmann: Das Recht am Arbeitsergebnis, in: Festschrift für Alfred Hueck, München und Berlin 1959, S. 43.

Hueck / Nipperdey: Grundriß des Arbeitsrechts, 5. Auflage 1970 (zit.: Grundriß).

— Lehrbuch des Arbeitsrechts, Band I, 7. Auflage 1963; Band II, 1. Halbband, 7. Auflage 1967; Band II, 2. Halbband, 7. Auflage 1970.

Isay, Hermann: Die Geschäftsführung nach dem Bürgerlichen Gesetzbuch für das Deutsche Reich, Jena 1900.

Jakobs, Horst Heinrich / *Schubert,* Werner (Hrsg.): Die Beratung des Bürgerlichen Gesetzbuchs in systematischer Zusammenstellung der unveröffentlichten Quellen, Recht der Schuldverhältnisse II, §§ 433—651, Berlin/New York 1980.

Jobs: Die Bedeutung Otto von Gierkes für die Kennzeichnung des Arbeitsverhältnisses als personenrechtliches Gemeinschaftsverhältnis, ZfA 1972, 305.

Jörs / Kunkel / Wenger: Römisches Recht, 3. Auflage 1978.

Kähler, Wilhelm: Gesindewesen und Gesinderecht in Deutschland, Jena 1896.

Karlowa: Römische Rechtsgeschichte, 1. Band, Leipzig 1885; 2. Band, Leipzig 1901.

Kaser: Die Geschichte der Patronatsgewalt über Freigelassene, SZ 58 (1938), 88.

— Die natürlichen Eigentumserwerbsarten im altrömischen Recht, SZ 65 (1947), 219.

— Das altrömische Ius, Göttingen 1949.

— Periculum locatoris, SZ 74 (1957), 156.

— Das römische Privatrecht, Erster Abschnitt: Das altrömische, das vorklassische und klassische Recht, 2. Auflage 1971; Zweiter Abschnitt: Die nachklassischen Entwicklungen, 2. Auflage 1975 (zit.: RPR I und II).

— Römisches Privatrecht, Ein Studienbuch, 12. Auflage 1981 (zit.: StB).

Kaskel / Dersch: Arbeitsrecht, 5. Auflage 1957.

Kaufmann, Horst: Die altrömische Miete, ihre Zusammenhänge mit Gesellschaft, Wirtschaft und staatlicher Vermögensverwaltung, Köln/Graz 1964.

Klein: Die Rechtshandlungen im engeren Sinn, 1912.

Koch, Arwed: Kreditgewährung und Veredelungsverkehr, Bank-Archiv 1920, 92.

Kohler: Zur Konstruktion des Urheberrechts, ArchbürgRecht 10 (1895), 241.

— Lehrbuch des bürgerlichen Rechts, 2. Band, 2. Teil, Sachenrecht, Berlin 1919.

Krelle / Schunck / Siebke: Überbetriebliche Ertragsbeteiligung der Arbeitnehmer, 2 Bände, Tübingen 1968.

Kreller: Römisches Recht, II. Grundlehren des gemeinen Rechts, Wien 1950.

— Zum Entwurf eines Allgemeinen Arbeitsvertragsgesetzes, AcP 123 (1925), 263.

Kuhlenbeck: Von den Pandekten zum Bürgerlichen Gesetzbuch, 1. Teil, Berlin 1898; 2. Teil, Berlin 1899.

Kunkel: Auctoratus, Symb. Taubenschlag III, 207.

— Römische Rechtsgeschichte, 8. unveränd. Auflage 1978.

Kupisch, Berthold: Besprechung von: Kaser, Römisches Privatrecht. Ein Studienbuch. 12. Auflage 1981; NJW 1982, 154.

Laufke: Zum Eigentumserwerb nach § 950 BGB, in: Festschrift für Alfred Hueck, München/Berlin 1959, S. 69.

Lehmann: „Stellvertretung", in: Handwörterbuch der Rechtswissenschaft, 5. Band 1928, S. 694.

Leist: Über die Natur des Eigentums, Jena 1859.

Lepke: Zum Inhalt der sog. Weiterbeschäftigungspflicht nach § 102 Abs. 5 Satz 1 BetrVG 72, Der Betrieb 1975, 498.

Lotmar: Der Arbeitsvertrag, Band I, Leipzig 1902; Band II, Leipzig 1908.

v. Lübtow: Catos leges venditioni et locationi dictae, Symb. Taubenschlag III, S. 227.

Lutter, Marcus: Vermögensbildung — so nicht. Das Wertpapier 1974, 261.

— Vermögensbildung und Unternehmensrecht, Schriftenreihe der Juristischen Studiengesellschaft Karlsruhe, Heft 20, Karlsruhe 1975.

Macqueron: Le travail des hommes libres dans l'antiquité romaine, 2. Auflage, Aix en Provence 1958.

Manigk: Willenserklärung und Willensgeschäft, Neudruck der Ausgabe Berlin 1907, Aalen 1970.

Maurenbrecher: Lehrbuch des gesamten heutigen gemeinen Privatrechts, 2. Auflage 1855.

Mayer, Hans: „Produktion", in: Handwörterbuch der Staatswissenschaften, Band 6, 4. Auflage 1925, S. 1108.

Mayer-Maly: Elemente der Entwicklung des Arbeitsrechts, in: La formazione storica del diritto moderno in Europa, Atti del terzio congresso internazionale della società italiana di storia del diritto, vol. III, Firenze 1977, S. 1321.

— Locatio conductio, Wien/München 1956.

— Spezifikation: Leitfälle, Begriffsbildung, Rechtsinstitut, SZ 73 (1956), 120.

— Römische Grundlagen des modernen Arbeitsrechts, RdA 1967, 281.

— Vorindustrielles Arbeitsrecht, RdA 1975, 59.

Menger: Das Bürgerliche Recht und die besitzlosen Volksklassen, 3. Auflage 1904.

Mestmäcker: Über Mitbestimmung und Vermögensverteilung, Alternativen zur Umverteilung von Besitzständen, Walter Eucken Institut, Vorträge und Aufsätze, Heft 43, Tübingen 1973.

Mierheim / Wicke: Vermögensverteilung in der Bundesrepublik Deutschland 1978.

Migsch: Die absolut geschützte Rechtsstellung des Arbeitnehmers, München/Salzburg 1972.

Molitor: Das Wesen des Arbeitsvertrags, Leipzig/Erlangen 1925 (zit.: Arbeitsvertrag).

— Deutsches Arbeitsrecht, Leipzig 1938 (zit.: Arbeitsrecht).

Molitor / Hueck / Riezler: Der Arbeitsvertrag und der Entwurf eines allgemeinen deutschen Arbeitsvertragsgesetzes, Mannheim 1925.

Mommsen, Theodor: Die römischen Anfänge von Kauf und Miete, SZ 6 (1885), 260.

— Römisches Strafrecht, Unveränderter Neudruck der 1. Auflage Leipzig 1899, Graz 1955.

Müller, Gerhard: Drittwirkung von Grundrechten und Sozialstaatsprinzip, RdA 1964, 121.

Müller, Hans-Dietrich: Wie verhält sich der § 950 BGB zu dem Satz, daß jeder Arbeiter Eigentümer des Arbeitsprodukts werden soll?, Diss. Jena 1930.

Mugdan: Die gesammten Materialien zum Bürgerlichen Gesetzbuch für das Deutsche Reich, II. Band, Recht der Schuldverhältnisse; III. Band, Sachenrecht, Berlin 1899.

Neumann-Duesberg: Abgrenzung zwischen Betriebsrisiko, Unmöglichkeit und Annahmeverzug, JuS 1970, 68.

Nikisch: Arbeitsrecht, Band I, 3. Auflage 1961; Band II, 2. Auflage 1959; Band III, 2. Auflage 1966.

Nörr, Dieter: Zur sozialen und rechtlichen Bewertung der freien Arbeit in Rom, SZ 82 (1965), 67.

Oertmann: Deutsches Arbeitsrecht, Berlin 1923.

Ogris: Geschichte des Arbeitsrechts vom Mittelalter bis in das 19. Jahrhundert, RdA 1967, 286.

Olivier-Martin: Des divisions du louage en droit romain, RH 15 (1936), 419.

o. V.: Motive zu dem Entwurfe eines Bürgerlichen Gesetzbuches für das Deutsche Reich, Bd. I, Allg. Teil, Amtliche Ausgabe, Berlin und Leipzig 1888 (zit.: BGB-Motive, amtl. Ausgabe).

— Protokolle der Kommission für die zweite Lesung des Entwurfs des Bürgerlichen Gesetzbuchs, Band I, Allgemeiner Theil und Recht der Schuldverhältnisse, Abschn. I, Abschn. II, Tit. I, Berlin 1897 (zit.: BGB-Protokolle, amtl. Ausgabe)

Palandt: Bürgerliches Gesetzbuch, 40. Auflage 1981
(zit.: Palandt/Bearbeiter).

Paret: Die Lehre vom Eigentumserwerb durch Specifikation (in ihrer Entwicklung bis zum Entwurf eines bürgerl. Gesetzbuches für das deutsche Reich), Leipzig 1892.

Pitz (Hrsg.): Das Nein zur Vermögenspolitik, Reinbek 1974.

Pöhlmann: Geschichte des antiken Kommunismus und Sozialismus, 2. Band, München 1901.

Pringsheim: Id quod actum est., SZ 78 (1961), 1.

Puchta: Institutionen, 2. Band, Leipzig 1875.

Pulte: Vermögensbildung — Vermögensverteilung, Berlin/New York 1973.

Raiser: Das Unternehmen als Organisation, Berlin 1969
(zit.: Das Unternehmen).

— Das Arbeitsverhältnis aus der Sicht der Organisationssoziologie, ZRP 1973, 13.

Ramm: Die Anfechtung des Arbeitsvertrages, Karlsruhe 1955.

Reatz: Die zweite Lesung des Entwurfs eines Bürgerlichen Gesetzbuchs für das Deutsche Reich unter Gegenüberstellung der ersten Lesung, Berlin 1892.

Richardi: Betriebsverfassung und Privatautonomie, Berlin 1973
(zit.: Betriebsverfassung).

— Sozialplan und Konkurs, Düsseldorf 1975
(zit.: Sozialplan).

Rieß: Zum Sachenrecht des Entwurfs, in: Gutachten aus dem Anwaltsstande über die erste Lesung des Entwurfs eines Bürgerlichen Gesetzbuchs, Berlin 1890, S. 631.

Röhle: Das Problem der Gefahrtragung im Bereich des römischen Dienst- und Werkvertrages, SDHI 34 (1968), 183.

Rothkegel, Ralf: Der Eigentumserwerb bei Verarbeitung, Köln/Berlin/Bonn/München 1974.

Rümelin: Das Handeln in fremdem Namen im bürgerlichen Gesetzbuch, AcP 93 (1902), 131.

Säcker: Die Rechtsprechung des Bundesarbeitsgerichts im Jahre 1969, JurAn 1970, 165.

v. Savigny: System des heutigen Römischen Rechts, Band 3, Berlin 1840.

— Grundgedanken der historischen Rechtsschule 1814/1840, Frankfurt/Main 1944.

Schaub: Arbeitsrechts-Handbuch, 4. überarbeitete Auflage 1980.

Schnorr-v. Carolsfeld: Arbeitsrecht, 2. Auflage 1954.

Schubert, Werner: Die Entstehung der Vorschriften des BGB über Besitz und Eigentumsübertragung, Berlin 1966
(zit.: Besitz und Eigentumsübertragung).

— Materialien zur Entstehungsgeschichte des BGB, Berlin/New York 1978
(zit.: Materialien).

Schwerdtner: Fürsorgetheorie und Entgelttheorie im Recht der Arbeitsbedingungen, Heidelberg 1969.

— Gemeinschaft, Treue, Fürsorge — oder: die Himmelfahrt des Wortes, ZRP 1970, 62.

Siber: Operae liberales, IherJahrb. 88 (1939/40), 161.

— Römisches Verfassungsrecht in geschichtlicher Entwicklung, Lahr 1952.

Siebenhaar: Commentar zu dem bürgerlichen Gesetzbuche für das Königreich Sachsen, 1. Band, Leipzig 1864; 2. Band, Leipzig 1865
(zit.: Comm.).

— Lehrbuch des Sächsischen Privatrechts, Leipzig 1872
(zit.: Lehrbuch).

Siebke: Vermögenskonzentration, in: Pitz (Hrsg.), Das Nein zur Vermögenspolitik, Reinbek 1974, S. 56.

Sintenis: Anleitung zum Studium des bürgerlichen Gesetzbuches für das Königreich Sachsen, Leipzig 1864.

Sinzheimer: Grundzüge des Arbeitsrechts, Jena 1921
(zit.: Grundzüge).

— Besprechung von: H.-D. Müller, Wie verhält sich der § 950 BGB ...; JW 1932, 2597.

Söllner: „Ohne Arbeit kein Lohn", AcP 167 (1967), 132.

— Der industrielle Arbeitsvertrag in der deutschen Rechtswissenschaft des 19. Jahrhunderts, in: Studien zur Europäischen Rechtsgeschichte, Frankfurt/Main 1972, S. 288
(zit.: Arbeitsvertrag).

— Arbeitsrecht, 6. Auflage 1978.

Soergel / Siebert: Bürgerliches Gesetzbuch, Band 3, Schuldrecht II, 10. Auflage 1969
(zit.: Soergel/Siebert/Bearbeiter).

Sokolowski: Die Philosophie im Privatrecht, Band 1, Halle 1907, unveränderter Neudruck 1959.

Staudinger: J. v. Staudingers Kommentar zum Bürgerlichen Gesetzbuch, II Schuldverhältnisse, 3. Teil, 11. Auflage 1958
(zit.: Staudinger/Bearbeiter).

Stoll, Hans: Übersicht über die italienische Rechtsliteratur 1915—1922, SZ 47 (1927), 513.

Storz: Beiträge zur Spezifikationslehre des römischen Rechts und des deutschen BGB, Tübingen 1903.

Strauß: Stoff und Arbeit, Berlin 1899.

Stulz: Besprechung von: Rühl, Eigentumsvorbehalt und Abzahlungsgeschäfte; JW 1930, 2771.

Thiele: Gedanken zur Vorteilsausgleichung, AcP 167 (1967), 193.

Thielmann: Zum Eigentumserwerb durch Verarbeitung im römischen Recht, in: De iustitia et iure, Festgabe für Ulrich von Lübtow zum 80. Geburtstag, Berlin 1980, S. 187.

Thieme, Hans: Was bedeutet uns Otto v. Gierke? in: De iustitia et iure, Festgabe für Ulrich von Lübtow zum 80. Geburtstag, Berlin 1980, S. 407.

Tomandl: Streik und Aussperrung als Mittel des Arbeitskampfes, Wien/New York 1965.

Trusen: Spätmittelalterliche Jurisprudenz und Wirtschaftsethik, Wiesbaden 1961.

Weiß (Hrsg.): Handbuch der betrieblichen Altersversorgung, 2 Bände, 5. Auflage 1968.

Westermann, Harry: Sachenrecht, 5. Auflage 1966.

Wieacker: Spezifikation — Schulprobleme und Sachprobleme, in: Festschrift für Ernst Rabel, Band 2, Tübingen 1954, S. 263.

— Besprechung von: Nicosia, L'acquisto del possesso mediante i „potestati subiecti"; Iura 12 (1961), 371.

— Zum Ursprung der bonae fidei iudicia, SZ 80 (1963), 1.

— Privatrechtsgeschichte der Neuzeit, 2. Auflage 1967.

Wiedemann: Das Arbeitsverhältnis als Austausch- und Gemeinschaftsverhältnis, Karlsruhe 1966.

Willoweit: Historische Grundlagen des Privatrechts, JuS 1977, 573.

Windscheid: Lehrbuch des Pandektenrechts, bearb. von Th. Kipp, 1.—3. Band, 9. Auflage, Frankfurt/Main 1906.

Wolf, Ernst: Das Arbeitsverhältnis: Personenrechtliches Gemeinschaftsverhältnis oder Schuldverhältnis?, Marburg 1970.

Wolff / Raiser: Sachenrecht, 10. Auflage 1957.

Zeuner: Die fremdwirkende Verarbeitung als Zurechnungsproblem, JZ 1955, 195.

Zöllner: Arbeitsrecht, Ein Studienbuch, 2. Auflage 1979.

— Die Stellung des Arbeitnehmers in Betrieb und Unternehmen, in: 25 Jahre Bundesarbeitsgericht, München 1979, S. 745
(zit.: BAG-Festschrift).

Kolibri 360 GmbH
Ferdinand-Jühlke-Straße 7
99095 Erfurt, Deutschland
produktsicherheit@kolibri360.de

Druck:
CPI Druckdienstleistungen GmbH
im Auftrag der
Kolibri 360 GmbH
Ferdinand-Jühlke-Str. 7
99095 Erfurt